Wolfgang Krüger

Der alltägliche Neid

Wolfgang Krüger

Der alltägliche Neid

und wie man ihm ein Schnippchen schlägt

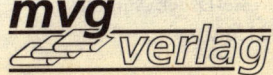

Die Deutsche Bibliothek – CIP-Einheitsaufnahme

Krüger, Wolfgang:
Der alltägliche Neid und wie man ihm ein Schnippchen schlägt /
Wolfgang Krüger. – München : mvg-Verl., 1992
   (mvg-paperbacks ; 453)
   Ausg. im Reinhardt-Verl. u. d. T.: Krüger, Wolfgang: Der alltägliche
   Neid und seine kreative Überwindung
   ISBN 3-478-08453-9
NE: GT

Das Papier dieses Taschenbuches wird
möglichst umweltschonend hergestellt
und enthält keine optischen Aufheller.

Titel der im Reinhardt Verlag erschienenen Originalausgabe:
„Der alltägliche Neid und seine kreative Überwindung"
© 1989 by Ernst Reinhardt GmbH & Co KG, München

Umschlaggestaltung: Gruber & König, Augsburg
Druck- und Bindearbeiten: Presse-Druck Augsburg
Printed in Germany 080 453/292602
ISBN 3-478-08453-9

INHALT

VORWORT

Wenn wir uns alle wie Engel verhielten und die himmlische Harmonie anstrebten, dann wäre das Leben sicherlich leichter zu bewältigen. Doch für dieses paradiesische Leben würden wir einen zu hohen Preis zahlen. Wer alle Konflikte und Affektregungen verdrängt, beraubt sich seiner Vitalität und ist deshalb ziemlich langweilig. Erst die sinnvolle Beherrschung der Affekte und Leidenschaften verleiht dem Leben jene kraftvolle Dynamik, die wir an den ›großen Persönlichkeiten‹ bewundern.

Das interessanteste Mitglied der Affektfamilie ist der ›Fürst der Galle‹, der selbst in unserem so fortschrittlichen 20. Jahrhundert verdammt und totgeschwiegen wird. Dabei übersieht man, daß der Neid häufig eine sehr anregende Kraft ist und als Entwicklungsstachel wirkt. Schließlich ist der Neid unter gewissen Voraussetzungen ein Quälgeist, der den kreativen Wettbewerb beflügelt und auf diese Weise zum Fortschritt der Menschheit beiträgt.

Für seine vielfältigen Anregungen bedanke ich mich bei meinem Lehrer Josef Rattner. Außerdem danke ich meinen Kollegen und den Analysanden der Gemeinschaftspraxis Tiergarten, die mich tatkräftig unterstützten. Mein besonderer Dank gilt meiner Partnerin Heidrun Gehre, die auch bei diesem Buch meine unentbehrliche Beraterin war.

Berlin   *Wolfgang Krüger*

DER VERDRÄNGTE NEID

Vor mehr als zweihundert Jahren soll König Friedrich Wilhelm der Erste bei einem Spaziergang durch die Straßen Berlins die ärmliche Hütte eines Goldschmieds betreten haben, der trotz seiner rastlosen Tätigkeit kaum erfolgreich war. Um ihn zu unterstützen, gab ihm der König den Auftrag, ein goldenes Service anzufertigen. Er besuchte ihn mehrmals während der Arbeit und freute sich über den Fleiß und die Geschicklichkeit des Mannes. Da bemerkte er eines Tages an einem Fenster des gegenüberliegenden Hauses zwei Frauen, die dem Goldschmied unverhohlen Grimassen schnitten. Auf sein Befragen erfuhr der König, daß es sich um die Frau und die Tochter eines reichen Goldschmieds handelte, die auf diese Weise ihren Neid über das unverhoffte Glück des Konkurrenten ausdrückten. Daraufhin beschloß der König, die beiden Frauen zu bestrafen, und ließ dem ärmlich wohnenden Goldschmied ein schönes, neues Haus bauen, an dessen Fassade er das Relief eines sehr häßlichen ›Neidkopfes‹ anbringen ließ. Dieser Kopf war den verzerrten Gesichtszügen der gegenüber wohnenden Frauen nachgebildet, so daß sie nun stets ihre eigenen Grimassen erblickten, wenn sie aus dem Fenster sahen.[1]

Diese alte Volkssage zeigt, wie offen man sich in früheren Jahrhunderten mit dem Thema Neid beschäftigte. Bereits im griechischen Altertum wurde von vielen Philosophen die Frage gestellt, wie man ein möglichst neidfreies Leben führen und den Neid der Mitbürger vermeiden könne. Beispielsweise empfahl Demokrit (ca. 460–371 vor Chr.), man solle seinen Blick möglichst immer auf jene richten, die weniger erfolgreich seien. So könne man den quälenden Neid vermeiden und zu einer ausgeglichenen Lebensstimmung gelangen. Auch

Plutarch (um 46–125 nach Chr.) wies eindringlich darauf hin, daß der neidische Blick oft durch die Überschätzung des Glücks der anderen entsteht. Deshalb solle man den ›schöngeblümten Vorhang‹ des Lebens der beneideten Person lüften, da man dann auch das Unbequeme und Widerwärtige ihres Lebensweges sehen würde. Noch interessanter als diese Lebensweisheiten der beiden Philosophen ist die Erkenntnis des griechischen Dichters Hesiod (er lebte um 700 vor Chr.), daß der Neid auch eine positive Wirkung haben könne, da er den Wettbewerb der Menschen fördere. Offenbar war für ihn die neidgeschwängerte Rivalität keine ausschließlich negative Kraft, sondern vor allem auch ein entwicklungsanregender Stachel.

Während viele griechische und römische Philosophen schon vor zweitausend Jahren die große Bedeutung des Neides für unser Zusammenleben erkannten und eine relativ tolerante Haltung gegenüber diesem ›Fürsten der Galle‹ einnahmen, fand vor allem im angehenden Mittelalter eine regelrechte Verteufelung des Neides statt. Die sinnenfrohe griechische Götterwelt, in der es durchaus Eifersucht, Neid, Liebe und Sexualität gab, wurde nun durch das Phantasiebild des vergleichsweise langweiligen und steril wirkenden Paradieses abgelöst. Nur in der Hölle trieben jetzt die als teuflisch betrachteten ›dämonischen Kräfte‹ ihr Unwesen. Auf bestialische Weise wurden hier auch die Neider gequält, denn der Neid gehörte nun zu den sieben Todsünden. Insbesondere die Gemälde von Hieronymus Bosch (um 1450–1516) zeigen, wie sehr man sich damals durch die als dämonisch empfundenen Leidenschaften bedroht fühlte. Deshalb wurde das Thema Neid fortan gemieden oder aber völlig einseitig in der Weise behandelt, daß man neidische Gefühlsregungen nur den destruktiven Charaktereigenschaften zurechnete. Kaum jemand wagte es noch, sich die eigenen Neidgefühle einzugestehen. Man war höchstens bereit, die Neidanfälligkeit der lieben Mitmenschen zu beklagen. So schrieb Sören Kierkegaard (1813–1855), der von einem stillen Pfarrerleben träumte, er fühle sich von einem ganzen ›Schwarm von Neidern‹ verfolgt. Friedrich Nietzsche (1844–1900) meinte, sein Glück vor den ›Neidbolden‹ verstecken zu müssen und der klarsichtige, pessimistische Philosoph Arthur Schopenhauer (1788–1860) wetterte immer wieder über die Neider, die den Ruhm der emporstrebenden Menschen nicht ertragen können und deshalb möglichst ihren Erfolg vereiteln.

Augenscheinlich wurde der Neid in den letzten Jahrhunderten nicht gerade toleriert oder gar als entwicklungsanregende Kraft geschätzt. Allerdings beschäftigte man sich doch noch vor hundert Jahren recht intensiv mit diesem Charakterzug, während heutzutage der Neid fast vollständig tabuisiert wird.

Jeder ist neidisch

Es ist schon merkwürdig, daß der Neid so sehr aus dem allgemeinen Bewußtsein verdrängt werden konnte, wenn man bedenkt, in welchem Maße er unser tägliches Leben bestimmt. Unzählige Konflikte zwischen Geschwistern und Ehepartnern beruhen ebenso auf Neidaffekten wie das gespannte Verhältnis zwischen vielen Leistungssportlern. Auch die Auseinandersetzungen zwischen Völkern sind nicht selten auf diesen ›Fürsten der Galle‹ zurückzuführen. Selbst der unsägliche Haß auf die Juden mit seinen grausamen Folgen hatte nicht zuletzt einen kollektiven Neidaffekt zur Grundlage. Die Allgegenwart des Neides wird auch in zahlreichen Sprichwörtern beschworen:

> Ohne Neid lebt niemand in der Welt.
> Wenn Neid eine Krankheit wäre, so würde die Welt ein Spital sein.
> Die Neider werden sterben, aber der Neid wird sich vererben.
> Neiden und beneidet werden, ist das meiste Tun auf Erden.

Der Individualpsychologe Alfred Adler kommt daher zu dem Ergebnis, daß alle Menschen neidisch seien, denn »so unbeliebt der Neid im allgemeinen ist, es wird wenig Menschen geben, die nicht irgendwelcher Neidregungen fähig wären. Wir müssen bekennen, daß wir alle nicht ganz frei von Neid sind.«[2] Adler betont, daß viele Menschen zwangsläufig neidisch reagieren, weil sie vom Leben sehr hart bedrängt werden. Daher könne man den Neid nicht ausrotten, sondern nur mildern, indem man die eigenen Vorzüge nicht offen zur Schau stellt und Verständnis für diese gallige Empfindung entwickelt. Dieser Meinung war auch der französische Philosoph Helvétius, der davon ausging, daß der Neid zur Naturausstattung der Menschen gehören würde. Selbst die vornehmsten Seelen seien manchmal neidanfällig. Man solle deshalb nicht versuchen, daran etwas zu ändern. Diese tolerante Einschätzung kennzeichnet auch den Neo-Psychoanalytiker Harald Schultz-Hencke, der ebenfalls davon ausging, daß alle Menschen in irgendeiner Form neidisch sein. Meist sei ihnen das aber nicht bewußt, weil sie diese Leidenschaft verurteilten und verdrängten. Tatsächlich sind die meisten Menschen nicht in der Lage, sich ihre Neidregungen einzugestehen, und kaum jemand gibt öfffentlich zu, daß er einen Kollegen, Freund oder Nachbarn beneidet. Offenbar unterliegt der Neid einer enormen Verdrängung, was Friedrich Nietzsche zu der Bemerkung veranlaßte, der Neid sei – ebenso wie die Eifersucht – ein Schamteil der menschlichen Seele.

Das Tabu des 20. Jahrhunderts

Obgleich viele Menschen auch in der heutigen Zeit große Mühe haben, über ihre sexuellen Phantasien und Gefühle zu sprechen, ist auf diesem Gebiet eine zumindest ansatzweise Offenheit erreicht worden. Demgegenüber wird hinsichtlich des Neides so schamhaft geschwiegen, daß man ihn regelrecht als das ›Tabu des 20. Jahrhunderts‹ bezeichnen kann. Diese auffällige Verdrängung des Neides ist insofern verwunderlich, als viele Menschen durchaus bereit sind, über Haßgefühle, Größenphantasien und Machttendenzen zu sprechen. Wie der französische Moralist La Rochefoucauld schon bemerkte: »Selbst mit den verbrecherischsten Eigenschaften prahlt man zuweilen; nur der Neid ist eine scheue und verschämte, die man nie einzugestehen wagt.« Diese Verleugnung geht so weit, daß man den Neid selbst dann verschweigt, wenn seine Erwähnung vorteilhaft wäre. In seinem Roman ›Billy Budd‹ fragt daher der Schriftsteller Herman Melville: »Ist Neid denn ein solcher Unhold? Man bedenke, daß sich wohl mancher Angeklagte in Hoffnung auf mildere Bestrafung zu den schrecklichsten Taten bekannt hat; hat aber je einer im Ernste zugegeben, daß er *neidisch* sei?«[3]

Ein Grund für solche Verdrängungsleistung liegt darin, daß der Neid immer einem Vergleich entspringt, bei dem man schlecht abschneidet. Die Neidaffekte resultieren also aus dem Gefühl des eigenen Versagens beziehungsweise des Zukurzgekommenseins, das man sich nicht gern eingesteht. In Jean-Paul Sartres scharfsinniger Charakteranalyse des Schriftstellers Gustave Flaubert steht der treffende Satz: »Beneiden heißt wissen, daß man im voraus verloren hat.« Zumindest den starken Neidaffekten liegt also das Eingeständnis der eigenen

›seelischen Impotenz‹ zugrunde, und was könnte beschämender und schmerzhafter sein, wenn man gleichzeitig den Wunsch hegt, sich über alle anderen zu erheben? Mit diesem Tatbestand der ›seelischen Impotenz‹ beschäftigen sich vor allem die Autoren der englischen ›Enzyklopädie der Religion und Ethik‹. Sie betonen, es handle sich beim Neid um ein bewußtgewordenes Minderwertigkeitsgefühl, das ein »ungestilltes Verlangen, ein Gefühl des Unvermögens, der Impotenz« anzeigt, welches einer Minus-Situation entspringt.[4] Allerdings ist das Gefühl der Minderwertigkeit vielen Menschen kaum bewußt; sie spüren mehr ihre Abneigung gegenüber den Beneideten.

Rivalität – die positive Kraft des Neides

In der 1912 erschienenen ›Enzyklopädie der Religion und Ethik‹ wird darauf hingewiesen, daß sich der Neider ungemein darüber freuen kann, wenn dem beneideten Menschen ein Mißgeschick passiert, weil dessen Überlegenheit dadurch verringert wird. Das aggressive Element des Neides hebt auch Immanuel Kant hervor, der in seiner ›Metaphysik der Sitten‹ die »abscheuliche Familie des Neides, der Undankbarkeit und der Schadenfreude« untersucht. Das »scheußliche Laster« des Neides beschreibt er als eine sich selbst folternde und »auf Zerstörung des Glücks anderer ... gerichtete Leidenschaft«, die offenbar in der Natur des Menschen verankert sei.[5]

Bei diesen ziemlich typischen Bewertungen des Neides fällt auf, daß er ausschließlich als eine negative, zerstörerische Kraft angesehen wird. Im Gegensatz dazu war dem Begriff ›Neid‹ ursprünglich eine eher positive Färbung eigen, indem er die Werte des Wetteifers und der Anstrengung verkörperte. Das ehemals germanische Wort ›Neid‹ hatte zunächst noch keine destruktive Bedeutung. Erst allmählich kam es dann zu einer Unterscheidung zwischen dem guten und dem üblen Neid; bis man im Laufe der Jahrhunderte schließlich nur noch die destruktive Seite des Neides hervorhob. So wird im Grimmschen Wörterbuch festgestellt, daß der Neid heutzutage »besonders jene gehässige und innerlich quälende Gesinnung, das Mißvergnügen aus-(drückt), mit dem man die Wohlfahrt und die Vorzüge anderer wahrnimmt, sie ihnen mißgönnt mit dem meist hinzutretenden Wunsche, sie vernichten oder selbst besitzen zu können ...«[6]

Der Bedeutungswandel des Begriffes Neid zeigt, daß die produktive Seite dieser Leidenschaft fast vollständig in Vergessenheit geraten ist. Eine Ausnahme bildet hierbei der Neo-Psychoanalytiker Harald Schultz-Hencke, der in seinem 1940 erschienenen Werk ›Der gehemmte Mensch‹ die Unterscheidung zwischen dem »glühenden«, entwicklungsanregenden Neid und dem sogenannten »scheelen« Neid trifft. Der glühende Neid äußert sich als lebendiges Streben, als Tatendrang und Bedürfnis nach Expansion. Er unterstützt die zukunftsgerichtete planerische Tätigkeit des Menschen und gibt ihr durch seine klaren, begehrlichen Wünsche eine vitale Grundlage. Diesen produktiven Neid bezeichnet man in der täglichen Umgangssprache im allgemeinen als Rivalität oder Wettstreit. Es klingt ja auch viel vornehmer, wenn man von einem Rivalen spricht, mit dem man einen Wettkampf austrägt.

Natürlich ist es sinnvoll, den produktiven Neid anders zu benennen als den zerstörerischen Neid. Doch ganz unproblematisch ist eine solche sprachliche Trennung dennoch nicht, denn auch die edle Rivalität ist fast immer ziemlich neidgeschwängert. Nur zu gern wird im öffentlichen Bewußtsein verdrängt, daß die Rivalen im Berufsleben, im Sport und der Politik nicht gerade selten von heftigen Neidgefühlen bedrängt werden. Vor allem der Verlierer ist fast immer auf den Sieger neidisch und häufig ist er dann nicht abgeneigt, ihm zu schaden. Der Neid kann jedoch auch eine Affektregung sein, die in erster Linie entwicklungsanregend ist. Insofern erscheint es mir trotz aller Einwände letztendlich sinnvoll, solchen produktiven Neid als Rivalität zu bezeichnen.

Allerdings ist der wahrhaft produktive Neid relativ selten anzutreffen. Viel häufiger finden wir den scheelen Neid vor, von dem Menschen mit einer gehemmten Lebensweise betroffen sind. Infolge ihrer starken Hemmungen sind diese Neider nicht imstande, über den fehlenden Besitz bestimmter Eigenschaften oder Güter zu trauern und sie aktiv zu begehren. Stattdessen entwickeln sie untergründige Aggressionen, die sie sich kaum einzugestehen wagen. Vor allem der heftige Neider wird seine aggressiven Phantasien kaum schildern können. »Denn je mehr er wirklich neidisch ist, desto verhüllter pflegt ihm das zu sein. Und je geringfügiger sein Neid ist, desto eher wird er ihn als solchen erkennen und sich zu ihm bekennen.«[7]

Durch ihre unbewußten, aggressiven Neidimpulse fühlen sich viele Menschen äußerst bedroht und verurteilen deshalb so entschieden jede Form des Neides. Sie spüren, daß der destruktive Neid der produktiven Lebensentfaltung zuwiderläuft. Über solche Produktivität schreibt Schultz-Hencke, sie sei »die beste Arznei gegen den Tod ... Der Mensch wehrt sich gegen jedes verführerische Vorbild, das ihn von seinem innern und äußeren Wege zur vollen Lebendigkeit abziehen könnte. Der Neidische ist solch eine Verführung, er verhält sich so, als ob es ihm bei einigem Glück doch gelingen könnte, die natürlichen Wahrscheinlichkeiten des Erfolges zu durchbrechen. Wenn die großen Lose häufiger wären, als sie es tatsächlich sind, hätte der Neidische manchmal recht. Denn er staut ja seine aggressiven Kräfte so an, als ob er vielleicht zu einem Raub gelangen könnte, ohne Strafe fürchten zu müssen. Als gäbe es das. Als gäbe es auch einen Weg zum Erfolg ohne Aufstieg, ohne Arbeit. Man denkt an die gebratenen Tauben, die zum Munde hereinfliegen, an das Tischlein deck dich! ...

Der Neidische verhält sich so, als ob Märchen Wirklichkeit werden könnten. Daher ist er für die anderen eine Versuchung, ebenso zu sein. Daher wehren sie sich mit Heftigkeit gegen ihn, dagegen, ihn auch nur als eine mögliche Lebenstechnik gelten zu lassen.«[8]

Der Neider ist ein Ruhestörer

Hinsichtlich der Eifersucht sind viele Menschen relativ tolerant, weil es bei dieser Leidenschaft darum geht, die Liebe und Anerkennung zu behalten. Der Eifersüchtige ist ängstlich bemüht, den ›Status quo‹ aufrechtzuerhalten, da er seine ›Besitzansprüche‹ gefährdet sieht. Demgegenüber ist der Neider ein aggressiver Unruhestifter, der etwas ›haben‹ will. Die Eifersucht wird deshalb im allgemeinen positiver beurteilt als der Neid. Schließlich möchte jeder das behalten dürfen, was er hat und dieser ersehnte Zustand wird durch die Neider gestört. Der französische Moralist La Rochefoucauld meinte daher: »Eifersucht ist in gewisser Weise gerecht und vernünftig, da sie nur den Besitz wahren will, der unser ist oder zu sein scheint; Neid dagegen ist Eifern über den Besitz anderer.«

Wahrscheinlich ist die Eifersucht auch deshalb anerkannter, weil es hier um den Wert der Liebe geht. Demgegenüber ist der Neider mehr an einem materiellen Gut oder einer bestimmten Eigenschaft interessiert. Daraus ergibt sich auch ein unterschiedlicher Beziehungsaspekt: Während sich der Neid hauptsächlich zwischen zwei Personen abspielt (dem Neider und dem Beneideten), sind an der Eifersucht immer mindestens drei Personen beteiligt. Allerdings ist es im täglichen Leben oft sehr schwer, die Neidaffekte genau von den Eifersuchtsregungen abzugrenzen, da der Neider meist auch eifersüchtig auf den Ruhm und die Anerkennung anderer Menschen ist. Wer den intensiven Neid kennt, ist auch für die anderen Affektregungen zugänglich, denn »wer ein Laster liebt, der liebt die Laster alle« (Gellert). Stets tritt der destruktive Neid in Begleitung anderer aggressiver Affektregungen auf, von denen Haß, Eifersucht und Schadenfreude die häufigsten sind.

Liebe und Neid

Trotz der negativen, entwicklungshemmenden Eigenschaften des destruktiven Neides läßt sich nicht verleugnen, daß er die interessanteste Leidenschaft innerhalb der Affektfamilie ist. Der Staatsmann und Philosoph Francis Bacon (1561–1626) vergleicht den Neid sogar mit der Liebe und schreibt: »Es ist bekannt, daß unter den Leidenschaften keine dermaßen fesselt und bezaubert wie Liebe und Neid. Beiden ist heftiges Verlangen eigen; sie geben sich leicht phantastischen Vorstellungen hin; sie fallen sofort ins Auge, namentlich in Anwesenheit eines Gegenstandes, der die Verzauberung hervorruft ...«[9]

Diese Verwandtschaft zwischen Liebe und Neid besteht nach der Überzeugung von Bacon auch darin, daß sie »am Menschen zehren, was andere Leidenschaften nicht tun, weil sie nicht so anhaltend sind«. Tatsächlich gehört der Neid zu den heftigsten und anhaltendsten Affektregungen. Dies hängt damit zusammen, daß der Neider immer wieder neue Nahrung für sein Benachteiligungsgefühl finden kann. Deshalb heißt es mit Recht in einem römischen Sprichwort: »Neid hält keine Feiertage« und ein anderes enthält die Erkenntnis, daß der Neid stets länger dauert, als das Glück derer, die wir beneiden.

Obgleich Francis Bacon den Neid für so außerordentlich interessant hält, kommt er am Schluß seiner Überlegungen doch zu der Überzeugung, daß der Neid der »verwerflichste und niedrigste Affekt« sei, weshalb er auch als die »persönlichste Eigenschaft des Teufels« gilt.[10]

Doch ist diese Nähe des Neides zum Teuflischen wirklich nur negativ? Wird der Fürst der Galle dadurch nicht auch interessant? Die Versuche vieler Moralapostel, immer nur das Gute, Schöne und Reine zu predigen und alles ›Teuflische‹ zu verdrängen, führen zu einem langweiligen, sterilen und kraftlosen Leben. Und stimmt es nicht nachdenklich, wie anschaulich die großen Dichter und Dramatiker aller Zeiten das wilde bunte Höllenleben, die Walpurgisnächte der Teufel und Hexen darzustellen verstanden und wie gern wir als Zuschauer im Theater an diesem Treiben teilhaben? Wie uninteressant wirkt demgegenüber das Leben der himmlischen Großfamilie, deren Mitglieder stolz ihren Heiligenschein tragen und andächtig den Harfenklängen lauschen. Der ›teuflische Neid‹ mag also umstritten sein, interessant ist er allemal! Und er kann wie ein Flaschenteufel eine ungemein anstachelnde Kraft entfalten, wenn es gelingt, ihn aus dem Gefängnis der Verdrängungen zu befreien und die Herrschaft über seine höllischen Mächte zu gewinnen.

DIE VIELFÄLTIGEN ERSCHEINUNGSWEISEN DES NEIDES

Der große Frauen- und Menschenkenner Casanova (1725–1798) konnte immer wieder beobachten, daß der Neid eine Eigenschaft ist, die sich »niemals offen kundgibt«. Tatsächlich ist jeder bemüht, seine Neidgefühle vor den anderen und meist auch vor sich selbst zu verstecken. Dennoch gibt es zahlreiche untrügliche Merkmale des Neides. Eine so aggressive Leidenschaft läßt sich nicht spurlos zum Verschwinden bringen. Weil der von heftigen Neidgefühlen geplagte Mensch im ständigen Vergleich mit anderen Menschen lebt, wirkt der ›Fürst der Galle‹ als soziale Botschaft mit meist stark herabsetzendem Charakter. So gehen beispielsweise vom Körper entsprechende unbewußte Neidsignale aus, die von der nervös-angespannten Lebenshaltung des Neidischen herrühren. Destruktive Neidgefühle können von einem geübten Betrachter durchaus erkannt werden und dies ist vor allem dann wichtig, wenn man sich über das merkwürdige Verhalten seiner Freunde und Kollegen wundert. Manchmal versteht man eine gewisse Kritiksucht oder ein seltsam verhaltenes Lob erst, nachdem man erkannt hat, daß hier der ›Fürst der Galle‹ am Werk ist. Dann kann man sich rechtzeitig von den Neidern zurückziehen und damit ihren Aggressionen entgehen. Ebenso wichtig wie dieser Rückzug ist die Fähigkeit, die Entstehung von Neidgefühlen möglichst zu vermeiden. Das setzt voraus, daß man eine gewisse soziale Geschicklichkeit auf diesem Gebiet besitzt. Wer zu ichhaft ist, wird immer wieder bei seinen Freunden und Kollegen anecken, weil er ihren Neid geschürt und ihre Eitelkeit verletzt hat. Für ein einigermaßen harmonische soziales Miteinander ist daher ein geschickter Umgang mit diesem sozialen Dynamit unentbehrlich.

Es mag schwierig sein, den Neid unserer lieben Mitmenschen zu entdecken, doch viel komplizierter und vielleicht noch wichtiger ist es, die eigenen Neidregungen aufzuspüren. Diese gallige Eigenschaft kann unsere Entwicklung hemmen, den Schlaf rauben und unser Lebensglück ernsthaft beeinträchtigen. Erst wenn man sich der eigenen Neidreaktionen bewußt wird, können sie ihre Gefährlichkeit verlieren und sogar zu einem Entwicklungsstachel werden. Dabei wird man keine Mühe haben, die leichten Neidgefühle zu erkennen. Sie kann man sogar in der Öffentlichkeit unbefangen zugeben. So schreibt der bekannte Opernsänger Leo Slezak in seinen humoristischen Lebenserinnerungen: »Wie oft habe ich meinen verewigten Freund, Ludwig Thoma, darum beneidet, daß er seinen Beruf in seinen entzückenden vier Wänden ausüben konnte. Ein Stück Papier, ein Bleistift, schlimmstenfalls ein Füllfederhalter, und er war bereit. – Die Muse hatte er immer um sich, sie verließ ihn nie oder höchst selten auf kurze Zeit. Wie anders ist das bei mir.«[11] Und in der Wochenzeitung ›DIE ZEIT‹ war einmal die von großer Hochachtung geprägte Aussage Theodor Eschenburgs über den Verleger dieser Wochenzeitung abgedruckt: »Oft bewundere ich Bucerius, wenn ich seine Artikel lese, zugleich zerreißt es mich vor Neid. DIE ZEIT wäre durch bald vier Jahrzehnte hindurch nicht so gut gelungen, wenn nicht der Verleger selbst ein virtuos praktizierender Journalist wäre.« Derartige Neidregungen erscheinen uns so liebenswürdig, daß man sich gern zu ihnen bekennt, denn im allgemeinen gilt der Grundsatz: Der Fürst der Galle kann sich umso unverhüllter zeigen, je harmloser er ist. Leichte Neidreaktionen sind dem betroffenen Menschen deshalb häufig durchaus bewußt. Demgegenüber ist der in heftige Neidgefühle verstrickte Mensch kaum in der Lage, seine Affektregungen zu durchschauen. Aus diesem Grunde werde ich mich im folgenden vor allem auf den ausgeprägten ›Neidcharakter‹ konzentrieren, der seine Neidaffekte meisterhaft zu maskieren weiß.

Die Physiognomie des Neides

Wer unter heftigen Neidgefühlen leidet, ruht nicht zufrieden in sich selbst, sondern ist mit seinen Gefühlen, Sorgen und Ängsten ständig ›außer sich‹. Immer hat er die Befürchtung, schlecht abzuschneiden und nicht der Erste oder zumindest der Zweite zu sein. Eine solch angespannte außenorientierte Lebensweise macht sich natürlich auch psychosomatisch bemerkbar, so daß Störungen im Bereich der Galle, des Blutdrucks oder Verdauungstraktes häufig zu beobachten sind.

Bereits das Sprichwort, ›jemand sei blaß vor Neid‹, macht deutlich, daß der Neid die vitalen Lebenskräfte einschränkt. Von vielen wird der ›Fürst der Galle‹ daher mit einem Gift verglichen, welches das Lebensgefühl erheblich beeinträchtigen kann.

Tatsächlich kann man sich den intensiven Neider kaum mit strahlendem Angesicht vorstellen, es sei denn, er hat gerade Anlaß, über das Mißgeschick eines beneideten Menschen zu lachen. Doch diese Schadenfreude hat mit einer gelösten, humorvollen Lebenseinstellung nichts zu tun. Zum Lebensentwurf des neidischen Menschen gehört deshalb eine ständige Anspannung, die auch durch eine Verengung der Blutgefäße zur sprichwörtlichen Blässe führen kann.

»In jedes Menschen Gesichte steht seine Geschichte« – heißt ein bekannter Vers. Demzufolge sind die zusammengepreßten Mundwinkel und spitzen Gesichtszüge vieler neidischer Menschen das Resultat ihrer Lebensgeschichte. Diese Erkenntnis hat den Dichter Christian F. Gellert zu der Aussage veranlaßt, im Laufe des Lebens würden sich die gehässigen Züge des Neides in das Gesicht solcher Menschen eingraben. Das ist insofern nicht verwunderlich, als der Neid eine ›spitze Eigenschaft‹ ist, die im Laufe der Jahre die gesamte körperliche Erscheinung eines Menschen prägen kann.

In vielen Fällen zeigt sich das Habenwollen der neidischen Menschen auch in einem beunruhigenden Blick. So schreibt der ›Neidexperte‹ Francis Bacon, »daß das Auge in dem Akt des Neides etwas heraussendet oder ausstrahlen läßt«, ja besonders aufmerksame Leute haben sogar beobachtet, daß der neidische Blick am heftigsten ist, wenn der Betreffende den Beneideten in Glanz und Größe erblickt.[12] Nicht nur in vielen Naturvölkern, sondern auch in Europa hatte man im Mittelalter große Angst vor dem neidischen Blick bestimmter Zeitgenossen, die man für verhext hielt, und noch heute kann man mitunter vor dem Blick mancher Zeitgenossen erschrecken.

Die Entwertungstendenz des neidischen Menschen

Da sich der neidische Mensch ständig über den Erfolg seiner Mitmenschen ärgert, muß er sie entwerten, um seine eigenen Minderwertigkeitsgefühle zu besänftigen. Diese Entwertungstendenz, die wohl jeder von uns hin und wieder kennt, ist beim neidischen Menschen so offensichtlich, daß der französische Moralist Vauvenargues (1715–1747) schreibt: »Der Neid kann sich nicht verbergen. Er klagt an und verurteilt, ohne Beweise zu haben; er übertreibt die Fehler, hat maßlose Namen für die geringsten Irrtümer, und seine Sprache ist voll Bitterkeit, Übertreibung und Mißgunst. Mit unerbittlichem Haß und rasender Wut stürzt er sich auf jedes wirkliche Verdienst; er ist blind, jähzornig, gefühllos, brutal.«

Mit der Abwertungstendenz des neidischen Menschen hat sich besonders intensiv der Philosoph Arthur Schopenhauer (1788–1860) beschäftigt. Schopenhauer, der selbst unter dem Neid seiner Fachkollegen litt und so mit diesem Thema bestens vertraut war, begreift den Neid als eine Verschwörung der Mittelmäßigen gegen den einzelnen Ausgezeichneten. Deshalb müßten Künstler, Schriftsteller und andere produktive Menschen immer mit dem Neid der Mitmenschen rechnen. Da die Leistungen solcher kreativer Menschen nur mit erheblichen Anstrengungen zu erreichen sind, wird es der Neider immer versuchen, diese ›großen Persönlichkeiten‹ zu sich herabzuziehen. Sich zu solchen Menschen heraufzuarbeiten, ist ihm zu schwierig. Der Neider ist stets ein in gewisser Weise bequemer Mensch, der daran leidet, daß seine Größenvorstellungen nicht in Erfüllung gehen. Insofern ist es nicht falsch, bei solchen Menschen auch die Diagnose ›Eitelkeit‹ zu stellen. Irgendwie sind alle Neider gekränkt, daß ein anderer klüger, erfolgreicher und begabter ist als sie. Scharfsinnig hat daher Schopenhauer gemeint, daß alle Neider so reagierten, als wäre die produktive Leistung eines Menschen ein »Hochverrat, begangen an ihrer Unfähigkeit, Plattheit und Stümperhaftigkeit.«[13]

Die Entwertungstendenz des Neiders kann sich zunächst einmal darin äußern, daß er andere Menschen durch ironische Bemerkungen, Sticheleien und Witze verkleinern möchte. Vor allem die Ironie, die nicht selten recht geistreich zu sein scheint und die Hörer zum Lachen reizt, gehört nach der Beobachtung von Eugène Raiga zu den beliebten

Waffen des Neiders. Doch so brillant solche ironischen Bemerkungen auch manchmal vorgetragen werden, kann doch nichts darüber hinwegtäuschen, daß sie nichts anderes sind, »als die Reaktion der Unterlegenen gegenüber den Siegern, der Schwachen gegenüber den Starken, die Haltung der weniger Begabten zu den mehr Begabten, der Armen gegenüber den Reichen, der Gedemütigten zu den Arroganten.«[14] Deshalb sind der Witz und die Ironie des neidischen Menschen immer von einer gewissen Schärfe und Bitterkeit geprägt. Obgleich der Neider oft versucht, äußerlich gelassen und ›über den Dingen stehend‹ zu erscheinen, fehlt ihm doch die echte, immer auch humorvolle Gelassenheit, wie sie Menschen auszustrahlen vermögen, die halbwegs mit sich zufrieden sind.

Der vorsichtige Neider wird die direkte Entwertungstaktik, hinter der zumindest der Kundige den Neid erahnt, vermeiden. Er preist lieber überschwenglich das mittelmäßige Neue oder sogar das Schlechte, um damit die Leistungen der beneideten Person herabzusetzen. Der Moralist La Rochefoucauld meint daher, daß der Beifall, den wir neuen Personen spenden, oft dem heimlichen Neid auf die anerkannten Großen entspringt und Schopenhauer stellt fest: »Ein vom Neider häufig gebrauchtes Mittel zur Herabsetzung des Guten ... ist das ehr- und gewissenlose Lobpreisen des Schlechten: denn sobald das Schlechte Geltung erhält, ist das Gute verloren.« Doch obgleich dieses Mittel zunächst sehr wirksam ist, hat es einen entscheidenden Nachteil. Auf die Dauer wirkt es sich negativ auf den Ruf des Neiders aus, wenn er immer nur das Schlechte lobt, da schließlich niemand mehr auf ihn hört. Deshalb bleiben solche Neider gern unbekannt und steuern ihre Abwertungskampagne aus der sicheren Anonymität. Da jedoch auch diese Neidmethode infolge der Schwatzhaftigkeit der Zeitgenossen fast unweigerlich irgendwann bekannt wird, verlegen sich die meisten Neider auf die Taktik des Stillschweigens. Wie auf Verabredung sind dann »ihrer aller Zungen« gelähmt. Schopenhauer meint, daß solches tückische Schweigen, dessen terminus technicus ›Ignorieren‹ heißt, sehr lange andauern kann, wenn die Fachgelehrten ein Werk absichtlich nicht erwähnen und damit das Laienpublikum beeinflussen. Wird dann jedoch dieses »Schweigen des Neides« trotzdem vom Lob der Kollegen unterbrochen, so geschieht dies nicht ohne Nebenabsichten:

> Denn es ist kein Anerkennen,
> Weder vieler, noch des einen,
> Wenn es nicht am Tage fördert,
> Wo man selbst was möchte scheinen. (Goethe)

Wer seine Kollegen rühmt, muß nämlich einen Teil der eigenen Ruhmeswünsche begraben. Da immer nur wenige Menschen berühmt sein können, kann man dieses Problem durchaus mit einer Torte vergleichen: Wird einem Gast ein großes Stück zugebilligt, bekommen die anderen entsprechend weniger. Deshalb sind zumindest die Kollegen innerhalb einer Berufssparte wenig geneigt, einen der ihren zu loben. Es fällt ihnen viel leichter zu tadeln und zu lästern, weil sie damit indirekt ihre eigenen Leistungen nach dem Motto ›So blöd bin ich nicht‹ anpreisen. Sollten sie trotzdem die Verdienste eines Kollegen rühmen, ist meist die Hoffnung im Spiel, durch diese Lobpreisung selbst zu Ehren zu kommen. Man hat dann zumindest den Gewinn, für seinen guten Geschmack geachtet zu werden.

Da die meisten Menschen nur das loben, was sie selbst zu leisten imstande sind, werden außerordentliche Leistungen selten angemessen gewürdigt. Ein schnell auftretender Ruhm ist deshalb fast immer ein Zeichen von Mittelmäßigkeit. Die Werke großer Künstler, Schriftsteller und Wissenschaftler können sich im allgemeinen nur allmählich durchsetzen. Nur wenige Menschen sind imstande und bereit, ein fachmännisches Urteil über ihre Leistungen abzugeben und ihre Stimme wird dann oft vom Geschrei der Neider übertönt. Doch derartige Schmähungen werden für die Betroffenen erträglich, wenn sie bedenken, wie viele schnell erreichte Publikumserfolge rasch in Vergessenheit geraten, während sich die wirklichen Meisterwerke im Laufe der Jahrhunderte immer nachhaltiger durchsetzen. So bewahrheitet sich schließlich immer wieder die Erkenntnis des deutschen Dichters Siegfried A. Mahlmann:

> Ich denke, das wahre Gute in der Welt
> Ist immer nur das, was nicht gleich gefällt.
> Und wen der Pöbel zum Gotte weiht,
> Der steht auf dem Altar nur kurze Zeit.

Die süße Lust der Schadenfreude

Ist es endlich gelungen, zum Scheitern des Rivalen beizutragen, dann tritt bei vielen Menschen eine unendliche Erleichterung und Freude ein. Sie ist umso größer, wenn dieser Unglücksrabe ein unsympatischer Mensch ist und nicht zum eigenen Freundeskreis gehört. Dann zeigt sich, wie berechtigt das Gedicht Goethes ist:

> Sind die im Unglück, die wir lieben,
> Das wird uns wahrlich baß betrüben;
> Sind aber glücklich, die wir hassen,
> Das will sich gar nicht begreifen lassen;
> Umgekehrt ists ein Jubilo,
> Da sind wir lieb- und schadenfroh.

Eine gewisse Neigung zur Schadenfreude ist so weit verbreitet, daß sich wohl kaum jemand von diesem Laster freisprechen kann. Vor allem nach Kränkungserlebnissen werden wir recht häufig von der Schadenfreude übermannt. Wie leicht man von dieser Eigenschaft gepackt werden kann, wenn man unter Neidgefühlen leidet, zeigt der autobiographische Roman ›Anton Reiser‹ von Karl Philipp Moritz (1756–1793). In diesem Roman beschreibt Moritz den jungen Anton, der sehr stolz darauf ist, der Beste in der Schulklasse zu sein. Er ist sich ganz sicher, daß ihm niemand diesen Platz streitig machen würde. Doch auf einmal sitzt ein junger, wohlgekleideter Bursche in der Klasse, dem aufgrund seines feinen äußeren Verhaltens und seiner guten Beziehung zum Pastor der Platz des Primus zugewiesen wurde.

»Reisers süßer Traum, der erste unter seinen Mitschülern zu sein, war nun plötzlich verschwunden. Er fühlte sich erniedrigt, herabgesetzt, mit den übrigen in eine Klasse geworfen. – Er erkundigte sich bei dem Bedienten des Pastors Marquard nach seinem fürchterlichen Nebenbuhler und erfuhr, daß er eines Amtmanns Sohn und bei dem Pastor Marquard in Pension sei, auch mit den übrigen zugleich konfirmiert werden würde. Der schwärzeste Neid nahm eine Zeitlang in Antons Seele Platz ... Ach, er hätte es nicht nötig gehabt, den armen Knaben zu beneiden, dessen Glückssonne bald ausgeschienen hatte. Binnen vierzehn Tagen kam die Nachricht, daß sein Vater wegen Untreue seines Dienstes entsetzt sei. Für den jungen Menschen konnte also auch die Pension nicht länger bezahlt werden, der Pastor Marquard schickte ihn seinen Anverwandten wieder, und Reiser behielt seinen ersten Platz. Er konnte seine Freude wegen der Folgen, die dieser Vorfall für ihn hatte, nicht unterdrücken, und doch machte er sich selber Vorwürfe – er suchte sich zum Mitleid zu zwingen, weil er es für recht hielt – und die Freude zu unterdrücken, weil er sie für unrecht hielt; sie hatte aber demohngeachtet die Oberhand ...«[15]

Die Verurteilung der Schadenfreude

Die Neigung des Menschen zur Schadenfreude muß bereits vor mehr als zweitausend Jahren die Menschheit sehr beunruhigt haben, denn wir finden schon in der Bibel zahlreiche Warnungen hinsichtlich dieses Lasters:
– Der Schadenfrohe wird verachtet.
– Weide dich nicht an deinem Bruder am Tage seines Unglücks.
– Wer liebt, freut sich nicht, wenn der andere Fehler macht.
Und in den ›Sprüchen‹ des heiligen Buches findet man die eindringliche Mahnung: »Freue dich nicht über den Fall deines Feindes, und dein Herz frohlocke nicht, wenn er strauchelt; der Herr könnte es sehen und Mißfallen daran finden und seinen Zorn von ihm wenden.«

Es ist allerdings fraglich, ob moralische Appelle wirklich geeignet sind, die Neigung zur Schadenfreude zu überwinden. Außerdem ist es falsch, die Schadenfreude gänzlich zu verteufeln, denn in manchen Lebenssituationen ist eine gewisse klammheimliche Freude am Scheitern anderer Menschen durchaus verständlich.

Hat sich beispielsweise ein Mitmensch vorher sehr arrogant und neidauslösend benommen, so wird man sich ein Gefühl der Freude nicht verkneifen können, wenn diesem ein Mißgeschick zustößt. Hält sich dieses Mißgeschick in Grenzen, dann können wir es als ›gerechte Strafe des Schicksals‹ begreifen und ihm eine moralische, erzieherische Bedeutung beimessen. Ein Kennzeichen solcher eher harmlosen Schadenfreude besteht darin, daß sie nur gelegentlich auftritt und keineswegs ein vorherrschender Charakterzug ist. Auf sie bezieht sich wohl auch die relativ milde Einschätzung der Schadenfreude durch Immanuel Kant. Er meinte, es sei nach den Gesetzen des Kontrastes verständlich, daß man sein Wohlsein stärker empfindet, wenn unser eigenes Leben durch das Unglück anderer Menschen in ein helleres

Licht gestellt wird. Wer sich jedoch das Unglück der anderen herbeiwünscht oder sogar herbeiführt, sei von einem zu verurteilenden »geheimen Menschenhaß« geplagt.[16]

Solch differenzierte Einschätzung der Schadenfreude hat Arthur Schopenhauer nicht vorgenommen. Während er den Neid für eine »menschliche Eigenschaft« hält, wird die Schadenfreude von ihm rückhaltlos verdammt. Eindringlich wettert er: »Es gibt kein unfehlbareres Zeichen eines ganz schlechten Herzens und tiefer moralischer Nichtswürdigkeit, als einen Zug reiner, herzlicher Schadenfreude. Man soll den, an welchem man ihn wahrgenommen, auf immer meiden.«[17] Allerdings müßte man dann recht zurückgezogen leben, denn Kant weist in seinen Schriften eindringlich darauf hin, es sei etwas in dem Unglück unserer besten Freunde, das uns nicht ganz mißfällt und der französische Moralist La Rochefoucauld meint sogar, daß der Ruin des Nächsten nicht nur den Feind, sondern auch manchen ›Freund‹ erfreuen könnte.

Weniger auffällig als die direkte Schadenfreude ist die Tendenz vieler Menschen, sich gewohnheitsmäßig in behaglicher Weise mit dem Unglück anderer zu beschäftigen. Indem sie ihnen helfen, praktizieren sie eine versteckte Form der Schadenfreude, was Adler zu dem Hinweis veranlaßte, solche Helfer würden sich aus dem Unglück der Mitmenschen ein befreiendes Überlegenheitsgefühl verschaffen.[18] Insofern stellt sich die Frage, ob nicht hinter dem sozialen Engagement zahlreicher Menschen auch eine massive Neid- und Eifersuchtsproblematik verborgen ist. Krankenschwestern, Ärzte, Sozialarbeiter, Psychologen und Pfarrer sind durch ihren Beruf immer wieder mit den Schwächen und dem Unglück anderer Menschen konfrontiert, und das kann natürlich sehr belastend sein. Gleichzeitig kann man jedoch bei diesen berufsmäßigen Helfern relativ häufig beobachten, daß sie die seelischen und körperlichen Leiden ihrer Klienten leichter ertragen als die neidauslösenden Erfolge ihrer Mitmenschen.

Wie sollen wir uns nun auf die Erkenntnis einstellen, daß offenbar fast alle Menschen über die Fähigkeit der Schadenfreude verfügen? Muß man sich vor ihnen fürchten und ängstlich bemüht sein, keine Schwächen zu zeigen, damit man nicht verletzbar ist? Arthur Schopenhauer gibt auf solche Erwägungen die beruhigende Antwort, daß eine übermäßige Sorge nicht am Platze sei. Der glückliche und erfolgreiche

Mensch löse in seiner Umwelt immer eine gewisse Schadenfreude aus, wenn er von der Höhe seines Glücks herunterstürzt. Dann erlebe er zunächst eine Phase des sozialen Umbruchs, in der sich die Erkenntnis des griechischen Tragödiendichters Euripides (ca. 480–406 vor Chr.) bewahrheite: »Mit Freunden ist's vorbei in schlimmen Tagen.« Viele unzuverlässige Freunde werden also eilig davonschleichen, und bei den anderen stellt man fest, daß das erwartete Hohngelächter ausbleibt, denn ihr »Neid ist versöhnt ... und das an seine Stelle tretende Mitleid gebiert die Menschenliebe. Oft haben die Neider und Feinde eines Glücklichen, bei seinem Sturz, sich in schonende, tröstende und helfende Freunde verwandelt. Wer hat nicht, wenigstens in schwächeren Graden, etwas der Art an sich selbst erlebt und, von irgend einem Unglücksfall betroffen, mit Überraschung gesehen, daß die, welche bisher die größte Kälte, sogar Übelwollen gegen ihn verrieten, jetzt mit ungeheuchelter Teilnahme an ihn herantraten. Denn Unglück ist die Bedingung des Mitleids und Mitleid die Quelle der Menschenliebe.«[19] Allerdings ist durch das Mitleid die Neidproblematik keineswegs aufgehoben, was Nietzsche zu der scharfsinnigen Formulierung veranlaßte: »In der vergoldeten Scheide des Mitleids steckt mitunter der Dolch des Neides.«

Kindermund gibt Wahrheit kund

Die bissigen Bemerkungen Schopenhauers über den Neider werden wahrscheinlich jene Menschen beruhigen, die nach Ruhm streben und zunächst wenig Anklang finden. Dank Schopenhauer sind sie vielleicht in der Lage, ihr empfundenes Scheitern auf die zahlreichen Neider zurückzuführen. Solche Interpretation mag manchmal richtig sein, aber es gibt natürlich auch noch andere Gründe, warum ein Buch nicht gelesen und ein Musikstück nicht gern gehört wird.

Im Gegensatz zum beneideten Menschen wird sich der Neider – und in gewissem Maße sind wir das alle – von den bisherigen Ausführungen wenig verstanden fühlen. Er wird im günstigen Fall die Gefühlsregungen seiner Mitmenschen besser begreifen, während er die eigenen Neidgefühle weiterhin verdrängt. Um einen wirklichen Zugang zum Neidverständnis zu finden, ist es offenbar wichtig, zunächst eine große Toleranz hinsichtlich dieses ›Fürsten der Galle‹ aufzubringen, damit sich jeder auch die eigenen Neidregungen eingestehen kann. Hierzu ist es sinnvoll, sich zunächst den Neidregungen von Kindern zuzuwenden, die oft noch recht unbefangen über derartige Empfindungen sprechen können. Sie spüren meist sehr schnell, wenn ein Geschwister materiell bevorzugt wird, wertvolle Geschenke bekommt oder von der Mutter hin und wieder ein Extra-Taschengeld erhält. Ziemlich verbreitet ist in vielen Familien auch der Futterneid. Alle Kinder achten dann genauestens darauf, daß der Pudding, der Kuchen und andere Leckereien gerecht verteilt werden, und protestieren sofort, wenn sie meinen, daß ihr Stückchen Torte zu klein geraten ist. Jede Mahlzeit beginnt dadurch mit einer umständlichen Verteilungsprozedur, die von den Kindern mißtrauisch verfolgt wird. Mit einem wirklichen Hungergefühl hat solcher Neid nichts zu tun, denn er beruht auf einem Gefühl des Zukurzgekommenseins und tritt auch in den Wohlstandsfamilien unserer Zeit auf.

Ein weiterer Neidauslöser ist in vielen Familien der Brauch, daß die jüngeren Geschwister die Kleidung der älteren auftragen müssen. Während zum Beispiel die ältere Schwester halbwegs zeitgemäß gekleidet ist, muß die jüngere die unmodernen, ausgebesserten Röcke oder Hosen anziehen. Verständlicherweise beneiden dann vor allem modebewußte Mädchen die ältere Schwester, die immer ›up to date‹ zur Schule und zu Verabredungen gehen kann und sich nicht mit den alten ›Klamotten‹ rumärgern muß. Gleichzeitig empfinden auch die älteren Geschwister nicht selten Neidgefühle gegenüber den Nachkömmlingen. Sie haben häufig den Eindruck, daß sie sich bestimmte Rechte hart erkämpfen mußten, die nun den jüngeren wie selbstverständlich zugestanden werden. Sie beklagen, daß die oder der ›Kleine‹ viel früher als sie ein angemessenes Taschengeld bekommt, wesentlich länger wegbleiben darf und nicht so streng erzogen wird.

Sehr oft empfinden Kinder Neidgefühle hinsichtlich ihrer Wohnverhältnisse, wenn die Geschwister oder Freunde über ein eigenes Zimmer verfügen dürfen, während sie selbst den kleinen Raum mit einem Bruder, einer Schwester oder einem Erwachsenen teilen müssen. Beispielsweise schreibt die Schriftstellerin Simone de Beauvoir in ihrer Autobiographie, sie habe mit ihrer Schwester in einem winzigen Zimmer gewohnt. Deshalb habe sie es lernen müssen, ihre Schularbeiten trotz des im Arbeitszimmer der Eltern bestehenden Stimmengewirrs zu machen. Und dann bekennt sie: ».. besonders schmerzlich war mir, nie allein sein zu können. Wir, meine Schwester und ich, beneideten glühend die kleinen Mädchen, die ein eigenes Zimmer hatten; und das unsere stellte nicht mehr als eine Schlafstelle vor.«[20]

Der Neid auf den Epileptiker Bruno

Wenn Kinder die soziale Norm ›Man darf nicht neidisch sein‹ noch nicht voll verinnerlicht haben, sind sie manchmal auf jeden und alles neidisch. Sie schauen begehrlich auf das schöne Wurstbrot des Schulnachbarn, das herrliche Fahrrad des Kindes von gegenüber und beneiden den Klassenbesten um seine Leistungen. Interessanterweise beneiden diese Kinder auch jene Jungen und Mädchen, die von den Erwachsenen eher bemitleidet werden. Der streng erzogene Sohn reicher Eltern beneidet häufig die Kinder des schlecht bezahlten Hausmeisters, weil sie toben und sich schmutzig machen dürfen. Und selbst ein Kind wie der Epileptiker Bruno genießt den Neid der Kameraden, weil er ein feststehendes Messer, einen Glasschneider, einen Dynamo am Rad, ein Brennglas und eine geschenkte Dragonermütze besitzt, die ihm das Aussehen eines argwöhnisch um sich blickenden Haubentauchers verleiht.[21]

Einer der größten Kenner der Neidimpulse von Kindern ist Mark Twain. Vor allem seine ›Autobiographie‹ und ›Tom Sawyers Abenteuer‹ sind wahre Fundgruben herrlicher Neidsituationen. Beispielsweise erinnert sich Twain in seiner Biographie an den etwa zehnjährigen Arch Fugua, der den Neid der Jungenclique erregte, »weil er seinen großen Zeh ganz umbiegen und ihn dann so zurückschnellen lassen konnte, daß man das Knacken fünfundzwanzig Meter weit hörte. Es gab in der Schule keinen anderen Jungen, der dieses Kunststück annähernd so gut fertigbrachte. Wenn es um eine Spezialbegabung körperlicher Art ging, hatte er keinen Rivalen – ausgenommen Theodor Eddy, der mit den Ohren wackeln konnte wie ein Pferd. Aber auch der war kein echter Rivale, da man sein Ohrenwackeln nicht hören konnte. So war Arch Fugua absolut im Vorteil.«[22]

Wesentlich problematischer als dieser recht harmlose Neid ist im allgemeinen die Rivalität zwischen Brüdern, die von den Eltern häufig dadurch hervorgerufen wird, daß sie beide miteinander vergleichen.

Bereits der Philosoph Immanuel Kant hat gemeint, es sei falsch, wenn man ein Kind darauf aufmerksam macht, sich nach dem Wert anderer zu schätzen, da auf diese Weise zwangsläufig eine neidvolle Vergleichshaltung entsteht.[23] Falls allerdings zwischen den Brüdern bereits eine solche Rivalität entstanden ist, dann sollten sie ihre Erfolge möglichst in unterschiedlichen Bereichen suchen. Das betonte auch Plutarch (ca. 45–125 nach Chr.), der Brüdern folgende Warnung ins Stammbuch des Lebens schrieb: Wegen »der *gleichen* Kunst und Fähigkeit namhaft und angesehen werden zu wollen bedeutet für Brüder nichts weniger, als wenn sie in die gleiche Frau verliebt wären und bei dem Kampf um ihre Gunst einander ausstechen wollten. Daher sollten Brüder sich mit ihren Wünschen und Ambitionen in möglichst verschiedene Richtungen wenden – jedenfalls wenn einer nicht das Zeug dazu hat, es dem Bruder ohne Neid an Ruhm und Einfluß gleichzutun –, damit sie einander mit ihren Erfolgen Freude statt Ärger bereiten.«[24]

Der Bruderzwist zwischen Heinrich und Thomas Mann

Wie sich eine aus der Kindheit stammende Neidproblematik zwischen Brüdern durch die gleiche Berufswahl verstärken kann, zeigt auf anschauliche Weise die rivalitätsgeladene Beziehung zwischen den beiden Schriftstellern Thomas und Heinrich Mann. Thomas kam vier Jahre nach seinem Bruder Heinrich auf die Welt und erlebte das typische Familienschicksal eines zweiten Kindes. Immer war er der kleine Bruder, der dem älteren entwicklungsmäßig hinterherlief. Trotz vieler schöner Stunden war die Beziehung der Brüder daher von einer gewissen Spannung erfüllt und es war sicher kennzeichnend für das Verhältnis der beiden, daß Thomas beim Spielen die Geige zerstörte, die Heinrich so sehr liebte. Als Heinrich daraufhin wütend reagierte, wurde er von der Mutter zur Nachsicht ermahnt. Schließlich sei er der ältere Bruder, und es sei kindlich, nutzlos und trage zum Glück nichts bei, besitzen und nicht teilen zu wollen. Solche Vorhaltungen werden die Beziehung Heinrichs zu dem von der Mutter verwöhnten Bruder kaum verbessert haben. Immer wieder zog sich Heinrich deshalb von seinem kleinen Bruder zurück, und einmal sprachen sie sogar ein ganzes Jahr lang nicht miteinander.

Den Altersabstand von vier Jahren empfand Thomas zunehmend als schmerzliche Kluft. Er litt sehr unter der Überlegenheit des Bruders, der im Gegensatz zu ihm in der Schule recht gut war und saß häufig beobachtend in der Ecke, wenn Heinrich das Wort führte. Manchmal soll der entthronte Heinrich seine Überlegenheit gegenüber dem Liebling der Mutter durch eine gewisse Arroganz ausgespielt haben. So wird berichtet, daß Heinrich einmal das Lieblingsspiel des verträumten dreizehnjährigen Bruders mit der Bemerkung kommentierte, es wäre lächerlich, wenn er sich noch als alter Mann mit dem Puppentheater beschäftigen würde. Trotz solcher Kränkungen blieb Heinrich das bewunderte Vorbild des Jüngeren, dem er vergebens hinterhereilte. Wo immer er hinwollte, war der ältere schon vor ihm da. Auch sein Entschluß, Schriftsteller zu werden, wurde durch Heinrichs Vorbild bestimmt; und so begann zwischen den beiden ein Wettlauf, der allerdings zunächst eher wie eine ›Nachlauferei‹ aussah. Ziemlich belehrend konnte daher Heinrich bei einem ihrer zahlreichen Italienaufenthalte dem an den ›Buddenbrooks‹ arbeitenden Bruder sagen, er mache beim Schreiben noch Fehler, aber er werde »schon auch noch zur Kunst gelangen«.

Lange Zeit stand Thomas vollständig im Schatten des Bruders, der vor allem durch seinen Roman ›Im Schlaraffenland‹ als Vertreter des literarischen Expressionismus berühmt geworden war. Doch mit dem Erscheinen seines monumentalen Familienepos ›Buddenbrooks‹ im Jahre 1901 änderte sich die Situation zugunsten von Thomas. Während Heinrichs Bücher vor dem Ersten Weltkrieg nie über eine Auflage von 4000 Stück hinauskamen, entwickelten sich die ›Buddenbrooks‹ zum Bestseller. Diesen Erfolg konnte Thomas natürlich nicht für sich behalten. Mit gespielter Gleichgültigkeit berichtete er dem älteren Bruder, daß man von den ›Buddenbrooks‹ nun das 11.–13. Tausend drucken werde. Und dann fuhr er fort: »So geht es immer. Ich arbeite mit Ekel und ohne die geringste Genugtuung, ich gebe den Dreck in tiefster Verzweiflung weg, und dann kommen die Briefe, das Geld, die Lobsprüche, die Händedrücke, die ›Verehrung‹. Alle haben Genuß daran, nur ich nicht.«[25]

Tatsächlich mußte sich Thomas manche literarische Leistung mühsam abringen, während Heinrich scheinbar mühelos in kurzer Zeit seine lebendigen Romane schrieb, die sich teilweise wohltuend vom ausladenden Stil des Bruders abheben. Neidvoll geißelte Thomas in einem Brief an Katja diesen Schaffensdrang: »Nur bei Damen und Dilettanten sprudelt es, bei den Schnellzufriedenen und Unwissenden, die nicht unter dem Druck und der Zucht des Talentes leben.«[26] Diese Kritik war sicher nicht ganz unberechtigt, denn auch Heinrich bekannte einmal, er habe zu oft improvisiert und seine Bücher zu schnell geschrieben. Dennoch wirken die Vorhaltungen des jüngeren Bruders maßlos. Sie sind offensichtlich von dem neidgefärbten Stoßseufzer »Großer Gott, Du hast schon wieder etwas fertig« gefärbt, den Thomas in einem Brief an Heinrich ausstieß.

Den farbenfrohen, von Sinnenlust und erotischen Phantasien geprägten Romanen Heinrichs konnte Thomas ohnehin wenig abgewinnen. Ihm waren diese Bücher zu grell, zu verzerrt und bunt. Vor allem der Roman ›Die Jagd nach Liebe‹, der auch bei den Kritikern umstritten war, rief seinen Unmut hervor. Schulmeisterlich schrieb er Heinrich, man sollte dieses Werk besser »Die Jagd nach Wirkung« nennen. Der Bruder litte unter einer Wirkungssucht, die seinen Büchern nicht bekäme. Unter seinen Händen sei ein neues Genre der Unterhaltungs- oder Zeitvertreibslektüre entstanden, in der es zu viele Schenkel, Brüste und Fleisch gebe.[27]

Nach diesem schonungslosen Brief bahnte sich ein Bruch zwischen den beiden Brüdern an, der sich durch den Ausbruch des Ersten Weltkriegs verschärfte. Die politischen Verhältnisse wirkten nun als Katalysator und zwangen beide Brüder zu einer entschiedenen Stellungnahme. Der Bruderzwist wurde jetzt mit politischen Argumenten ausgetragen. Nachdem Thomas Mann das Kaisertum und den Krieg in einem Aufsatz verherrlicht hatte, veröffentlichte Heinrich einen Artikel, in dem er leidenschaftlich gegen den Krieg und seine Befürworter Stellung bezog. In gewisser Weise war er auch eine Antwort an Thomas, denn niemand anderes konnte gemeint sein, wenn Heinrich schrieb: »Sache derer, die früh vertrocknen sollen, ist es, schon zu Anfang ihrer zwanziger Jahre bewußt und weltgerecht hinzutreten ... Durch Streberei Nationaldichter werden für ein halbes Menschenalter, wenn der Atem so lange aushält; unbedingt aber mitrennen, immer anfeuernd, vor Hochgefühl von Sinnen, verantwortungslos für die heranwachsende Katastrophe ...«[28] Als Thomas Mann diesen Artikel las, war er empört und begann im Laufe von zwei Jahren die ›Betrachtungen eines Unpolitischen‹ zu schreiben, in denen er Heinrich als

Franzosenliebhaber und Zivilisationsliteraten diffamierte. Wiederum hob er die ruhmreiche Kriegstradition Deutschlands hervor und verkündete die Botschaft, der Krieg habe für Deutschland eine kulturfestigende Bedeutung. Offenbar war Thomas Mann in jener Zeit ein eingefleischter Reaktionär, während Heinrich mutig für den Pazifismus Stellung bezog. Somit hatte der Krieg Thomas und Heinrich Mann nicht nur als Brüder, sondern auch politisch entzweit.

Im Dezember 1917 unternahm Heinrich, der meist wesentlich nachgiebiger als sein Bruder war, einen ersten Versöhnungsversuch, der jedoch von Thomas mit den Worten zurückgewiesen wurde, er sei nun ihm gegenüber weniger hilflos als früher und es sei sein Ziel, daß sich die Tragödie ihrer Brüderlichkeit vollende. Auf radikale Weise wollte Thomas eine Ablösung von seinem Bruder durchführen, die für ihn noch nicht abgeschlossen war. So kam es erst durch eine schwere Erkrankung Heinrich Manns im Januar 1922 zur Versöhnung. Einträchtig schrieb nun Thomas an den älteren Bruder: »Es waren schwere Tage, die hinter uns liegen. Aber nun sind wir über den Berg und werden besser gehen – zusammen, wenn Dir's ums Herz ist, wie mir.«[29]

Die beiden berühmten Brüder

Nach dem Ersten Weltkrieg hatte Heinrich Mann einen ungewöhnlichen Erfolg. In den Jahren gesellschaftlicher Wirrnisse und wirtschaftlicher Krisen griff man verstärkt zu seinen gesellschaftskritischen Büchern. Als 1918 ›Der Untertan‹ herauskam, wurden in wenigen Wochen 100 000 Exemplare verkauft, und der daraufhin einsetzende Ruhm belebte auch den Absatz der anderen Werke. Mehrere Jahre lang schien es so, als sei die alte Rangfolge zwischen den Brüdern wiederhergestellt. Unruhig notierte Thomas Mann im November 1920, Heinrich habe nun eine glänzende Stellung. Dann beruhigte er sich jedoch mit dem Gedanken: »Wahrlich, es lohnt nicht, sich durch Eifersuchtsgram die Verdauung stören zu lassen.« Spätestens im Jahre 1924, als Thomas Mann den ›Zauberberg‹ herausbrachte, bestand wieder eine Gleichrangigkeit der Brüder.

Beide waren jetzt als bedeutende deutsche Schriftsteller anerkannt. Heinrich Mann stand in einem so hohen gesellschaftlichen Ansehen, daß er zu seinem 60. Geburtstag von hundertdreißig Schriftstellern aus aller Welt gefeiert wurde, und im Jahr darauf wollte man ihn dazu bewegen, als Kandidat für das Amt des Reichspräsidenten anzutreten. Thomas Mann erhielt 1929 sogar den Nobelpreis für Literatur, und während er sich im Festsaal des Stockholmer Grand-Hotels für die Auszeichnung bedankte, hielt Heinrich in einer großzügigen Geste eine Rundfunkrede auf seinen gefeierten, jüngeren Bruder.

Die Emigration

Als die Nationalsozialisten 1933 die Macht übernahmen, mußten Heinrich und Thomas Mann emigrieren. Nach einer Odyssee durch einige Länder wurden sie schließlich in den USA, in Kalifornien, ansässig. Dort wohnten sie nur eine halbe Stunde voneinander entfernt und trafen sich einmal in der Woche, um von ihrer gemeinsamen Vergangenheit und den Zeitereignissen zu sprechen. Während es Thomas Mann aufgrund seiner Publikationen und zahlreicher Vorträge finanziell so gut ging, daß er sich ein geräumiges Haus bauen konnte, lebte Heinrich in eher bescheidenen Verhältnissen. Er war auf die finanzielle Unterstützung des Bruders angewiesen, da er in den USA keinen Erfolg hatte. Lediglich ›Professor Unrat‹ und ›Der Untertan‹ fanden einen Verleger, während seine neuen Werke in den USA nicht gedruckt wurden. So blieb Heinrich Mann, der die Sprache dieses Landes nie beherrschte, auch literarisch ein Fremder. Er war in dem großen Land fast unbekannt, was sich schon bei seiner Ankunft zeigen sollte. Als er nach seiner Flucht aus Frankreich 1940 in den USA eintraf, hatte die ›New York Times‹ die Ankunft des namhaften Autors Golo Mann gemeldet, in dessen Begleitung sich auch dessen Onkel, Heinrich Mann, befunden hätte, der ebenfalls Schriftsteller sei.

Auf seine Erfolgslosigkeit reagierte Heinrich Mann mit einer sehr verständlichen Bitterkeit und Resignation, die sich nach dem Selbstmord seiner Frau Nelly noch verstärkte. Enttäuscht schrieb er am 10. Oktober 1945 an Salomea Rottenberg: »Der Nobel-Preis war nicht für mich, obwohl die besten französischen Schriftsteller eine Eingabe in Stockholm machten. Heute ist mir alles gleich. Möge an meiner Stelle eine einwandfreie Mittelmäßigkeit genommen werden.«[30]

Heinrich schloß sich jetzt enger an den nun von ihm bewunderten jüngeren Bruder an. Für ihn war Thomas, den er nach eigenem

Bekunden liebte, der »erste Schriftsteller der Welt«. Im gewissen Sinn hatte Thomas damit den Geschwister-Wettlauf gewonnen. Trotzdem war für ihn das Thema ›Brüderlichkeit‹ noch nicht abgeschlossen. Zwar hatte er den Bruder überholt und war nun ein berühmter, gefeierter Mann. Doch noch in seinem letzten Lebensjahr schrieb er von dem großen Schatten, der sich durch sein ganzes Leben gezogen und ihn mit banger Verlegenheit erfüllt habe. Zum Schluß eines Briefes bekannte Thomas Mann: »Unbeschreiblich ... war meine Erschütterung, und wie ein Traum erschien es mir, als Heinrich mir kurze Zeit vor seinem Tod eines seiner Bücher mit den Worten widmete: ›*Meinem großen Bruder*, der den ›Doktor Faustus‹ schrieb. Wie? Was? Der große Bruder war doch immer er gewesen!‹«[31]

Charlie Rivel und seine beiden Brüder

Das Lebensschicksal von Thomas und Heinrich Mann zeigt, daß unweigerlich eine gewisse Ablösung notwendig ist, falls zwei Brüder im gleichen Beruf tätig sind und einer von ihnen etwas erfolgreicher ist. Niemand steht gern auf Dauer im Schatten des Bruders, so daß eine Trennung im beruflichen Bereich der einzig vernünftige Weg zur Lösung einer solch neidbelasteten Geschwisterkrise ist. Dies mußte letztlich auch der weltberühmte Clown Charlie Rivel einsehen, der sich durch sein ›Akrobat schöön‹ die Herzen der Zuschauer erobert hatte.

Obgleich Charlie Rivel eng mit seinen Brüdern René und Polo zusammenarbeitete, wurde auf den Zirkusplakaten sein Name in großen Lettern hervorgehoben, und die Zeitungen erwähnten nur *seine* Leistungen. René und Polo fühlten sich natürlich dadurch gekränkt, daß sie lediglich als Brüder des bekannten ›Clowns Charlie Rivel‹ angesehen wurden. Sie verlangten, daß man ihre Darbietungen in Zukunft nur noch als die der drei Rivels ankündigen sollte. Obwohl dies geschah, war damit das Problem nicht gelöst, denn die Zeitungen berichteten weiterhin ausschließlich über Charlie Rivel. Der Konflikt spitzte sich deshalb weiter zu, und schließlich zogen die beiden neidischen Brüder sogar vor das Gericht, um dem berühmten Clown zu verbieten, sich Charlie Rivel zu nennen. Zwar einigte man sich dann doch noch gütlich, aber eine berufliche Trennung war nun unvermeidlich. Obwohl Charlie seine Brüder durchaus verstehen konnte und sich fragte, wie er sich an ihrer Stelle fühlen würde, empfand er die Trennung als Tragödie. Er war durch diesen Familieneklat sehr betrübt und konnte nicht begreifen, daß solch enge Familienbande fast zwangsläufig irgendwann durch einen dramatischen Ablösungsvorgang entzerrt werden müssen.[32]

Das Grab des Neides

Wie verhängnisvoll sich die neidvolle Rivalität zweier Brüder auswirken kann, die sich nicht voneinander trennen können, zeigt die Novelle ›Das Grab des Neides‹ von Stefan Andres. Sie handelt von einem zwölfjährigen Jungen, der beim Mittagstisch meint, daß er Kain sein müsse, weil sein Bruder auf den Namen Abel hören würde. Der Vater gibt ihm für diese Bemerkung eine Backpfeife und beschimpft ihn als Neidhammel. Offenbar ist er über die Bemerkung seines Sohnes, den er weniger liebt als Abel, so erschrocken, daß er die Kontrolle über sich verliert.

Nach dem Tod der Mutter darf Abel beim Vater bleiben, während ›Kain‹ ins Internat muß. Dennoch kreuzen sich die Lebenswege der Brüder immer wieder. Sie verlieben sich beide während der Ferien in das siebzehnjährige Bebbchen; und als Abel seinem Bruder immer offener von den Begegnungen mit dieser jungen Dame erzählt, wird diesem klar, daß er wieder einmal der Verlierer ist. Er hofft, daß Bebbchen vom Blitz getroffen wird, und ist entsetzt, als dies tatsächlich eintrifft.

Schließlich gehen Abel und ›Kain‹ auf die gleiche Universität, wo sich bald wieder das alte Geschwisterverhältnis herstellt: Der jüngere Abel, den man den ›kleinen Apoll‹ nennt, ist allgemein beliebt, während ›Kain‹ als der schweigsame und ungelenke Bruder den dunklen Untergrund abgibt, auf dem sich jener umso glänzender abhebt. Verständlicherweise verstärken sich nun die Neidgefühle ›Kains‹, denn stellen Sie sich einmal vor: »da liegt ein Kiesel, nein, eine Kohlenschlacke und ein Diamant nebeneinander! Wenn die beiden aufeinander losgehen könnten, was meinen sie wohl? Eher hält ein Biest von Mensch die Nachbarschaft eines Heiligen aus als ein Kain den Anblick Abels.«[33]

Das verhängnisvolle Schicksal nimmt weiter seinen Lauf, da Abel ein ängstlicher Mensch ist und sich nicht von seinem älteren Bruder trennen kann. So kommt er schließlich im Krieg zur Luftwaffe, wo ›Kain‹ Staffelführer der Jagdflieger ist. Der Schutzgeist der Truppe ist die schöne Germaine. Obgleich jeder der Soldaten die hübsche Frau mag, ist es tabu, um sie zu werben. Auf diese Weise ›gehört‹ sie allen und keinem, und man dämmt die allgegenwärtigen Neid- und Eifersuchtsgefühle ein. Als Abel kommt, durchbricht er das geheime Abkommen der Truppe und gewinnt Germaine für sich. Sein Bruder schickt ihn daraufhin auf einen Einsatz, von dem er nicht mehr zurückkommt.

Abel hatte das Gesetz der Gleichheit durchbrochen und damit die Neid- und Eifersuchtsgefühle der Gruppe aktiviert. Er hatte ihnen den Schutzgeist der Truppe gestohlen und zu seinem privaten Besitz gemacht. Jeder dachte vorher, seine Werbung könne bei Germaine erfolgreich sein. Abels Schuld bestand darin, diesen Traum zerstört zu haben. Von seinem Feindflug kehrte er nicht zurück. Er war hinter den feindlichen Linien abgestützt.

Das mörderische Kind

Wie heftig und zerstörerisch bereits die Neidaffekte eines Kindes sein können, zeigt auch die Autobiographie des Schriftstellers Elias Canetti. Darin berichtet er von seiner Beziehung zu dem Mädchen Laurica, die vier Jahre älter war als er und schon zur Schule gehen durfte. Wenn sie nach Hause kam, fing sie der kleine Elias am Tor ab und fragte sie über den Unterricht aus. Zu gern wäre Elias auch in die Schule gegangen. Immer stärker wurde in ihm der Wunsch, die faszinierenden blauen Buchstaben jenes Schulheftes anzuschauen, das Laurica feierlich vor seinen Augen aufschlug. Doch sie verbot ihm, das Heft anzufassen, da er ein schlechter Schüler sei. Schließlich hielt sie ihre Hefte sogar ganz von ihm fern. »Sie hatte deren bald viele, um jedes dieser Hefte beneidete ich sie, sie wußte es wohl, und ein schreckliches Spiel begann. Sie veränderte sich ganz und gar zu mir und ließ mich meine Kleinheit fühlen. Tag für Tag ließ sie mich um die Hefte betteln, Tag für Tag versagte sie sie mir. Sie verstand es, mich hinzuhalten und die Quälerei zu verlängern. Ich wundere mich nicht, daß es zur Katastrophe kam, wenn auch niemand die Form, die sie annahm, vorausgesehen hätte.«[34]

Eines Tages ärgerte sie ihn wieder damit, daß er zu klein sei, um die Hefte zu lesen. Wütend versuchte er, sie zu fangen. Er bettelte und flehte, sie möge ihm die Hefte geben. Doch sie war so gemein, die begehrten Hefte im letzten Moment auf eine hohe Mauer zu legen, die er nicht erreichen konnte. Nun sprang er an der Mauer hoch und japste, während Laurica neben ihm stand und höhnisch lachte. – Plötzlich lief er in den Küchenhof, um ein Beil zu holen und sie zu erschlagen. »Als ich zurückkam und sie mich sah, das Beil in beiden Händen vor mir hochhaltend, rannte sie kreischend davon. Sie kreischte so laut, als hätte ich mit dem Beil schon zugeschlagen und sie getroffen ... Der Großvater stürzte aus seinem Haus heraus, mit einem Spazierstock bewaffnet, rannte auf mich zu, riß mir das Beil aus der Hand und herrschte mich zornig an. Nun belebten sich alle drei Häuser um den Gartenhof, aus jedem traten Leute, der Vater war verreist, aber die Mutter war da, man trat zusammen und beriet über das mörderische Kind. Ich konnte lange beteuern, daß Laurica mich bis aufs Blut gepeinigt habe, daß ich mit fünf Jahren zur Axt gegriffen hatte, um sie zu töten, war für alle unfaßbar ... Ich glaube, man begriff, daß es mir so sehr um die Schrift zu tun war, es waren Juden, und die ›Schrift‹ bedeutete ihnen allen viel, aber es mußte etwas Schlechtes und Gefährliches in mir sein, das mich dazu bringen konnte, meine Spielgefährtin ermorden zu wollen.«[35]

Laurica war gegenüber dem kleinen Elias seit diesem Zwischenfall recht mißtrauisch und rächte sich später auf grausame Weise, indem sie ihn in einen Kessel mit heißem Wasser stieß. Elias war fast am ganzen Körper verbrüht, so daß man um sein Leben fürchtete. Doch nach einigen Wochen wurde er wieder gesund und konnte viele Jahre später als Erwachsener Laurica über diese Konflikte befragen: sie hatte inzwischen alles vergessen.

Das Neidproblem im Erwachsenenalter

Erwachsene pflegen im allgemeinen ihre Neidgefühle nicht so offen zu zeigen wie der junge Elias und nur selten gibt jemand zu, daß er neidisch ist. Zu ihnen zählt der Schriftsteller Franz Kafka, der sich immer wieder sehnlichst Kinder und eine Familie wünschte. Obgleich er vor einer festen partnerschaftlichen Bindung zurückscheute, spürte er doch sehr deutlich die Nachteile des Junggesellenlebens: man muß seine Einkäufe allein bewältigen, abends ist man allein, im Krankheitsfall kann man nicht mit der pflegenden Zuwendung des Partners rechnen, und wenn man stirbt, ist die Lebenskette unterbrochen. Daher beneidete Kafka alle Ehepaare, die er traf, und als seine Schwester Eli ein Kind zur Welt brachte, empfand er »nur Neid, nichts als wütenden Neid gegen meine Schwester oder besser gegen meinen Schwager, denn ich werde niemals ein Kind haben ...«[36]

Es gibt sehr verschiedene Neidobjekte, weil sich der Neid immer auf die Eigenschaften und Güter richtet, die man selbst vermißt und begehrt. Deshalb empfinden unterschiedliche Menschen ganz andere Dinge als beneidenswert. Mancher Ehepartner wird beispielsweise nach einem aufreibenden Familientag einen Junggesellen beneiden, während dieser vielleicht wie Kafka das Familienglück überschätzt. Natürlich gibt es auch bestimmte Eigenschaften und Güter, die für viele Menschen Anlaß zu ständigen Neidgefühlen sind. Dazu gehört die Fähigkeit, sicher in der Öffentlichkeit aufzutreten und ein gewisses Selbstbewußtsein auszustrahlen. Auch dieses Problem war Kafka keineswegs fremd. Da er sich immer als sehr unsicher und schüchtern empfand, beneidete er seinen Vater um dessen Selbstsicherheit und Tüchtigkeit. Gleichzeitig lehnte er jedoch den recht vital wirkenden Vater, vor dem er immer ziemliche Angst hatte, ab.

In seinem Roman ›Im Schlaraffenland‹ hat Heinrich Mann den Neid auf den sicher auftretenden Menschen anschaulich dargestellt: Der junge Andreas, der stark mit seiner Schüchternheit zu kämpfen hatte, beneidete den überzeugend auftretenden Herrn Ratibohr. Dieser Ratibohr »war hager, mit nervöser Kraft in den Bewegungen und von galliger Gesichtsfarbe. Seine Habichtsnase und sein scharfer Blick forderten jeden heraus, der irgend etwas gegen ihn einzuwenden haben sollte. Seine Eleganz erinnerte an Börse und Fechtsaal. Ratibohr hatte gleichviel vom Duellanten und vom Jobber und machte einen um so gefährlicheren Eindruck. Auch ließ er achtungsgebietende Geheimnisse hinter seinem Namen ahnen ... Andreas blickte auf Ratibohr voll Neid und Bewunderung. Den Leuten schon durch sein Erscheinen Respekt einflößen wie er, welch ein Traum!«[37]

Auch im Liebesleben spielt ein gewisser Neid auf den selbstsicher wirkenden Menschen des anderen Geschlechts eine große Rolle, da sich mancher nur zu leicht in die beneidenswerte Selbstsicherheit von Star-Frauen beziehungsweise Star-Männern verliebt. Sigmund Freud beschreibt in seinen Werken vor allem die ›narzißtische Frau‹, die einen großen Reiz auf Männer ausübt. Ihre Anziehungskraft beruht darin, daß sie ein scheinbar ungebrochenes Selbstbewußtsein hat und – so die Überzeugung S. Freuds – in ihrer Selbstgenügsamkeit und Unzugänglichkeit gewisse Ähnlichkeiten mit »Katzen und großen Raubtieren« aufweist. Solche Frauen fesseln »unser Interesse durch die narzißtische Konsequenz, mit der sie alles ihr Ich Verkleinernde von (sich) fernzuhalten wissen. Es ist so, als beneideten wir sie um die Erhaltung eines seligen psychischen Zustandes, einer unangreifbaren Libidoposition, die wir selbst seither aufgegeben haben … Dem großen Reiz des narzißtischen Weibes fehlt aber die Kehrseite nicht«, da diese Frauen ständig beachtet und geliebt werden wollen und kaum in der Lage sind, selbst um den Partner zu werben.[38]

Neidaffekte im Beruf

Eine wichtige Quelle von Neidgefühlen liegt im beruflichen Bereich. Das im Wirtschaftsleben ohnehin vorherrschende Konkurrenzdenken bewirkt, daß der erfolgreiche Kollege im allgemeinen sehr viele Neider und Rivalen hat. Vor allem ältere Kollegen werden manchmal regelrecht ›gelb und grün‹ vor Neid, wenn ihnen ein von der Universität kommender Neuling bei Beförderungen vorgezogen wird. Jahrzehntelang haben sie der Firma die Treue gehalten und geschuftet und müssen nun den Anweisungen des jungen ›Schnösels‹ Folge leisten.

Häufig wird der Neid im Wirtschaftsleben bewußt als wettbewerbsfördernde Kraft eingesetzt. Ein fein abgestuftes Beförderungssystem soll zusammen mit den entsprechenden Statussymbolen den höchstmöglichen Arbeitseinsatz der Mitarbeiter bewirken. Die Arbeiter sind dann auf die Angestellten neidisch, die mit weißem Hemd und Anzug im Büro sitzen dürfen. Der Kollege A beneidet den Kollegen B, weil dieser eine Sachbearbeiterzulage erhält. Und den Abteilungsleiter beneidet man um sein schönes Büro und seine nette Sekretärin. Auf diese Weise entsteht eine rivalitätsgeschwängerte Arbeitsatmosphäre, welche die Belegschaft motiviert, die jeweiligen Konkurrenten zu übertrumpfen. Um auch in den Besitz der vergoldeten Firmennadel, des entsprechenden Dienstwagens oder einer finanziellen Zulage zu kommen, ist vor allem vielen Männern keine Anstrengung zu groß. Haben sie es ›geschafft‹, dann genießen sie heimlich den Neid ihrer Kollegen, falls ihr Magengeschwür solche Empfindungen überhaupt zuläßt.

Obgleich der Neid im Wirtschaftsleben sehr oft destruktive Züge trägt, sollte man ihn nicht gänzlich verdammen, da er nicht selten die Mitarbeiter zu außerordentlichen Leistungen motiviert. Dennoch ist das vor allem bei Managern zu beobachtende neidgeschwängerte Rivalitätsdenken sehr bedenklich, weil oft mehr Kraft in das Ausschalten des Konkurrenten als in den produktiven Arbeitsprozeß investiert wird. Anstelle eines wirklichen Wettbewerbs treten dann Intrigen und Machtkämpfe, die jede sachliche Zusammenarbeit blockieren können. Solcher Neid verhindert häufig die Solidarisierung der Mitarbeiter und gerade deshalb wird er mitunter gefördert, um die bestehenden Machtstrukturen zu sichern. In manchen Betrieben herrscht deshalb in der Belegschaft eine so starke Neidstimmung, daß sich ein unbekannter Dichter zu den folgenden Zeilen veranlaßt sah:

Freund oder Feind
Kennst du den Mann, den das Geschick
an deine Seite hat gestellt,
der dich verfolgt mit scheelem Blick,
doch stets nur sagt, was dir gefällt?
So lang' sich für dich int'ressiert,
bis deine Schwächen er erkannt,
dich zur Vertraulichkeit verführt,
dir zehnmal drückt die Bruderhand?
Der hinterm Rücken dich verlacht,
der nie verträgt, daß man dich lobt,
und wenn Karriere du gemacht,
vor Wut und Mißgunst schnaubt und tobt?
Der, wenn sein Vordermann du bist,
drauf lauert, bis du abgetan?
Was meinst du, wer das Scheusal ist? –
Kollege heißt der brave Mann!

Die neidbelastete Teamarbeit

Der Neidbazillus ist nicht nur im harten Wirtschaftsleben anzutreffen, sondern beeinträchtigt auch die Beziehungen zwischen Künstlern, Sportlern und Schriftstellern. Als besonders störend wird er empfunden, wenn eine intensive Team-Arbeit angestrebt wird. Diese Erfahrung mußten auch viele Psychotherapeuten machen, von denen man im allgemeinen annimmt, es handle sich um sehr ausgeglichene, abgeklärte Persönlichkeiten. Solcher Fehleinschätzung unterlagen nicht selten auch die Therapeuten, die das ›Mehrtherapeutenprinzip‹ praktizierten, und sie waren deshalb meist sehr überrascht, wenn sie mit dem ›Fürsten der Galle‹ konfrontiert wurden.

Bei dem Mehrtherapeutenprinzip leiten zwei Therapeuten gemeinsam eine Gruppe, was zu einer enormen Entlastung des einzelnen Therapeuten und zu einer großen Bereicherung der Gruppe führen kann. Da die seelische Belastung in diesem Beruf ungewöhnlich groß ist, hat sich das Zweitherapeutenprinzip nach dem Zweiten Weltkrieg immer mehr durchgesetzt. Indem sich zwei Therapeuten wechselseitig unterstützen, können sie ihre Arbeit wesentlich besser bewältigen. Allerdings bringt diese Team-Arbeit nicht nur Vorteile, sondern auch zahlreiche Schwierigkeiten mit sich. Sie sind besonders stark, wenn die beiden Therapeuten unbewältigte Rivalitätsprobleme haben und im Laufe der Zeit destruktive Neidgefühle entwickeln.

Meist ist ein Therapeut etwas expansiver als der andere und neigt dazu, sich zu sehr in den Mittelpunkt zu drängen. Er ist nicht darauf eingestellt, mit dem Kollegen ein Team zu bilden, sondern vergißt ihn manchmal regelrecht. Für den gehemmteren Therapeuten wird deshalb die Zusammenarbeit zeitweilig unerträglich sein. Er reagiert besonders neidisch und eifersüchtig, wenn der narzißtische Kollege aufgrund seines großen Anerkennungsbedürfnisses zum alleinigen Gruppenmittelpunkt wird und alle Aufmerksamkeit auf sich zieht.[39]

Offenbar besteht das Problem jeder Team-Arbeit darin, daß beide Partner ihr ›individuelles Ich‹ zugunsten des ›kooperativen Wir‹ erweitern müssen. Ein eindrucksvolles Beispiel für ein solch neidüberwindendes Gemeinschaftsgefühl gibt Plutarch. Er schreibt: »Ich erinnere mich, daß ich, noch sehr jung, als Gesandter mit einem anderen zusammen zum Prokonsul geschickt wurde, dann aber, weil mein

Kollege irgendwie der Audienz fernblieb, allein die Sache vertrat und durchführte. Als ich nun zurückgekommen war und Bericht erstatten sollte, nahm mich mein Vater beiseite und schärfte mir ein, nicht zu sagen: ›Ich ging‹, sondern ›Wir gingen‹, und nicht: ›Ich sagte‹, sondern ›Wir sagten‹, und so durchweg den Bericht mit kollegialer Einbeziehung des anderen abzufassen. Wenn man es nämlich so darstellt, ist das nicht nur fair und nett, sondern hält den guten Ruf auch frei von Ärger und Neid.«[40]

Der Ärger um das liebe Geld

›In Geldsachen hört die Gemütlichkeit auf‹ – soll der Wirtschaftspolitiker David Hansemann (1790–1864) im preußischen Vereinigten Landtag verkündet haben. Tatsächlich ist das Geld immer wieder Anlaß für heftigste soziale Konflikte und Neidgefühle. Diese sind besonders stark, wenn man erfährt, daß jemand zu einem größeren Vermögen gekommen ist, ohne daß er dafür eine wirkliche Leistung erbracht hat. Falls der Nachbar oder Arbeitskollege einen großen Lotteriegewinn ausgezahlt bekommt, ist man selbst geneigt zu träumen, was man mit dem Geld tun würde. Wie schön wäre es doch, eine große Villa zu besitzen, ständig von Dienern und einer Haushälterin umgeben zu sein, sich einen noblen Wagen leisten zu können und nicht mehr arbeiten zu müssen. Wie würde man dann beneidet werden. Doch all das bleibt letztlich ein Traum, weil Fortuna einen anderen mit dem Geldsegen bedacht hat. Ist das gerecht, kann man da nicht neidisch werden?

Unvergleichlich heftiger ist im allgemeinen das Neidgefühl, wenn es um eine große Erbschaft geht und ein naher Verwandter plötzlich ›im Reichtum schwimmt‹, während man selbst leer ausgeht. Sobald der Onkel oder die Tante gestorben und der erste Schock überwunden ist, setzt bei vielen Menschen die hektische Frage ein: Wer hat wieviel geerbt? Die Verkündung des Testaments ist dann der spannendste Moment ihres Lebens, falls es sich um eine entscheidende Summe handelt. Wie verhängnisvoll sich eine Erbschaft auf die Beziehung zweier Menschen auswirken kann, zeigt die Novelle ›Die Brüder‹ von Guy de Maupassant. Sie handelt von der Entfremdung zwischen dem dreißigjährigen Pierre und seinem fünf Jahre jüngeren Bruder Jean.

Beide verbringen miteinander die Ferien und haben bereits ein ziemlich schwieriges Verhältnis, das vollends gestört wird, als die Nachricht eintrifft, daß Jean der Universalerbe eines nahen Freundes der Familie werden soll. In der Familie herrscht daraufhin großer Trubel. Nur Pierre empfindet etwas »Trübes in seiner Seele« und fühlt sich schlaff und leer. Er fragt sich, ob seine düstere Stimmung nicht daher kommt, daß Jean alles erbt. Er erinnert sich seiner Gefühle, als der Notar die Nachricht überbrachte und nun wird ihm bewußt, daß er neidisch ist. Zwar beglückwünscht auch er seinen Bruder, als er ihn trifft. Doch als der Gastwirt einer Kneipe zu ihm sagt, es sei doch üblich, das Erbe unter den Brüdern zu gleichen Teilen zu vermachen, fängt er an zu grübeln.

Von da an wird das Leben für ihn unerträglich, denn er wäre gern reich und berühmt und muß in Wirklichkeit mit dem Geld knausern. Nichts kann er sich leisten. Er empfindet es als beschämend, mit dreißig Jahren die Mutter um ein Taschengeld anzubetteln. Verbittert flüstert er: »Himmel, wenn ich nur Geld hätte.« Wie der Stich eines Insekts bohrt sich der Gedanke an des Bruders Erbschaft in seine Seele. Zornig vertreibt er ihn, da er sich nicht dem Neid überlassen will. Als ihn allerdings eine befreundete Kellnerin darauf hinweist, daß ihm der Bruder kaum ähnlich sähe, gerät er in eine unerträgliche Unruhe. Ihm wird klar, daß der Erblasser der Vater seines Bruder sein muß, und er faßt den Entschluß, Jean vor dem möglichen Gerede zu warnen.

Als man die neue teure Wohnung von Jean besichtigt, beginnt zwischen den Brüdern eine heftige Auseinandersetzung. Im Verlauf dieses Konflikts wirft Jean seinem Bruder verärgert vor, er sei ja nur neidisch. Schon seit seinen Kindertagen sei er voller Neid. Diese Leidenschaft dringe ihm durch alle Poren. Hatte er damit nicht Recht? Tatsächlich war in dem älteren Bruder eine dumpfe Eifersucht und ein schlummernder Neid entstanden, als Jean von den Eltern mit offenen Armen empfangen, gepflegt und gehätschelt worden war. Jahrelang hatten sich deshalb negative Gefühle in Pierre angesammelt, die er nun seinem Bruder entgegenschleudert, indem er hitzig feststellt, er könne ihn nicht achten, weil er der Sohn des Mannes sei, der ihm das Vermögen hinterlassen habe.

Nach seinem Ausbruch fühlt sich Pierre wie ein ›Schweinekerl‹. Jean versucht zwar, den Sachverhalt abzustreiten, aber die Mutter bestätigt ihm, daß sie die Geliebte des Freundes gewesen sei. Daraufhin sieht Pierre keine Möglichkeit mehr, den Konflikt zu lösen. Er hat sich zu sehr von der Familie entfremdet. Er muß weg, weit weg und nimmt eine Stellung als Schiffsarzt an. Des Kampfes müde, flieht er hinaus in die Welt.

Der Neid der älteren auf die jungen Menschen

Besonders neidanfällig ist das Verhältnis zwischen älteren und jüngeren Menschen, weil die ›jungen Leute‹ oftmals jene Lebenschancen ergreifen können, von denen die ältere Generation nicht einmal zu träumen wagte. Nicht jeder kann dann das folgende Gedicht Goethes beherzigen:

> Soll dich das Alter nicht verneinen,
> So mußt du es gut mit andern meinen;
> Mußt viele fördern, manchem nützen,
> Das wird dich vor Vernichtung beschützen.

Doch wie will man die jüngeren Menschen fördern, wenn man selbst den Lebensmut verloren hat? Neidisch muß man dann mitansehen, wie umkompliziert heutzutage die Beziehung zwischen Jungen und Mädchen ist, welche Fortschritte es auf dem Gebiet der Empfängnisverhütung und der Emanzipation der Frauen gibt. Die meisten der heute älteren Frauen wurden als Mädchen von den Jungen ferngehalten und mußten bei der Sexualität immer die Angst vor einer Schwangerschaft ausstehen, um schließlich den größten Teil ihres Lebens mit der Kindererziehung und dem Kochen zu verbringen. Und die älteren Männer werden oftmals verbittert feststellen, welche Lebenschancen ihnen durch den Zweiten Weltkrieg entgangen sind, während die heutige Jugend relativ mühelos viele berufliche und private Möglichkeiten wahrnehmen kann. Kaum hatten jene die Schule abgeschlossen, mußten sie in den Krieg. Anstelle intensiver Liebesnächte lernten sie das Trommelfeuer der Artillerie kennen, um danach noch einige Jahre im Gefangenenlager zu verbringen. Sicher waren sie froh, überhaupt die Heimat wiederzusehen, aber für viele war es bitter, nun endgültig von Studienwünschen und beruflichen Träumen Abschied nehmen zu müssen. Mancher fand sich zunächst mit diesem Schicksal ab, um dann Jahrzehnte später durch die Entwicklung der Jugendlichen daran erinnert zu werden, wie sehr er sich in seinen Lebenshoffnungen betrogen fühlte. In solcher Lebenssituation ist es schwer, so zu handeln wie der Vater des sechzehnjährigen Henrich Steffens (1773–1845). Der jugendliche Henrich, der sich später zu einem bedeutenden Naturphilosophen und Schriftsteller entwickeln sollte, erinnert sich in seiner Autobiographie über die Vortage der französischen Revolution: »Mein Vater kam begeistert nach Hause, er rief seine Söhne zu sich, wir sahen ihm die innere Begeisterung an und erwarteten gespannt, was er uns berichten würde. ›Kinder‹, sagte er, ›ihr seid zu beneiden, welch eine schöne glückliche Zeit liegt vor euch! Wenn es euch nicht gelingt, euch eine freie unabhängige Stellung zu erringen, so liegt die Schuld an euch. Alle einengenden Verhältnisse des Standes, der Armut werden verschwinden, der Geringste wird mit dem bisher Mächtigsten den gleichen Kampf, mit gleichen Waffen, auf dem gleichen Boden beginnen. Daß ich jung wäre wie ihr! Aber meine Kräfte sind gelähmt, mich haben allenthalben unsinnige Schranken gehemmt, die für euch nicht sein werden … Die Rührung, mit der er so sprach, ergriff ihn mächtig, heftig weinend brauchte er einige Zeit, sich zu fassen. Wir in unserer geselligen Einsamkeit hatten nichts erfahren von den Bewegungen, die in Paris eine nahe Krise vorbereiteten. Wir staunten den Vater an und erwarteten in der größten Spannung, was er uns berichten würde; und nun erzählte er uns mit beflügelnden Worten, aus welchen die innere Erschütterung sprach, die ernsten Szenen im Palais Royal, die ungeheure Begeisterung, die das Volk ergriffen hatte, wie es gegen alle Schranken der bestehenden Gewalt anstürmte, daß sie bald zusammenstürzen würden, endlich die Erstürmung der Bastille und die Befreiung langjähriger Opfer der Despotie.«[41]

Im allgemeinen kann sich der ältere Mensch nicht dermaßen unbefangen mit seinen Kindern und Enkeln freuen, denn er weiß, daß seine Zeit auf Erden bald abgelaufen ist. Er kann sich nun nicht mehr sagen, daß er diese Glücksmöglichkeiten auch wahrnehmen kann und damit den Neid beschwichtigen. Vielleicht können einige Menschen eine philosophische Antwort auf dieses Problem finden und die Erkenntnis bestätigen, daß die Aufgabe des Alters in der Weisheit und Entsagung besteht. Doch die meisten älteren Menschen werden verständlicherweise eher wehmütig und neidisch die Aktivitäten der Jugend betrachten und etwas resigniert dem eigenen Lebensende entgegensehen. Und manche werden nicht nur jene beneiden, die noch gesund sind und sich nicht ständig mit schweren Krankheiten herumplagen müssen. Wer so alt geworden ist und viele Gebrechen hat, wird manchmal auch jene Menschen beneiden, die plötzlich und schmerzlos aus dem Leben gerissen werden und nicht jahrelang leiden müssen. Jedenfalls schrieb Heinrich Heine, der acht Jahre lang wegen einer Rückmarkschwindsucht an seine ›Matratzengruft‹ gefesselt war:

> Die Söhne des Glückes beneid' ich nicht
> Ob ihrem Leben, beneiden
> Will ich sie nur ob ihrem Tod,
> Dem schmerzlos raschen Verscheiden.
>
> Im Prachtgewand, das Haupt bekränzt,
> Und Lachen auf der Lippe,
> Sitzen sie froh beim Lebensbankett –
> Da trifft sie jählings die Hippe ...
>
> Nie hatte Siechtum sie entstellt,
> Sind Tote von guter Miene ...
> Wie sehr muß ich beneiden ihr Los!
> Schon sieben Jahre mit herben,
> Qualvollen Gebresten wälz' ich mich,
> Am Boden, und kann nicht sterben!
>
> O Gott, verkürze meine Qual,
> Damit man mich bald begrabe;
> Du weißt ja, daß ich kein Talent
> Zum Martyrtume habe.   (Misere)

Der Distanzneid

Wenn ein älterer Mensch in seinem Leben wenig Entfaltungsmöglichkeiten hatte, so sind seine Neidgefühle gegenüber der hoffnungsfrohen Jugend verständlich. Schwerer zu begreifen ist die Tatsache, daß auch erfolgreiche Menschen, die sich innerhalb ihres Lebensraumes einen guten Ruf erworben haben, sehr häufig nervös auf junge Emporkömmlinge reagieren. Aufmerksam registrieren sie, daß ihre eigene Position durch eine ›hoffnungsvolle Begabung‹ irgendwann bedroht werden könnte. Solange sie dem jungen Menschen noch gönnerhaft helfen können und sich überlegen fühlen, sind sie ungewöhnlich hilfsbereit. Stolz verfolgen sie jeden Erfolg ihres Schützlings. Doch sobald sich dieser selbständig macht und zu einer gewissen Konkurrenz wird, erwacht in der väterlichen oder mütterlichen Autorität das Warnsignal des Neides.

Ihre Beunruhigung wird durch eine mögliche Distanzverringerung ausgelöst, denn sie spüren, wie leicht die Ausstrahlung ihrer Persönlichkeit neben dem Licht des ›neuen Sternchens‹ verblassen könnte. Sie ahnen, wie schnell sich die Gunst des Publikums dem jungen Menschen zuwenden kann, weil sich auf ihn alle Hoffnungen und Illusionen übertragen lassen, während die Schwächen der anerkannten Autoritäten zu bekannt sind, als daß man sie in kindlicher Weise zu Hoffnungsträgern verklären könnte.

Adam und Eva

Welch verhängnisvolle Rolle schon immer der Distanzneid in der Menschheitsgeschichte spielte, zeigt die biblische Darstellung von Adam und Eva. Diese ersten Menschenkinder lebten bekanntlich im Paradies und durften dort alle Früchte essen. Nur die Äpfel vom Baum der Erkenntnis waren für sie verboten. Doch die listige Schlange verführte Eva dazu, die Äpfel zu essen, indem sie verlockend zu ihr sprach, nach dem Genuß des Obstes würden ihnen die ›Augen aufgetan‹ und sie würden sein wie Gott. Daraufhin aß sie vom Baum der Erkenntnis und gab auch ihrem Mann von der Frucht, was der Herrgott natürlich bald bemerkte. Er wurde sehr zornig und ungeheuer neidisch darüber, daß Adam und Eva sein wollten wie er, denn so mußte er zwangsläufig befürchten, seine herausragende Rolle zu verlieren. Um dies zu vereiteln, setzte er sie vor die Tür und machte ihnen das Leben schwer. Ein für allemal sollten die von ihm erschaffenen Geschöpfe spüren, daß sie *nur* Menschen waren. Spöttisch und sarkastisch urteilte Mark Twain in seiner erst 1963 erschienenen Abhandlung ›Briefe an die Erde‹, Gott sei dermaßen affektgeladen hinsichtlich einer möglichen Bedrohung seines Gottheits-Monopols durch Adam und Eva gewesen, »daß seine Vernunft Schaden litt und er diese armen Kreaturen weder gerecht noch erbarmend zu behandeln, ja es sich nicht zu versagen wußte, auch noch an ihren unschuldigen Nachkommen grausame Vergeltung zu üben.

Bis auf den heutigen Tag hat sich seine Vernunft von diesem Schock nicht erholt. Ein wüster Alpdruck von Rachsucht hält ihn seither gepackt, so daß seine ursprüngliche Gutartigkeit nahezu Bankrott erlitten hat, indem er die unsäglichsten Schmerzen, Kümmernisse, Demütigungen ersann, um das kurze Dasein der Nachkommen Adams zu verbittern. Man denke nur an die Krankheiten, die er ihnen geschickt hat! Sie sind ohne Zahl, kein Buch kann sie aufzählen. Und jede einzelne ist eine irgendeinem ahnungslosen Opfer gestellte Falle.«[42]

Die Vertreibung aus dem Paradies weist eine deutliche Parallele mit einem typischen Familienkonflikt auf, der sich häufig zwischen einem autoritären Vater und seinen heranwachsenden Kindern abspielt. Sobald die Kinder eine gewisse Eigenständigkeit erlangt haben, werden sie vom Vater daran erinnert, daß sie gehorchen müssen, solange sie ›ihre Füße unter seinen Tisch stellen‹. Tun sie das nicht, dann erfolgt nicht selten eine abrupte Trennung, deren Affektpotential auch daher rührt, daß die Kinder den Vater um seine Machtstellung beneiden, während dieser neidvoll die Bedrohung seiner Machtposition verteidigt.

Der Turmbau zu Babel

Nach der Vertreibung aus dem Paradies brachte Eva die beiden Söhne Kain und Abel zur Welt. Bekanntlich war Kain so eifersüchtig, weil Abel vom Herrgott vorgezogen wurde, daß er den Bruder erschlug. Damit nahm das Unglück auf Erden seinen Anfang, und das Zusammenleben der Menschen war fortan von Bosheit geprägt. Als dies der Herr sah, wollte er – von Noah und seiner Sippe abgesehen – die gesamte Menschheit vernichten, indem er ihnen die Sintflut schickte. Doch selbst nach dieser Strafaktion war der Hochmut der Menschen nicht gebrochen. Vielmehr begannen sie, eine Stadt mit einem Turm zu bauen, dessen Spitze bis an den Himmel reichen sollte. Da sie befürchteten, in alle Länder zerstreut zu werden, wollten sie sich mit diesem Turm »einen Namen machen«. Voller Neid unterbrach jedoch der Herr dieses größenwahnsinnige Treiben, das seine göttliche Stellung bedrohte. Er verwirrte die Sprache der Menschen, so daß sie sich nicht mehr verstanden und den Turmbau einstellen mußten.

Das Problem des Distanzneides ist auch das Thema des von Henrik Ibsen geschriebenen Theaterstückes ›Baumeister Solness‹. Die Hauptfigur des Stücks ist der Architekt Halvard Solness, der es durch seine Verschlagenheit und Tüchtigkeit so weit gebracht hat, daß sein ehemaliger Chef Brovik und dessen Sohn Ragnar bei ihm arbeiten müssen. Weil Brovik spürt, daß es mit ihm zu Ende geht, will er endlich einmal sehen, welche Fähigkeiten in seinem Sohn stecken. Er bittet daher Solness, dieser solle von einem Auftrag zurücktreten, damit Ragnar seine eigenen Pläne zum Bau eines Hauses verwirklichen kann. Da jedoch Solness befürchtet, von diesem jungen Mann überflügelt zu werden, lehnt er dieses Ansinnen heftigst ab. Er weigert sich, ihm den Auftrag zu geben, weil er sich von ihm bedroht fühlt. Zwar hat Solness eine durchaus selbstbewußte Ausstrahlung. Doch in Wirklichkeit ist er sehr unsicher und fühlt sich einsam. Die ihm seine Erfolge neiden, wissen nicht, daß er für das Glück seiner Karriere einen furchtbaren Preis bezahlt hat: das Glück seiner Mitmenschen, das er rücksichtslos seinem Aufstieg geopfert hat.

Da kommt eines Tages die junge Hilde Wrangel zu Besuch, der er vor zehn Jahren versprochen hatte, das Königreich Marzipania zu kaufen und ein Schloß zu errichten. Seinerzeit hatte er im Laufe seines kühnen beruflichen Aufstiegs auch einen Kirchturm in Hildes Heimatdorf gebaut und ihn eigenhändig erklettert. Nun will Hilde, die jetzt kein Kind mehr ist, seine Versprechungen einlösen.

Da sich der Baumeister so allein und bedroht fühlt, freut er sich über den jugendlichen Besuch. Gegenüber Hilde bekennt er: »Sie müssen nämlich wissen – die Jugend wird eines Tages kommen und an meine Tür donnern! Bei mir einbrechen!«[43] Diese Jugend wird für ihn durch Ragnar verkörpert, der seines Erachtens nur darauf wartet, ihn über den Haufen zu rennen. Als Solness, durch die leichtsinnige Hilde angestachelt, noch einmal auf einen Turm steigen will, wartet Ragnar tatsächlich darauf, daß sein langjähriger Chef scheitert. Er glaubt nicht daran, daß es Solness noch einmal schaffen kann und meint spöttisch: »Lange genug hat er uns geduckt und uns nicht hochkommen lassen. Jetzt wollen wir sehen, wie auch er, der Herr Baumeister, hübsch unten bleiben muß.«[44] Doch Solness verwirklicht sein Vorhaben und steigt auf den Turm. Allerdings ist er nicht mehr schwindelfrei und stürzt vor den Augen der jubelnden Hilde und zum Entsetzen der Umstehenden in den Tod.

Das 1892 von Ibsen verfaßte Stück ist weitgehend autobiographisch und verarbeitet eine fast skandalöse Begebenheit, die der norwegische Schriftsteller ein halbes Jahr zuvor erlebte. Damals erhielt er von dem jungen Knut Hamsun, der durch seinen ersten Roman ›Hunger‹ berühmt geworden war, eine Einladung zu drei Vorträgen. Ibsen erschien, nahm in der ersten Reihe Platz und hörte sich an, was Hamsun über die norwegische Dichtung zu sagen hatte. Der ›Literaturarchitekt‹ Hamsun kündigte an, daß er die alten Bauplätze ausheben werde. Er wolle etwas tun, was Platz beanspruche und dieser sei momentan nicht vorhanden, so eng wäre es innerhalb der norwegischen Literatur. Augenscheinlich wollte Hamsun seinen älteren Kollegen, den er scharf als ›Gesellschaftsautor‹ kritisierte, von dessen angestammtem Platz verdrängen. Ibsen hörte diesem Angriff mit unbewegtem Gesicht zu. Er ließ am liebsten die Figuren seiner Stücke sprechen und es ist unverkennbar, daß Ibsen seine eigene Meinung durch den Baumeister Solness ausdrückte. So klingt es wie eine Antwort auf Hamsuns schriftstellerischen Herrschaftsanspruch, wenn Solness verbittert feststellt: »Sieh mal an! Halvard Solness soll also zurücktreten – soll allmählich abdanken! Platz machen für die, die jünger sind – für die Allerjüngsten vielleicht! Nur Platz machen! Platz, Platz, Platz!«[45]

Der Neid auf die kommende Epoche

Bei dem Neid der erfolgreichen Menschen auf die jüngeren Aufsteiger, die vielleicht schon in naher Zukunft im Bereich der Wirtschaft, Literatur oder Kunst tonangebend sein werden, handelt es sich keineswegs nur um eine individuelle Problematik. Oftmals geht es hierbei nicht nur um eine Generationsablösung, sondern um den Wechsel einer ganzen Epoche. Dieses Thema behandelt der 1927 erschienene Roman ›Neid‹, des russischen Autors Jurij Karlowitsch Olescha. Differenziert beschreibt Olescha die Neidproblematik, die aus dem Aufeinanderprallen der alten und neuen Kräfte nach der Oktoberrevolution resultieren. Die Hauptfigur des Romans ist der phlegmatische Moskauer Kabarettdichter Kawalerow, der nach einer Kneipenschlägerei von einem bedeutenden Spitzenfunktionär aufgelesen worden ist. Dieser Funktionär ist Direktor eines Lebensmitteltrusts, was in dieser von großen Nahrungsproblemen geprägten Zeit ein sehr verantwortungsvoller Posten ist.

Entsprechend stark beneidet Kawalerow diesen Wurst-Direktor, der die starken Lenden eines »Erzeugers« hat, denn der junge Mann glaubt, daß ein Blick des mächtigen Funktionärs genügt, damit die Sekretärinnen und Kontoristinnen in Liebesschauern erzittern. Kawalerows Neid steigert sich ins Unerträgliche, als er bemerkt, wie erfolgreich der Funktionär ist. Um die Hungersnöte zu überwinden, plant Babitschew eine Volksküche. Der Volkskommissar hat ihm dafür bei einer Rede höchstes Lob gespendet und gemeint, daß er einer der bedeutendsten Männer des Staates sei.

Kawalerow, der mittlerweile als Privatsekretär für Babitschew tätig ist, spürt, daß er im Leben dieses ›Wurstmenschen‹ nur die Rolle eines Lakaien einnimmt. Vom Neid getrieben ist er bestrebt, eine verwundbare Stelle bei ihm zu entdecken. Daher kann er auch keine Begeisterung angesichts der Tatsache empfinden, daß der Kommunist Babitschew am Bau einer neuen Welt mitwirkt und einen ungeheuren Ruhm genießt, weil er eine neue Wurstsorte geschaffen hat. Voller Neid und Haß schreibt er dem Wurstmacher in einem Brief, daß er dessen Überlegenheit infrage stellt. Schließlich sei er nur eine Bonze, denn er sei »ungebildet und stumpfsinnig wie alle hohen Würdenträger vor Ihnen und nach Ihnen. Nur durch ihren Dünkel ist es zu erklären, daß Sie wegen eines Stückchens mittelmäßiger Wurst einen ganzen Orkan entfesselten ...«[46]

Nachdem Kawalerow von Babitschew rausgeworfen wurde, trifft er einen Bruder dieses Funktionärs, der die neue Zeit des Umbruchs ebenso haßt wie er. Beide schwelgen nun in ihrem ›Zukurzgekommensein‹, bis der Bruder des Funktionärs feststellt: »... Mein Freund, uns verzehrt der Neid. Wir beneiden die kommende Epoche. Wenn Sie wollen, ist es der Neid des Alters. Der Neid einer überalterten Generation. Lassen Sie uns vom Neid sprechen ... In Ihnen kondensiert sich der Neid der untergehenden Epoche. Die untergehende Epoche beneidet den, der sie ablöst.«[47]

Beide Neider schwören, daß sie sich an der neuen Gesellschaft rächen werden. Doch zu wirklichen Taten können sie sich nicht aufraffen. So träumen sie lediglich von ihren zerstörerischen Handlungen und resignieren. Ihre Ohnmacht läßt sie gleichgültig werden, wobei der Bruder des Funktionärs diese Resignation als den besten Zustand des menschlichen Geistes anpreist. Im Grunde betrügen sie sich selbst und sind unfähig zu einer wirklichen Veränderung. Sie haben das Gefühl, völlig überflüssig geworden zu sein und suchen schließlich ihren Trost im Alkohol, der ihr Leben immer erbärmlicher macht.

Der Roman wurde bereits kurz nach seinem Erscheinen ein großer Erfolg. Der Autor konnte sich allerdings kaum über den Ruhm freuen, denn bald setzten Angriffe auf ihn ein, weil man in den offiziellen Regierungskreisen den staatszersetzenden Geist des Romans erkannte. Nur zu deutlich sehen die beiden Neider des Romans die offensichtlichen Mängel des neuen Systems. Kawalerow haßt die vom Wurst-Funktionär geplanten Großküchen, weil er die Entfaltung des Individuums bedroht sieht. Und der Bruder des Funktionärs preist wehmütig den Gefühlsreichtum der alten Epoche und beklagt die Nüchternheit des neuen Zeitalters. Er scheint zu ahnen, daß mit einer Revolution auch etwas Wertvolles zugrunde gehen kann.

Mit ihrer Kritik an der seelenlosen Technokratie und dem verhängnisvollen Funktionärswesen erfassen die beiden Neider recht scharfsinnig die gravierenden Mängel des neuen Systems. Da sie jedoch keine Alternative aufzeigen können, gehen sie schließlich an ihrer Unfähigkeit zugrunde.

Das Ressentiment

Wenn ein Mensch hin und wieder neidisch ist, dann möchte er das gleiche Auto wie der Nachbar besitzen oder es wurmt ihn, daß sein Kollege beruflich so erfolgreich ist. Diese sporadischen und vergleichsweise harmlosen Neidgefühle beeinträchtigen das Lebensgefühl eines Menschen kaum und unterscheiden sich damit grundlegend vom Ressentiment. Das Ressentiment – leider gibt es hierfür keinen geeigneten deutschen Begriff – ist die stärkste Form des Neidaffekts, bei dem das gesamte Leben eines Menschen so stark von ›dem Fürsten der Galle‹ bestimmt wird, daß es schließlich zu einer regelrechten Persönlichkeitszerstörung kommt. Indem sich der Neid immer tiefer in einen

Menschen eingräbt, werden schließlich seine vitalen Kräfte durch eine ›seelische Selbstvergiftung‹ gelähmt. Diese Selbstvergiftung beginnt dadurch, daß ein Mensch nicht über seine Neidgefühle spricht. Friedrich Nietzsche hat das in einem Aphorismus treffend ausgedrückt: »Das gewöhnliche Huhn pflegt zu gackern, sobald das beneidete Huhn ein Ei gelegt hat, es erleichtert sich dabei und wird milder. Es gibt aber einen noch tieferen Neid: der wird in solchem Fall totenstill, und, wünschend daß jetzt jeder Mund versiegelt würde, immer wütender darüber, daß dies gerade nicht geschieht. Der schweigende Neid wächst im Schweigen.«[48]

Wer schimpft und sich dadurch erleichtert, verfällt nicht in jene Stimmung der Giftigkeit, die schließlich zum Ressentiment führt. Seine Wut erschöpft sich in der sofortigen Reaktion und wird bald wieder vergessen. Doch nur »starke Naturen« verfügen nach der Beobachtung Nietzsches über solch vergessenmachende Kraft. Nur ein vitaler Mensch »schüttelt eben viel Gewürm mit *einem* Ruck von sich, das sich bei anderen eingräbt.«[49] Leider sind die meisten Menschen zu einer dermaßen aktiven Lebensweise nicht in der Lage und reagieren ohnmächtig auf die Tatsache, daß andere glücklicher oder erfolgreicher sind. Sie fühlen sich so minderwertig und gelähmt, daß sie die wertvollen Eigenschaften und Güter anderer Menschen herabsetzen, um damit die innere Spannung aufzuheben, unter der sie leiden. Im Grunde verhalten sie sich wie der Fuchs, der nicht an die süßen Trauben herankommt und sich schließlich mit der Vorstellung beruhigt, daß diese Früchte bestimmt sauer seien.

Zunächst kann sich solche Werteverfälschung auf einzelne Menschen oder Güter richten. Man beruhigt und tröstet sich, daß das Geld doch nicht so wichtig sei, wenn der Nachbar im Lotto gewonnen hat. Oder man setzt das Verkaufstalent des erfolgreichen Kollegen herab, indem man ihn als ›aufdringlichen Hysteriker‹ abqualifiziert. Eine derartige Abwertungshaltung kann bei einem intensiven Neider bedenkliche Formen annehmen und sich zum Schluß auf seine gesamte Umwelt richten, so daß es schließlich zu einer totalen Veränderung seines Weltbildes kommt. Friedrich Nietzsche hat einen solchen Vorgang als radikale ›Umwertung aller Werte‹ bezeichnet. Der Umwertungsprozeß bewirkt, daß sich der Neider allen beneideten Menschen überlegen fühlt, obwohl er sie anfänglich als glücklicher oder erfolgreicher einschätzte. Schließlich spürt er seine Überlegenheitsgefühle nicht mehr und ist sich auch nicht mehr bewußt, wie stark seine abschätzige Bewertung der Mitmenschen von einem starken verdrängten Neidgefühl diktiert wird.

Das Christentum als Neid-Ideologie

Friedrich Nietzsche und Max Scheler weisen in ihren Schriften nachdrücklich auf die große Bedeutung des Ressentiments im sozialen Leben hin. Beispielsweise besteht nach der Beobachtung von Scheler in der heutigen Zeit die Neigung, die Leistung großer Persönlichkeiten abzuwerten, indem man durch Anspielungen auf ihr Privatleben und bestimmte Schwächen laufend darauf hinweist, daß es sich bei ihnen letztlich auch ›nur um Menschen‹ handelt.[50] Hinter einer solchen Abwertungshaltung steckt die Ideologie ›wir sind alle gleich‹, niemand ist etwas Besonderes. Die meist peinlichen Enthüllungen entspringen dem Ressentiment gegen große Persönlichkeiten, die sich der Durchschnittsbürger zum Vorbild nehmen müßte, um von ihnen zu lernen. Stattdessen reduziert er sie mit Hilfe seiner Abwertungsstrategie so lange, bis er sie als genauso klein empfindet wie sich selbst.

Friedrich Nietzsche bringt das Ressentimentdenken vor allem mit der christlichen Weltanschauung in Verbindung. Das Christentum sei vor zweitausend Jahren aus einem von den Juden durchgeführten »Sklavenaufstand der Moral« hervorgegangen, in dem diese der auf Stärke, Gesundheit, Leiblichkeit und Frohsinn basierenden Lebensform der Römer den Kampf ansagten. Das Volk der Juden sei gegenüber den römischen Unterdrückern so ohnmächtig gewesen, daß es sich nur durch eine Verachtung der von den Römern gelebten Werte wehren konnte. Auf diese Weise fühlten sich die unterdrückten und vom Neid geplagten Juden schließlich den Römern überlegen. Nach ihrer Volksmoral war jeder gut, der wenig vom Leben verlangte und nicht so war wie die Römer. Die kollektive Schwäche der Juden wurde letztlich im allgemeinen Bewußtsein zum Verdienst umgelogen, indem die ohnmächtige Wehrlosigkeit zum Wert der Demut erhoben wurde. Die Feigheit der Schwachen betrachtete man nun als die Tugend der Geduld und das Sich-nicht-wehren-Können als die großzügig gewollte Geste des Verzeihens.

Nietzsche sieht es als verhängnisvoll an, daß sich mit dem Christentum eine ressentimentgeladene, das Leben schwächende Ideologie durchgesetzt hat. Zwar habe man in der Renaissance noch einmal an die lebensbejahenden, klassischen Ideale anknüpfen können, doch letztlich habe die Ressentiment-Bewegung gesiegt. Dies fällt im allgemeinen am stärksten in den Kirchen auf, wo der leidende Christus am Kreuz und dementsprechende Lieder zu einer Verherrlichung von Schwäche und Ohnmacht beitragen. Wenn die christliche Gemeinde inbrünstig ›Oh Haupt voll Blut und Wunden‹ singt, ist dies wohl kein Zeichen der Lebensfreude. Vielmehr wird in solchen Liedern das menschliche Leiden verherrlicht, so daß im Sinne Nietzsches eine »totale Umwertung der Werte« praktiziert wird.

Doch nicht nur in der Kirche, sondern auch im täglichen Denken und Handeln herrscht ein starkes Ressentimentdenken vor, was sich eindrücklich in der negativen Bewertung des Neides zeigt. Zur Fülle des menschlichen Lebens gehören alle Leidenschaften – auch die des Neides. Insofern kommt in der heutzutage üblichen einseitigen Bewertung des Neides auch eine Abwertung des Lebens zum Ausdruck. Anstatt sich offen mit dem Neid zu beschäftigen, sich diesem Thema also offensiv zu stellen, wird es tabuisiert. Die Menschen werden auf diese Weise nicht befähigt, ihren Neid zu überwinden, indem sie im Leben aktiv streben und vorankommen, sondern sie werden aufgefordert, ihre inneren Spannungen zu verdrängen und ihre Mitmenschen zu lieben. Als ob das so einfach wäre. An die Stelle der mühsamen tatkräftigen Veränderung tritt ein schleichender innerer Anpassungsprozeß, der letztlich darin gipfelt, daß man sich den gegebenen Verhältnissen anpaßt und sich als moralisch denkender Kleinbürger den wirklichen Kulturgrößen seiner Zeit überlegen fühlt.

DIE RIVALITÄT: DER NEID ALS ENTWICKLUNGSSTACHEL

Der Neid wird heutzutage überwiegend als ein quälender, destruktiver Charakterzug angesehen, der die Entwicklung von Individuen ebenso wie die ganzer Gruppen und Kulturen behindern kann. Diese Einschätzung hat dazu geführt, daß sich fast jeder scheut, seine Neidgefühle offen mitzuteilen oder gar unverschleiert auszuleben. Wenngleich dadurch eine gewisse Eindämmung der allzu direkten, primitiven Neidaffekte gelungen sein mag, bleibt die Bewältigung der Neidproblematik auf dieser Ebene unbefriedigend. Es ist unklug und unökonomisch, die im Neid gebundenen Kräfte dermaßen zu verteufeln, daß man sie nur noch wie einen Flaschenteufel einsperren und unschädlich machen kann. Es stellt sich daher die Frage, ob man die Fähigkeit zu neiden wirklich nur als negatives Moment auffassen muß.

Neidfähigkeit als Warngeste

Bereits der englische Politiker und Philosoph Francis Bacon (1561–1626) war der Meinung, daß im öffentlichen Neid etwas Gutes stecken würde, da er wie ein Scherbengericht diejenigen ereile, die allzu groß werden. Er sei ein »Zügel für die Großen der Welt«, so daß er eine machtkontrollierende Funktion habe. Auch der englische Philosoph Bertrand Russell (1872–1970) erkannte diese überwachende Funktion des Neides. Er war der Meinung, daß der Neid die »Geburtsstätte des Gerechtigkeitssinns« und damit der Demokratie sei. Und Sigmund Freud geht sogar so weit, das Gemeinschaftsgefühl mit dem Neid in Verbindung zu bringen. Er meint, daß der Neid die Menschen veranlaßt habe, aufeinander Rücksicht zu nehmen und sich gleichberechtigt in die Gemeinschaft einzugliedern. Um nicht den Neid der Mitmenschen zu erregen, sollte sich keiner hervortun und mehr als die anderen besitzen. Auf diese Weise entsteht nach der Beobachtung Freuds der »Gemeingeist«, welcher seine Herkunft vom ursprünglichen Neid keineswegs verleugnen könne.[51]

Der Soziologe Helmut Schoeck schließt sich insofern der Meinung Freuds an, als er meint, daß der Neid eine notwendige soziale Warngeste sei. Ohne die Fähigkeit des Neidens und der daraus folgenden sozialen Hemmungen wären die Menschen nicht in der Lage gewesen, die heutigen sozialen Systeme zu entwickeln. Mit dem latenten Neidgefühl würden wir zum Beispiel die Tauglichkeit sozialer Systeme prüfen: »... ehe wir uns einer Körperschaft anschließen, einem Betrieb beitreten, versuchen wir uns vorzustellen, ob darin Strukturen angelegt sind, die bei uns oder anderen Anlaß zu intensivem Neid geben könnten ... Der Mensch muß immer auch mit dem potentiellen Neid ausgerüstet sein, um immer wieder in seinem Leben auftretende Situationen und Problemlösungen auf ihre Gerechtigkeit prüfen zu können.«[52]

Für den berechtigten Neid der unteren Volksklassen hat der Volksmund den Begriff ›Neid der Besitzlosen‹ geprägt. Er ist im wesentlichen eine Folge starker Benachteiligungen bestimmter Schichten der Bevölkerung und spielt bei gesellschaftlichen Veränderungen als ein bisher kaum analysierter Unruhefaktor eine nicht zu unterschätzende Rolle. Der Neid der Besitzlosen ist also keineswegs in erster Linie ein psychologisches, sondern ein politisches Problem, das die Aufforderung beinhaltet, endlich eine gerechtere Gesellschaftsordnung herzustellen.

Der Neid ist häufig eine soziale und politische Warngeste, die man ungemein ernst nehmen sollte. Es kann fatal sein, wenn man die um etwas mehr Gerechtigkeit ringenden Menschen mit der Bemerkung abspeist, sie seien doch nur neidisch und sollten sich beruhigen. Zu Recht beklagt Siegfried Dunde, man habe bisher die unterschiedlichsten Neidphänomene in einen Topf geworfen. Er plädiert dafür, zwischen dem wertezerstörenden »Destruktivneid« und dem »Symptomneid« zu unterscheiden. Im Unterschied zum Destruktivneid, bei dem ein Mensch einem anderen einfach etwas wegnehmen will, erfüllt der Symptomneid eine konstruktive Funktion, indem er wie ein

Warnsignal auf soziale Ungerechtigkeiten hinweist und somit geradezu ein Schrei nach Veränderung ist.[53]

Beispielsweise ist der Neid vieler Frauen auf die größeren Entfaltungsmöglichkeiten der Männer in unserer Gesellschaft eine Folge
empörender Ungerechtigkeiten, die schleunigst überwunden werden
sollten. Insofern ist es verwunderlich, daß der Neid der ›KKK-Frauen‹
(Küche, Kinder, Kleidung) nicht noch viel ausgeprägter ist und als
ständiger Motor für den Kampf um eine tatsächliche Gleichberechtigung dient.

Der Neid als Entwicklungsfaktor

Der Neid ist keineswegs nur ein Warnsignal, sondern kann unter
bestimmten Bedingungen durchaus eine entwicklungsanregende Kraft
sein. Beispielsweise unterscheidet der Neo-Psychoanalytiker Harald
Schultz-Hencke zwischen dem glühenden, entwicklungsanregenden
Neid und dem lediglich zerstörerischen Neid. Der amerikanische
Schriftsteller Tennessee Williams meint sogar: »Der Neid ist eine sehr
positive Eigenschaft. Er treibt die Menschen zu Leistungen, die sie
sonst nie vollbringen können.« Man mag diese Einschätzung für
überspitzt halten, doch bereits der griechische Dichter Hesiod hat vor
mehr als zweitausend Jahren ähnlich gedacht. Hesiod war der Ansicht,
der Göttin der Zwietracht gehörten auf Erden zwei verschiedene
Sippen an. Die eine erwecke Hader und häßliche Feindschaft, während
die andere den Wettbewerb förderte. Solche Rivalität sei heilbrin-
gend ...

> Denn sie ermuntert sogar die lässigen Männer zur Arbeit.
> Schaut ein solcher auf andre, die reicher, so möchte
> er stärker
> Schaffen, er sputet sich dann, den Acker zu pflügen,
> zu säen,
> Gut zu richten das Haus: so eifert Nachbar mit Nachbar
> Um den bessern Ertrag. *Die* Eris
> ist Sterblichen nützlich;
> Eifert doch Töpfer mit Töpfer, der Zimmermann mit
> dem Zimmrer;
> Und es neidet der Bettler dem Bettler, der Sänger
> dem Sänger.[54]

Der neidlose Mensch

Wir stehen nun vor der verwirrenden Tatsache, daß es sehr unterschiedliche Bewertungen des Neidphänomens gibt. Dabei wird mancher die weitere Beschäftigung mit diesem komplizierten Thema für überflüssig halten, weil er meint, daß eine neidlose Lebenseinstellung doch am günstigsten sei. Tatsächlich gibt es immer wieder große Persönlichkeiten, die sich zu Recht eines neidlosen Lebens rühmen können. So hat Goethe von sich gesagt, daß er nie auf dem Neidpfade gelaufen sei, und der römische Kaiser Marc Aurel (121–180 nach Chr.) äußerte über seinen Adoptivvater, daß er seinen Mitmenschen in neidloser Weise Anerkennung geben konnte, wenn sie vorbildliche Fähigkeiten besaßen. Doch im allgemeinen werden wir uns eher zu den ›normalen Sterblichen‹ zählen müssen, die mit Neidproblemen zu kämpfen haben; und für den Durchschnittsbürger ist es durchaus kein Indiz für seelische Gesundheit, wenn er bekundet, von solchen Regungen verschont zu werden.

Wer sich in unserer heutigen Zeit dem Neidproblem vollständig entziehen will, wird dies häufig damit bezahlen, daß er seine expansiven Regungen radikal unterdrückt. Karen Horney beschreibt diese Lebenseinstellung als die Haltung des resignierten Menschen, der sowohl in der äußeren als auch in seiner inneren Welt vor allem seine Ruhe haben will. Indem er auf jegliche Expansion verzichtet, wird er kaum von inneren Konflikten gequält und kann so einen fragwürdigen seelischen Frieden erreichen. Seine ›Neidlösung‹ besteht somit in einer Flucht vor einer bedrohlich erscheinenden Welt. Weil er alle Konflikte möglichst vermeidet, wirkt er in seiner vordergründigen Ausgeglichenheit oft recht umgänglich. Doch gerade in seinem Streben nach leidenschaftsloser Ausgeglichenheit liegt sein Problem, denn: »Mit wem das Pferd nie durchgeht, der reitet einen hölzernen Gaul.« (Christian F. Hebbel) Insofern ist es als positives Zeichen zu werten, wenn der resignierte Mensch Neidgefühle entwickelt. Im allgemeinen zeigen diese Gefühle an, daß er sich der Welt und den Mitmenschen nähert und sich nunmehr dem immer auch etwas neidbelasteten Vergleich mit anderen stellt.

Die Unterdrückung der Leidenschaften

Die Verdrängung der Neidregungen ist nach den Erkenntnissen der Psychoanalyse ein höchst untauglicher Versuch, eine Lösung für diese quälende Problematik zu finden. Zwar spürt man seine unerwünschten Neidregungen dann nicht mehr, aber man schränkt damit zugleich seinen seelischen Handlungsbereich ein, weil diese Regungen nunmehr jeder Beeinflussung unzugänglich bleiben. Als verbotene Triebregungen sind sie jedoch nicht müßig, sondern erzeugen Abkömmlinge, die nun als störende Symptome ins Bewußtsein treten. Rätselhafte psychosomatische Beschwerden in Form von Kopfschmerzen, Schlafstörungen oder allergischen Reaktionen, eine erhöhte Reizbarkeit bzw. depressive Verstimmungen sind solche Botschaften aus dem Untergrund, die von der Existenz der Neidregungen künden. Deshalb ist es das Ziel jeder psychoanalytischen Therapie, dem Analysanden zur Aufhebung seiner Verdrängungen zu verhelfen, damit er die Herrschaft über seine ungezähmten Leidenschaften erlangen kann. Durch die Hilfe der Therapie soll der Analysand lernen, sich diesen Gefühlen zu stellen und seine Konflikte besser als durch einen ichschwächenden Fluchtversuch zu bewältigen.

Wie verhängnisvoll für uns die Abspaltung der sogenannten ›bösen‹ Eigenschaften‹ ist, zeigen uns recht anschaulich die zahlreichen ›Brüdermärchen‹. Am bekanntesten ist wohl das Grimmsche Märchen ›Die zwei Brüder‹. Es beschreibt die Spannungen zwischen einem reichen und einem armen Bruder. Der reiche war Goldschmied und böse, während der gute Bruder Besen binden mußte. Dieser arme Bruder hatte zwei nette Kinder, die sich ähnelten wie zwei Wassertropfen, da sie Zwillinge waren. Sie stibitzten sich eines Tages die Leber eines Wundervogels, den der reiche dem armen Bruder abgekauft hatte. Die Knaben aßen die Leber auf und wunderten sich, als ihnen am nächsten Morgen zwei Goldstücke entgegenkullerten. Nachdem der neidische, reiche Bruder davon erfuhr, warnte er ihren Vater: »Deine Kinder sind mit dem Bösen im Spiel, nimm das Gold nicht und dulde sie nicht länger in deinem Haus; denn es hat Macht über sie und kann dich selbst noch ins Verderben bringen.«

Der Bruder fürchtete das Böse so sehr, daß er die Zwillinge in den Wald führte, wo sie einem Jäger begegneten, der sie gut aufnahm. Er gab ihnen viele Goldstücke und ein Messer mit auf den Weg, das rostete, falls einem Bruder einmal etwas Böses zustoßen sollte. Obwohl sich beide Brüder trennen mußten, um einzeln ihr Glück zu versuchen, trat doch jeder für den anderen ein, wenn er dessen Leben bedroht sah. Trotz heftigster Konflikte endet die Geschichte schließlich mit der Versöhnung der Zwillingsbrüder, die durch ihre gegenseitige Hilfe die Schwierigkeiten des Lebens meistern können.

Der bekannte Psychoanalytiker und Märchenexperte Bruno Bettelheim ist der Meinung, daß die Brüder verschiedene divergierende Eigenschaften symbolisieren, die jeder Mensch im Laufe seines Lebens in seine Persönlichkeit integrieren muß. Die Versöhnung der Brüder ist ein Symbol für eine solche geglückte Integration der gegenläufigen Charakterzüge.

Wer jedoch seine ›bösen Eigenschaften‹ einfach abspaltet, wie es der gute Bruder in dem Märchen tut, verarmt dadurch. Indem er das durch den schlechten Bruder verkörperte Böse nicht versteht, kann er sich nicht vor ihm schützen und ist in Gefahr, seine Söhne zu verlieren. Doch die Zwillingsbrüder kommen sich zur Hilfe und bekämpfen einander nicht, so daß sie ein glückliches Leben führen.[55]

Eine gelungene Persönlichkeitsentfaltung setzt offenbar voraus, daß sich ein Mensch für alle Anteile seiner Persönlichkeit interessiert. Er wird auch seine Neidgefühle bewußt wahrnehmen und versuchen, sie durch Einsicht und bewußtes Handeln zu bändigen. Diese Haltung würde auch der Einstellung Friedrich Nietzsches entsprechen, der in dem ›Nachlaß der Achtziger Jahre‹ schreibt: »Überall, wo eine Kultur *das Böse ansetzt*, bringt sie damit ein *Furcht*verhältnis zum Ausdruck, also eine Schwäche. *These*: alles Gute ist ein dienstbar gemachtes Böse von ehedem. *Maßstab*: je furchtbarer und größer Leidenschaften sind, die eine Zeit, ein Volk, ein einzelner sich gestatten kann, weil er sie als *Mittel* zu brauchen vermag, *um so höher steht seine Kultur ...*/ *Summa: die Herrschaft* über die Leidenschaften, *nicht* deren Schwächung und Ausrottung!«[56]

Immer wieder klagt Nietzsche in seinen Schriften das Christentum an, daß es die Menschen entmannt, weil es die für Unterdrückung der Leidenschaften plädiert. Anstelle solcher Schwächung der Leidenschaften fordert er engagiert, man solle diese großen »Kraftquellen, jene oft so gefährlich erscheinenden und überwältigend hervorströmenden Wildwasser der Seele« bändigen und in den Dienst des Menschen stellen.[57]

Der Neid als pervertierte Tugend

Dieser Kritik Nietzsches an der Verteufelung der Leidenschaften durch das Christentum schließt sich Josef Rattner an, indem er betont: »Oft erweisen sich unsere fanatisch bekämpften ›Laster‹ als Keimzellen von Tugenden, die wir nur deshalb nicht erwerben, weil wir natürliche Antriebe als lasterhaft verdächtigen und demgemäß nicht weiterentwickeln können. Besitzwille, Machtwille, Luststreben, Eigensinn usw. sind an sich keine perversen Regungen: Sie gehören zur menschlichen Natur und entarten nur deshalb, weil man sie von früh auf mit dem ›bösen Blick‹ zu betrachten gelernt hat. Der ganze Lasterkatalog des Christentums (Wollust, Trägheit, Neid, Geiz usw.) ist im Grunde nur ein Resümmee berechtigter menschlicher Strebungen, die unter dem Einfluß von Unterdrückung und Verdrängung ins Lasterhafte pervertierten. Perversion ist sozusagen die Tugend, die sich nicht weiterentwickeln durfte.«[58]

Doch inwiefern soll der Neid eine Keimzelle der Tugend sein? Sicher wäre es falsch, dem Neid eine unmittelbar produktive oder gar ethisch positive Kraft zuzuschreiben. Im günstigsten Fall kann der Neid jedoch ein starker Unruhefaktor im Leben eines Menschen sein, ein Wachstumsstachel, der energisch seine Entwicklung voranzutreiben hilft. Neidgefühle sind immer ein Indiz dafür, daß ein Mensch seine Entwicklung vernachlässigt und sich im Vergleich mit anderen verkürzt fühlt. Das quälende Neidgefühl sollte ihn deshalb mahnen, die anstehenden Lebensaufgaben zügig zu verwirklichen.

Der Neid kann also unter bestimmten Bedingungen eine nützliche Alarmfunktion haben, und insofern wäre es falsch, ihn lediglich als eine wertezersetzende Kraft anzusehen. Schließlich neidet und rivalisiert man nur dort, wo man irgendwie beeindruckt ist, so daß diese Regung eine Art verunglückter Bewunderung darstellt. Allerdings muß berücksichtigt werden, daß es einer großen psychischen Leistung bedarf, um von der neidvollen, versteckten Bewunderung zu einer wertschauenden Anerkennung zu gelangen. Kennzeichnend für den Neid ist zunächst doch eine spontane Abwertungstendenz gegenüber dem Beneideten. Man sagt sich dann: »Der X hat zwar ein schönes Haus, aber dafür ist seine Ehe schlecht …« Oder: »Die X kann zwar schöne Reden halten, aber wer so geltungssüchtig ist, der muß sich eben produzieren.« Auf diese Weise beruhigt man sich, und es bleibt nur noch das Gefühl der eigenen Überlegenheit zurück. Aus der ursprünglichen Minussituation hat man sich in eine Plussituation aufgeschwungen. Im Sinne Max Schelers kommt es im klassischen Neidimpuls zu einer Spannungslösung durch eine Abwertung des Beneideten oder durch eine totale Werteverfälschung. Erst wenn der Neider diesen ›psychischen Trick‹ aufgibt, sich seiner Minderwertigkeitssituation stellt und die Tatsache akzeptiert, daß ein anderer ihm etwas voraus hat, kann er aus der Neidsituation etwas lernen. Dies setzt jedoch voraus, daß der Betreffende nicht allzu eitel ist, denn es ist immer eine narzißtische Kränkung, auf die angestrebte Überlegenheit verzichten zu müssen, um dann die Vorrangstellung eines anderen zu akzeptieren.

Das Roß und der Reiter

Die bisherigen Ausführungen zeigen, daß der Neidimpuls eine recht undifferenzierte seelische Botschaft ist, deren Verarbeitung in starkem Maße von der Persönlichkeit des Betreffenden abhängt. Entscheidend ist hierbei insbesondere die Ich-Stärke eines Menschen. Nun hat Sigmund Freud das Ich häufig mit einem Reiter verglichen, der das Pferd der Leidenschaften lenken will, wobei es oft das Roß ist, das die Richtung angibt. Die Frage ist also, inwieweit ein Mensch mit seinen Leidenschaften umzugehen vermag. Überschwemmen sie ihn wie eine Flutwelle, die er abwehren muß, oder sind sie nur ein kleiner Bestandteil seines Gefühlslebens, so daß er sie als anregende Botschaft studieren kann? Entwicklungsfördernd ist nur der ›Schmalspur-Neid‹, der die wertebejahenden Kräfte im Gefühlsleben nicht übertönt, auch wenn seine Stimme mitunter recht laut sein mag.

Eng verknüpft mit der Ich-Stärke eines Menschen ist auch der Aspekt Hoffnung. Honoré de Balzac schreibt in seinem Buch ›Verlorene Illusionen‹, der Neid sei die »abscheuliche Zuflucht für unsere getäuschten Hoffnungen, unser versagendes Talent, unsere verfehlten Erfolge, unsere zurückgewiesenen Ansprüche«.[59] Auch Karen Horney betont, daß die Hoffnungslosigkeit die Grundlage des klassischen Neidimpulses ist. Heftige Neidaffekte entwickelt man vor allem dann, wenn man selbst nicht mehr die Hoffnung hat, die begehrten Werte zu erreichen. Hierbei verführt die mit dem starken Neidaffekt verbundene Abwertungstendenz den Menschen nur zu leicht zu einem mühelosen Überlegenheitsstreben, das deutlich von dem Charakterpaar Bequemlichkeit und Riesenerwartungen geprägt ist. Insofern hat Max Scheler recht, wenn er meint, es sei ein Irrtum, den Neid als Triebkraft der Entwicklung der Zivilisation hinzustellen. Der Neid trage nicht zur Spannung des Willens bei, sondern entspanne ihn.[60]

Dennoch kann man in vielen Fällen beobachten, daß im Neid eine entwicklungsanregende Kraft steckt. Dieser scheinbare Widerspruch entsteht dadurch, daß es sich beim Neid offenbar um eine Leidenschaft handelt, deren Wirkung entscheidend von der Charakterstärke eines Menschen abhängt. Für mutige Menschen hat der Neid zunächst eine Orientierungsfunktion. Wie sehr er die Entwicklung eines Menschen richtungsweisend beeinflussen kann, verdeutlicht anschaulich eine Lebenserinnerung von Simone de Beauvoir. Bereits als Kind versuchte sie zu schreiben, aber es war ihr noch nicht klar, ob sie später lieber Bücher verfassen oder verkaufen wollte. Jedenfalls gab es für sie nichts Köstlicheres als die Welt der Bücher. In ihrer Autobiographie erinnert sich Simone de Beauvoir: »Meine Mutter war bei einer Leihbibliothek in der Rue Saint-Placide abonniert. Unüberschreitbare Schranken trennten die dicht mit Büchern besetzten Gänge ab, die sich im Unendlichen verloren wie die Tunnel der Metro. Ich beneidete die alten Damen mit den hohen Stehkragen, die ihr Leben lang mit den schwarzeingeschlagenen Büchern umgingen, deren Titel auf einem orangefarbenen oder grünen Rechteck standen. Von Schweigen umgeben, durch die düstere Monotonie der Buchhüllen gleichsam maskiert, waren die Worte da und warteten, daß jemand kam und sie entzifferte. Ich träumte davon, ich könne mich ganz insgeheim in die staubigen Alleen hineinbegeben und niemals wieder aus ihnen zum Vorschein kommen.«[61] Dieser von Neidgefühlen durchtränkte Wunsch sollte Simone tatsächlich nie loslassen und so wurde sie eine der bedeutendsten Schriftstellerinnen Frankreichs, die vor allem der Frauenbewegung entscheidende geistige Anstöße gab.

Neben seiner richtungsweisenden Funktion hat der Neid sehr oft eine unmittelbar produktivitätssteigernde Wirkung, falls man den Wettbewerb mit einem Rivalen gewinnen will. Den Rivalen erlebt man dann als Herausforderung, die es zu bestehen gilt, so daß der Neid als regelrechter Entwicklungsstachel wirkt. Viele Erfindungen, sportliche Höchstleistungen und wissenschaftliche Theorien sind unter dem Einfluß des Neides geboren worden, ohne daß das jubelnde Publikum jemals die Mitwirkung des ›Fürsten der Galle‹ erahnt hätte. Dies gilt wohl auch für den weltberühmten Pianisten Arthur Rubinstein, der schon in jungen Jahren den Wettkampf mit einem ›Künstlerkollegen‹ aufnahm. Im Alter von etwa 13 Jahren war er mit dem gleichaltrigen Pianisten Fritz Müller zusammengetroffen. In seinen ›Erinnerungen‹ berichtet Rubinstein: »Ebenso alt wie ich, von gewinnendem Wesen und hochtalentiert, fiel er mir gleich als ein gefährlicher Rivale auf. … Jeder versuchte den anderen mit seinen pianistischen Spezialitäten auszustechen. Fritz wollte mich mit seinen staccatierten Octavenläufen übertrumpfen, ich revanchierte mich mit glänzenden Trillern. Ich muß gestehen, daß diese Konkurrenz mir sehr gut bekam; notgedrungen widmete ich mich mehr meiner Fingertechnik.«[62]

Ein äußerst eindrucksvolles Beispiel hinsichtlich der entwicklungsfördernden Rivalität bietet das Leben Friedrich Schillers (1759–1805). Der kränkelnde, ehrgeizige Dichter beneidete glühend seinen genialen Rivalen Johann Wolfgang von Goethe (1749–1832), der es im Leben oftmals leichter hatte als er. Zugleich verehrte er den allseits bewunderten Dichterfürsten sehr und so wurde die neidvolle Rivalität mit Goethe zu einem immerwährenden Anreiz für ihn, sich soweit auf die geistige Höhe dieses ›Weimarer Riesen‹ emporzuarbeiten, bis ihn dieser nicht mehr übersehen konnte.

Friedrich Schiller und sein Rivale Johann Wolfgang von Goethe

Als der siebenundzwanzigjährige Friedrich Schiller im Juli 1787 nach Weimar kam, um dort die drei ›Geistesriesen‹ Wieland, Herder und Goethe kennenzulernen, war er enttäuscht. Zunächst hatte er das Unglück, den Herzog von Weimar um eine Stunde im Posthaus zu verfehlen, wo dieser dem Dichter fast die Pferde wegnahm. Und auch Goethe fehlte in Weimar. Erst nach seiner Ankunft erfuhr Schiller, daß Goethe für längere Zeit nach Italien beurlaubt war und noch lange nicht zurückerwartet wurde. Allerdings wurde er gleich in den ersten Tagen von den beiden anderen ›Weimarischen Riesen‹, Herder und Wieland, freundlich empfangen. Das Treffen mit dem 26 Jahre älteren Wieland hinterließ bei ihm eine tiefe Zufriedenheit, und auch bei Herder fühlte er sich behaglich. In einem Brief an seinen Freund Körner merkte er lediglich an, Herder würde diesen Goethe leidenschaftlich lieben und irgendwie vergöttern.

Schiller kannte den großen Dichterfürsten bereits und hatte nie vergessen, wie er als zwanzigjähriger Schüler der Karlsschule vor Goethe gestanden hatte. Am nächsten Geburtstag des Herzogs Karl Eugen von Württemberg hatte der wild gestikulierende junge Schiller sogar die Hauptrolle in einem Stück Goethes übernommen und soll einen mächtigen Lacherfolg erzielt haben. Im Laufe der Jahre hatte Schiller dann immer wieder Menschen getroffen, die Goethe sehr bewunderten. Doch die Lobpreisungen Herders fand er nun doch ziemlich übertrieben.

Es sprang kein Funke der Begeisterung auf ihn über, wenn Herder schwärmte, Goethe besitze einen »klaren universalen Verstand, das wahrste und innigste Gefühl, die größte Reinheit des Herzens und werde mehr noch als Mensch denn als Schriftsteller« bewundert. Doch obgleich Schiller bei solchen Worten Herders skeptisch reagierte, hinterließen sie einen Stachel in ihm. Es war nicht zu übersehen, daß überall in Weimar der Einfluß der überragenden Persönlichkeit Goethes wirkte, der dieses sechstausend Einwohner zählende ›Dorf‹ zu einer geistigen Weltmetropole gemacht hatte. Ja man feierte sogar den achtunddreißigsten Geburtstag Goethes, obwohl dieser in Italien weilte; und auch Schiller trank mit herrlichem Rheinwein auf des Dichters Gesundheit. Schiller kritisierte die naive Anhänglichkeit, mit der viele an Goethe hingen. Als er in Goethes Garten dessen intimen Freund Major von Knebel traf, stellte er hinterher fest, des Dichters Geist habe alle Menschen gemodelt, die zu seinem Zirkel zählen. Er und seine ganze Sekte seien durch eine gewisse kindliche Einfalt geprägt.

Bereits eine Woche nach seiner Ankunft erhielt Schiller zusammen mit Wieland eine Einladung von der Herzogin-Mutter Anna Amalia nach Schloß Tiefurt, wo man ihn freundlich aufnahm, obwohl man seine aufrührerischen Dramen am Hofe nicht sonderlich schätzte.

Dennoch war Schiller nicht zufrieden und schrieb krittelnd über die Herzogin-Mutter: »Sie selbst hat *mich* nicht erobert. Ihre Physiognomie will mir nicht gefallen. Ihr Geist ist äußerst borniert, nichts interessiert sie, als was mit Sinnlichkeit zusammenhängt ...«[63] Diese ziemlich skeptische Einstellung war nicht einseitig, auch am Hofe wurden schließlich Vorbehalte gegenüber Schiller und seinen lärmenden Dramen laut. Schließlich ging sogar der feinfühlige Wieland dem jüngeren Schriftstellerkollegen einige Wochen lang aus dem Wege.

Schiller war tief verletzt, denn er hatte sich seine soziale Stellung in Weimar ganz anders vorgestellt. Durch seine Stücke ›Die Räuber‹, ›Kabale und Liebe‹ und ›Don Carlos‹ war er damals bereits der erfolgreichste deutsche Dramatiker. Demgegenüber war Goethe, der vor mehr als zehn Jahren mit seinem ›Götz von Berlichingen‹ und den ›Leiden des jungen Werther‹ großes Aufsehen erregt hatte, beim breiten Publikum fast in Vergessenheit geraten. Mit Recht wird Friedrich Schiller deshalb in Weimar eine gewisse Anerkennung und Popularität erwartet haben. Stattdessen mußte er sich nun mit der Tatsache abfinden, daß überall der Geist Goethes gegenwärtig war. Einem großen Baume gleich verdunkelte Goethes Persönlichkeit das Leben Schillers. Voller Neid schrieb er damals über den Dichterfürsten: »Goethens Zurückkunft ist ungewiß, und seine ewige Trennung von Staatsgeschäften bei vielen schon wie entschieden. Während er in Italien malt, müssen die Voigts und Schmidts für ihn wie die Lasttiere schwitzen. Er verzehrt in Italien für Nichtstun eine Besoldung von achtzehnhundert Talern, und sie müssen für die Hälfte des Geldes doppelte Lasten tragen.«[64] Schiller hatte wahrlich gute Gründe, auf Goethe neidisch zu sein. Während er seine Gesundheit ruinierte, weil er ständig schreiben mußte, um sich seinen Lebensunterhalt zu verdienen, durfte sich der vom Schicksal begünstigte Goethe in Italien unbeschwert seinen Interessen widmen – und wurde trotz seiner Abwesenheit wie ein Gott verehrt.

Endlich kam Goethe, auf den Schiller trotz seiner ambivalenten Gefühle sehnsüchtig gewartet hatte, im Juni 1788 von seinem Italienaufenthalt zurück. Zunächst traf ihn Schiller in einer größeren Gesellschaft, wo er allerdings nicht ungestört mit ihm sprechen konnte. Draufhin fing er an zu zweifeln, ob es je eine enge Beziehung zwischen ihnen geben könnte, da ihre Welten doch zu unterschiedlich seien. Tatsächlich spürte Schiller im Laufe der nächsten Monate, daß sich mit Goethe keine herzliche Beziehung herstellen wollte, so daß er ernüchtert an seinen Freund Körner schrieb: »Öfters um Goethe zu sein, würde mich unglücklich machen: er hat auch gegen seine nächsten Freunde kein Moment der Ergießung; er ist an nichts zu fassen, ich glaube in der Tat, er ist ein Egoist von ungewöhnlichem Grade. Er besitzt das Talent, die Menschen zu fesseln, und durch kleine sowohl als große Attentionen sich verbindlich zu machen; aber sich selbst weiß er immer frei zu behalten. Er macht seine Existenz wohltätig kund, aber nur wie ein Gott, ohne sich selbst zu geben – dies scheint mir eine konsequente und planmäßige Handlungsart, die ganz auf den nächsten Genuß der Eigenliebe kalkuliert ist. Ein solches Wesen sollten die Menschen nicht um sich herum aufkommen lassen. Mir ist er dadurch verhaßt, ob ich gleich seinen Geist von ganzem Herzen liebe und groß von ihm denke. Ich betrachte ihn wie eine stolze Prüde, der man ein Kind machen muß, um sie vor der Welt zu demütigen. Eine ganz sonderbare Mischung von Haß und Liebe ist es, die er in mir erweckt hat, eine Empfindung, die derjenigen nicht ganz unähnlich ist, die Brutus und Cassius gegen Caesar gehabt haben müssen; ich könnte seinen Geist umbringen und ihn wieder von Herzen lieben. Goethe hat auch viel Einfluß darauf, daß ich mein Gedicht gern recht vollendet wünsche. An seinem Urteil liegt mir überaus viel.«[65]

In einem Antwortbrief erwiderte Körner, Goethe sei für Schiller ein »gefährlicher Nebenbuhler«, und man müsse seinen ganzen Stolz aufbieten, um sich von einem solchen Menschen nicht gedemütigt zu fühlen. Dennoch sei es ein großer Vorteil, sich an Goethe reiben zu können, und Schiller werde in seinen besseren Stunden eine Spannung dieser Art mehr befriedigen als das behaglichere Gefühl einer bequemen Überlegenheit, das man gegenüber beschränkteren Köpfen empfinde. In diesem Sinne nahm Schiller die Herausforderung an und war – von Neidgefühlen geplagt – unermüdlich tätig. In einem Brief an Körner bekannte er: »Dieser Mensch, dieser Goethe ist mir einmal im Wege, und er erinnert mich so oft, daß das Schicksal mich hart behandelt hat. Wie leicht ward *sein* Genie von seinem Schicksal getragen, und wie muß ich auf diese Minute noch kämpfen! Einholen läßt sich alles Verlorene für mich nun nicht mehr ... Aber ich habe noch guten Mut, und ich glaube an eine glückliche Revolution für die Zukunft.«[66]

Das schwierige Leben Friedrich Schillers

Im Vergleich zu Goethe hatte es Schiller von Kindheit an wesentlich schwerer. Er stammte nicht wie der Weimarer Dichterfürst aus einem wohlhabenden Elternhaus, sondern war der Sohn eines schlechtbezahlten Hauptmanns, der selbst in bitterer Armut aufgewachsen war. Den Hauptmann veranlaßte die Geburt des Sohnes zu dem hoffnungsvollen Gebet: »Und Du, Wesen aller Wesen! Dich habe ich nach der Geburt meines einzigen Sohnes gebeten, daß Du demselben an Geistesstärke zulegen möchtest, was ich aus Mangel an Unterricht nicht erreichen konnte.« Friedrich erfüllte die ehrgeizigen Ansprüche des Vaters und war ein sehr lernbegieriges Kind. Im Alter von dreizehn Jahren wurde er auf Geheiß des Herzogs von der herkömmlichen Schule genommen und in die militärisch geführte Karlsschule gesteckt, wo er schließlich voller Besessenheit an den ›Räubern‹ schrieb. Nachdem er das Schlußexamen bestanden hatte, wurde er Regimentsmedikus in Stuttgart. Als er nach der Mannheimer Aufführung seiner ›Räuber‹ ein Schreibverbot erhielt, floh er zusammen mit seinem Freund Andreas Streicher nach Mannheim.

Wieviel freier und sorgloser war demgegenüber das Leben des jungen Goethe, der in einem gutbürgerlichen Hause aufwuchs und keinerlei vergleichbaren äußeren Zwängen ausgesetzt war! Er wurde monatelang gepflegt, als er im Alter von neunzehn Jahren aus Leipzig kommend in sein Elternhaus zurückkehrte. Solche Annehmlichkeiten kannte Schiller, der mit zweiundzwanzig Jahren dem Machtbereich seines Herzogs entflohen war, nicht. Wegen seiner drückenden Schuldenlast und von einem rasenden Ehrgeiz geplagt, trieb er sich auch dann zur Arbeit an, wenn er Fieber hatte. Seine elende materielle Lage erlaubte es ihm nicht, seine Krankheiten auszukurieren, so daß er seinen Körper regelrecht ruinierte.

Schiller war ein in jeder Hinsicht vom Schicksal bedrängter Mensch, dessen enorme Willenskraft von einer großen geistigen Regsamkeit getragen wurde. Seine Produktivität bestätigt die Erkenntnis des österreichischen Dichters Hugo von Hofmannsthal: »Was Geist ist, erfaßt nur der Bedrängte.« Schiller litt in Weimar enorm unter innerer Bedrängung, da er Goethes Anerkennung erringen wollte. Außerdem waren seine Ehrgeizziele von phantastischer Größe, denn er peilte frühzeitig das Ziel an, *der* Nationaldichter der Deutschen zu werden. Doch dieser Platz war zumindest in Weimar von seinem Rivalen, dem genialen Goethe, besetzt, der Schiller kaum beachtete. Diese Zurücksetzung mußte alle Kräfte Schillers herausfordern. Trotzig schrieb er später an Karoline von Lengefeld, sein Motto sei: »... gebrauche Deine Kräfte! Wenn jeder mit seiner ganzen Kraft wirkt, so kann er dem andern nicht verborgen bleiben. Dies ist *mein* Plan.«[67]

Allerdings war Goethe nach seiner Rückkehr aus Italien nicht geneigt, eine Freundschaft mit Schiller zu beginnen. Er war ohnehin recht mißgestimmt über den gestaltlosen kühlen Norden und die schwerwiegenden Konflikte mit seiner früheren Liebesfreundin Charlotte von Stein, die zu einem immer stärkeren wechselseitigen Entfremdungsprozeß führten. Außerdem stieß ihn die Begeisterung für das von Pathos getragene Stück ›Die Räuber‹ ab. In ungerechter Weise erblickte er in Schiller noch immer den ›Räuberdichter‹ und bekannte später, daß ihm der junge Dichter zu jener Zeit regelrecht verhaßt gewesen sei. Von diesem stürmischen, jungen Mann erwartete Goethe offenbar mehr eine Störung seiner Arbeit denn eine Förderung. Den eigenwilligen, voranstürmenden und ungemein mitreißenden Menschen von sich fern zu halten, erschien dem zehn Jahre älteren Goethe geradezu als ein Gebot der Selbstachtung.

Um sich auf die geistige Höhe von Goethe emporzuarbeiten und einen Brückenschlag zu ermöglichen, fing Schiller wie besessen an zu arbeiten. Manchmal verließ er wochenlang nicht die Wohnung, um seine Arbeit nicht zu vernachlässigen. Goethe sah er in dieser Zeit selten, obgleich ihm dieser inzwischen bei dem Zustandekommen einer schlecht bezahlten Professur an der Jenaer Universität behilflich war. Bald darauf siedelte Schiller nach Jena über und heiratete Charlotte von Lengefeld. Rastlos war er damals mit der Beschreibung der Geschichte des Dreißigjährigen Krieges beschäftigt. Obwohl er auf recht dürftigen Unterlagen aufbauen mußte, verfaßte er eine meisterhafte Darstellung dieser interessanten geschichtlichen Epoche, die selbst nach dem heutigen Stand der Wissenschaft als bemerkenswert gelten kann. Diese Arbeit überforderte Schiller offensichtlich, denn im Januar 1791 erkrankte er so schwer, daß er nie mehr ganz gesundete.

Als im Sommer 1791 dramatische Befunde über Schillers Zustand verbreitet wurden, veranlaßte der dänische Herzog Friedrich Christian, man möge dem Dichter für die Dauer von drei Jahren jährlich 1000 Taler auszahlen, um ihm die Gelegenheit zu geben, seine durch Anstrengung und Arbeit zerrüttete Gesundheit wiederherzustellen. Dankbar nahm Schiller dieses großzügige Geschenk an und widmete sich nun im wesentlichen dem Studium der Theorie des Philosophen Immanuel Kant, der schon immer einen großen Einfluß auf ihn ausgeübt hatte. Aus dieser Beschäftigung mit Kant ging zunächst Schillers Essay ›Anmut und Würde‹ hervor, der von Kant außerordentlich gelobt wurde. Außerdem schrieb er lehrreiche Dankbriefe an den Herzog Friedrich Christian, welche die ›ästhetische Erziehung des Menschen‹ zum Inhalt hatten.

Im Spätsommer 1793 reiste Schiller in seine schwäbische Heimat, wo er sich auch mit dem Verleger Cotta traf, mit dem er Pläne zur Gründung einer literarischen Zeitschrift schmiedete. Noch im selben Monat begann man schließlich mit den Vorbereitungen zur Gründung einer solchen Zeitschrift, der man den Namen ›Die Horen‹ geben wollte. Um den Erfolg dieser Unternehmung zu gewährleisten, wollte man versuchen, auch Goethe für eine Mitarbeit zu gewinnen. Schiller schrieb deshalb im Sommer 1794 einen sehr werbenden Brief an den Dichterfürsten und bat ihn dringend, dem engeren Redaktionsausschuß beizutreten. Nach wenigen Tagen gab Goethe seine Zustimmung. Einige Wochen später brachte dann der gemeinsame Besuch einer Sitzung der Naturforschenden Gesellschaft zu Jena den endgültigen Durchbruch in der Beziehung zwischen Schiller und Goethe. Nach der Sitzung entwickelte sich zwischen ihnen ein längeres Gespräch, das den Beginn ihres Freundschaftsbundes besiegelte. Bald darauf verreiste Goethe, und als er zurückkam, erhielt er einen der schönsten Briefe, die Schiller je verfaßt hatte. Goethe antwortete umgehend, er wolle Schiller genauer kennenlernen und mit ihm »gemeinschaftlich arbeiten«. Nach einem weiteren Brief Schillers lud er diesen für vierzehn Tage in sein Haus nach Weimar ein. Über seinen anregenden Besuch schrieb Goethe, dessen dichterisches Schaffen zu jener Zeit fast stagnierte, er verdanke Schiller einen neuen Frühling, »in welcher alles froh nebeneinander keimte und aus aufgeschlossenen Samen und Zweigen hervorging.« Auch Schiller wurde von der neuen Freundschaft so beflügelt, daß er zehn Monate später wieder zur Dichtung zurückfand. Nun begann zwischen beiden eine äußerst intensive, produktive Zusammenarbeit. Wenn sie einander nicht sahen, dann schrieben sie sich täglich Briefe, um sich über Fragen der Kunst, des öffentlichen und privaten Lebens auszutauschen. Über zehn Jahre bestand diese ungewöhnliche Freundschaft, die durch den Tod Friedrich Schillers beendet wurde. Erschüttert schrieb Goethe an Karl Friedrich Zelter in Berlin, er habe einen Freund und damit die Hälfte seines Daseins verloren. Und noch viele Jahre später bekannte er: »Ich kann, ich kann den Menschen nicht vergessen.«

Der Stachel des Neides

Das Leben Friedrich Schillers zeigt, wie sehr ein Mensch zu Höchstleistungen fähig ist, wenn er die eigenen Neidregungen als Herausforderung begreift. Schiller trat gleichsam die ›Flucht nach vorn‹ an, indem er unermüdlich tätig war. Natürlich ist der seelische Druck einer solch angestachelten Produktivität nicht zu übersehen. Schiller konnte sich nicht wie Goethe dem freien Lauf seiner Gefühle und Gedanken überlassen, er wartete nicht auf den Kuß der Muse, sondern vergewaltigte sie häufig geradezu. Es ist bekannt, daß sich Schiller gern von in seiner Schublade liegenden faulenden Äpfeln inspirieren ließ und dann laut dichtend im Zimmer hin- und herlief. Auch Goethe hat einmal bezüglich einiger Briefe Schillers gemeint, man sehe an ihnen die Schweißtropfen des Dichters hängen. Insofern trifft auch auf Schiller die Erkenntnis Friedrich Nietzsches zu, daß das unablässige Schaffenwollen auf Eifersucht, Neid und Ehrgeiz schließen lasse. Die »geborenen Aristokraten des Geistes« seien nicht zu eifrig; »ihre Schöpfungen erscheinen und fallen an einem ruhigen Herbstabend vom Baume,

ohne hastig begehrt, gefördert, durch Neues bedrängt zu werden.«[68]
Eine solch ruhige Produktivität ist sicher einem von starker seelischer
Fiebrigkeit geprägten Schaffensprozeß vorzuziehen. Dennoch hat die
fortreißende Kraft und Anspannung, die das Leben Schillers auszeich-
neten, auch eine eigentümliche Faszination für all jene, die selbst den
Drang des Überwindens in sich tragen. Deshalb ist Schiller noch mehr
als Goethe der Schriftsteller der Jugend geworden, denn ihr gilt er als
Vorbild dafür, wie man sich aus unerträglichen Situationen befreien
kann, indem man leidenschaftlich die eigenen Ideale realisiert.

DIE PERSÖNLICHKEITSSTRUKTUR DES NEIDERS

Auch große Optimisten werden nach einer intensiven Beschäftigung mit dem sozialen Leben feststellen, daß ein produktiver Umgang mit dem Neid nicht gerade häufig ist. Die meisten Menschen ziehen sich lieber von beneideten Menschen zurück oder werten sie ab und berauben sich damit enormer Entwicklungsmöglichkeiten. Wie sie schließlich mit der Neidsituation umgehen, ist immer von ihrem Charakter abhängig. Es ist deshalb sinnvoll, etwas genauer auf die Charakterstruktur des ›typischen Neiders‹ einzugehen. Natürlich leidet nur eine kleine Minderheit unter einer ausgeprägten Neidproblematik, während die Mehrheit zu den stillen, gelegentlichen Neidern gehört. Dennoch ist auch für sie eine Analyse des ›Neiders‹ sehr lehrreich, weil die Beschäftigung mit diesem Thema immer auf die Frage hinausläuft, wie man ein glückliches Leben führen kann. Das Studium des Neides mündet deshalb unweigerlich in Gedanken über die ›Kunst des guten Lebens‹ ein. Insofern sind die folgenden Ausführungen auch für den ›Gelegenheits-Neider‹ interessant, da sie ihm einen tiefen Einblick in die ›Irrungen und Wirrungen‹ des Lebens geben, die jeden von uns bereitwillig mit Neidimpulsen reagieren lassen.

Die Außenorientiertheit

Der Mensch mit ausgeprägtem Neidcharakter ist immer extrem ›außenorientiert‹. Er ist in starkem Maße von seiner Umwelt abhängig, da die Anerkennung seiner Zeitgenossen für ihn lebenswichtig ist. Diesen außengeleiteten Charakter hat David Riesman in seinem 1950 erschienenen Werk ›Die einsame Masse‹ ausführlich beschrieben. Darin charakterisiert er ihn als einen Menschen, der eine Radarantenne im Kopf hat, mit der er ständig neue Situationen prüft, um sich ›richtig‹ verhalten zu können. Demgegenüber verfügt der »innengeleitete Charakter«, der noch am Ende des vergangenen Jahrhunderts häufig anzutreffen war, über eine gewisse Unabhängigkeit vom Urteil seiner Mitmenschen. Sein seelisches Steuerungsorgan vergleicht Riesman mit einem »Kreiselkompaß«, der in der Kindheit von den Eltern und wichtigen Bezugspersonen in Gang gesetzt wurde und es dem Erwachsenen später ermöglicht, seinen eigenen Lebenskurs zu steuern. Ein schönes Beispiel für diese innengeleitete Lebenseinstellung ist ein Ausspruch von Ferdinand Lassalle, den Sigmund Freud gern zitierte: »Ein Mann, welcher, wie ich Ihnen dies erklärt habe, sein Leben dem Wahlspruch gewidmet hat ›Die Wissenschaft und die Arbeiter‹, dem würde auch eine Verurteilung, die er auf seinem Wege findet, keinen anderen Eindruck machen, als etwa das Springen einer Retorte dem in seine wissenschaftlichen Experimente vertieften Chemiker. Mit einem leisen Stirnrunzeln über den Widerstand der Materie setzt er, sowie die Störung beseitigt ist, ruhig seine Forschungen und Arbeiten fort.«[69]

Durch die außenorientierte Lebensweise entsteht eine Stimmung des Sich-Messens und Vergleichens, die letztlich den Neid hervorruft. Im Grunde ist der Neider ständig ›außer sich‹, er flieht gleichsam vor sich selbst und vor Situationen, in denen er ›zu sich kommen‹ könnte. Jede Ruhepause erlebt er als potentielle Bedrohung und nicht als schöpferische Chance. Diese Fluchttendenz beruht nicht zuletzt darauf, daß der Neider nicht genug mit sich anzufangen weiß. Insofern ist die Langeweile, die nach der Erkenntnis des Philosophen Arthur Schopenhauer eines der Hauptübel der Menschheit ist, auch eine entscheidende Ursache für die Entstehung des Neides. Schopenhauer stellt deshalb fest: »Der Neid der Menschen zeigt an, wie unglücklich sie sich fühlen; und ihre beständige Aufmerksamkeit auf fremdes Tun und Lassen, wie sehr sie sich langweilen.«[70]

Schopenhauer war der Meinung, daß die neidfördernde Langeweile vor allem durch eine weitverbreitete »Stumpfheit des Geistes« hervorgerufen wird. Seines Erachtens kann man diese innere Langeweile nur durch einen großen inneren Reichtum in Form eines interessanten geistigen Lebens überwinden. Allerdings verfügt der neidische Mensch nur über geringe geistige Fähigkeiten. Selbst wenn er studiert und promoviert hat oder als Professor lehren darf, muß man nach einiger Zeit feststellen, daß er kaum ein differenzierter Denker ist. Die ›Weisheit des Herzens‹ ist ihm fremd und seine Lebensphilosophie ist so einfach strukturiert, daß man seine Neidregungen auch auf eine enorme Denkschwäche zurückführen kann. Dieser Zusammenhang hat Kierkegaard zu der Aussage veranlaßt, daß der Neid und die Dummheit die beiden großen Mächte der Gesellschaft seien, die vor allem in der Kleinstadt herrschen, wo die »widerliche Lust des Neides« zum allgemeinen Zeitvertreib gehört.

Ich langweile mich so ...

Der Zusammenhang zwischen Neid und Langeweile wird eindrucksvoll in den Tagebüchern der jungen Adligen Maria Bashkirtseff verdeutlicht. Sie fing im Alter von zwölf Jahren mit dem Schreiben eines Tagebuches an, in das sie ungewöhnlich offen ihre Gefühle und Gedanken notierte. Das Leben der jungen Adligen, die vierundzwanzigjährig 1884 an Schwindsucht starb, war von einer großen Unrast erfüllt, welche auch daher rührte, daß die recht aufwendig lebende Familie ständig ihren Wohnort wechselte. Der Grundzug eines gewissen Lebensfiebers durchzieht die Aufzeichnungen von Maria K. Bashkirtseff, die immer wieder bekennt, wie neidisch und eifersüchtig sie sei. Zwar ist sie durchaus aktiv und kann vor allem in der Malerei Erfolge verzeichnen, so daß sie feststellen kann: »Man ist neidisch auf mich, man verleugnet mich, ich bin etwas.« Dennoch wird sie immer wieder vom ›Fürsten der Galle‹ überwältigt und ist eifersüchtig auf andere Menschen. Und sie klagt über die Langeweile und schreibt: »Ich langweile mich so, daß ich sterben möchte. Ich langweile mich so, daß nichts auf der Welt, wie es scheint, mich mehr interessieren und amüsieren kann. Ich wünsche nichts, ich will nichts! ... Lesen, zeichnen, musizieren, und trotzdem Langeweile, Langeweile, Langeweile!«[71]

Neugierde und Klatsch

Wer sich tödlich langweilt, muß sich irgendwie beschäftigen; und nichts ist scheinbar so erbauend für die eigene Stimmung, als über andere Menschen zu klatschen. Dabei wird mancher sein Klatschbedürfnis als mitmenschliches Interesse bemänteln; und sicher wäre es falsch, solche Form der Mitteilungsfreude und Neugierde einfach zu verurteilen. Vielleicht kann man die Neugierde sogar als eine Vorstufe der wissenschaftlichen Forschung bezeichnen und dem Klatsch eine gewisse Orientierungsfunktion innerhalb der Gemeinschaft beimessen. Doch der Tücke des Problems wird man damit nicht gerecht. So gern fast jeder hin und wieder über andere herzieht und seine Nase in Angelegenheiten steckt, die ihn nichts angehen, hat diese vergnügliche Beschäftigung doch eine fatale Nebenwirkung. Wer sich über Gebühr sensationsheischend um das Leben von anderen Menschen kümmert, wird sehr anfällig für die Entfaltung von Neidgefühlen, so daß Francis Bacon meint: »In anderer Leute Angelegenheiten herumzukramen, entspringt ja nicht dem Wunsch, mit dem ganzen Getue Sorge um ihr Wohlergehen zu beweisen; es ist vielmehr einleuchtend, daß man sich nur eine Art Zeitvertreib daraus macht, in den Verhältnissen der anderen herumzustöbern; auch kann niemand, der sich nur um seine eigenen Angelegenheiten kümmert, viel Gelegenheit zum Neide finden. Denn der Neid ist eine müßiggängerische Leidenschaft, treibt sich auf der Straße herum und bleibt nicht zu Hause ...«[72]

Der Neid als Symptom von Entwicklungslücken

Einem alten Sprichwort zufolge dient der Neid dazu, die eigene Blöße zu bedecken. Der neidische Blick auf das Leben anderer kann nur auf der Grundlage der eigenen Entwicklungslücken gedeihen. Diese Lükken kann sich der Neider im allgemeinen nicht eingestehen. Nur manchmal ahnt er ansatzweise, daß er sich in einer Krise befindet, weil seine Persönlichkeitsentwicklung stagniert. Doch solche Ahnungen pflegt er zu verdrängen, da es sehr kränkend für ihn wäre, sich wirklich mit seinen Persönlichkeitslücken auseinanderzusetzen. Dieser Verdrängungsvorgang wird durch die Neidaffekte unterstützt, die dem Neider ein fragwürdiges Gefühl von Größe und Vitalität verleihen.

Der Fürst der Galle fordert ihn nicht auf, sich zu entwickeln, sondern führt ihn in einen fatalen Teufelskreis von Bequemlichkeit und Riesenerwartungen. Unversehens werden seine Schwächen zu Vorzügen umgewertet, und es wird ihm suggeriert, man könne auf leichte Art und Weise große Erfolge erzielen. Deshalb kann der Neider nie begreifen, wieviel Mühe und Schweiß der von ihm beneidete Mensch aufwenden mußte, um das begehrte Gut oder den ersehnten Ruhm zu erreichen. Genau betrachtet, gleicht er einem Kind, das die Erfahrung macht, daß es nach einem Wutaffekt alle Wünsche von den Eltern erfüllt bekommt. Der Philosoph Kierkegaard hat deshalb gemeint, daß der Neid den Menschen wie eine schwache Mutter verzärteln und seine Wunschtendenz unangemessen fördern würde.

Vor allem bei Büchern und Kunstwerken ist der Neider kaum imstande, die in ihnen enthaltene Arbeitsleistung richtig einzuschätzen. Bücher und Bilder riechen eben nicht nach Schweiß und verraten nicht die Anstrengung, die ihre Anfertigung kostete, so daß sich mancher Mensch fragt, ob er das nicht auch gekonnt hätte. Eindringlich warnt daher die Dichterin Annette von Droste-Hülshoff:

> Ihr starrt ihn an mit halbem Neid,
> Den Geisteskrösus seiner Zeit,
> Und wißt es nicht, mit welchen Qualen
> Er seine Schätze muß bezahlen.
>
> Wißt nicht, daß ihn, Verdammten gleich,
> Nur rinnend Feuer kann ernähren ...
> Ja eine Lamp' hat er entfacht,
> Die nur das Mark ihm sieden macht;
> Ja, Perlen fischt er und Juwele,
> Die kosten nichts – als seine Seele.
>
> (Der Dichter)

Alles oder nichts

Der typische Neider ist kaum in der Lage, seinem beneideten Rivalen nachzueifern. Er scheut das Risiko des Mißerfolges und begibt sich daher nicht in Situationen, die seine Entwicklungsdefizite offenbaren könnten. So kann er zwar Unlustgefühle und Seelenschmerzen vermeiden und sich in der Phantasie Größenträumen hingeben, aber er bringt sich damit auch um die Freude wirklicher Aktivität. Immer zaudert und zögert er, weil er keine kleinen Lernschritte machen und alles von vornherein perfekt meistern will. Ein solches Prinzip des ›Alles-oder-nichts‹ kann natürlich jede Persönlichkeitsentwicklung blockieren. Dies spürte wohl auch die junge Maria Bashkirtseff, als sie einsichtig in ihr Tagebuch schrieb: »Ein berühmtes Leben! Törichter Traum, hervorgebracht durch die Einsamkeit, durch historische Lektüre und durch eine zu lebendige Phantasie ... Was bin ich? Nichts! Was will ich sein? Alles! ... Ich hasse in allen Dingen das rechte Maß.«[73]

Eitelkeit, Eitelkeit, Eitelkeit ...

Jeder neidische Mensch hat ›ungebrochene‹ Größenphantasien, die er nicht durch eine Konfrontation mit der Wirklichkeit korrigiert. Letztlich geht es ihm darum, Erfolg zu haben und Ruhm zu ernten, ohne dafür etwas zu tun; und er ist ungemein gekränkt, wenn auf diesem Wege Schwierigkeiten auftreten. Meist verzichtet er deshalb auf die Verwirklichung seiner Größenziele, um keine Kränkungen zu erleiden. Mit anderen Worten: der Neider ist ein ungemein eitler Mensch. Bereits Adler hat auf diesen Tatbestand hingewiesen und gemeint, daß das ständige Gefühl der Verkürztheit und des Alles-haben-Wollens auf eine nicht befriedigte Eitelkeit schließen lasse.

Der Begriff Eitelkeit hat seit mehreren Jahrhunderten den Bedeutungsgehalt von Leere und Nichtigkeit. Im allgemeinen wird die Eitelkeit durch den Spruch charakterisiert, man wolle mehr scheinen als man wirklich sei. Demzufolge besteht die Eitelkeit in dem großen Widerspruch zwischen der Selbsteinschätzung eines Menschen und seinem wirklichen Können und Wissen. Da wohl niemand von sich selbst sagen kann, daß seine Selbsteinschätzung vollständig mit seinem tatsächlichen Fähigkeiten übereinstimmt, kann man davon ausgehen, daß wir alle in gewissem Maße eitel sind. Und solche Eitelkeit läßt uns gekränkt und eben auch neidisch reagieren, wenn uns ein anderer etwas voraus hat.

Meist ist die Eitelkeit nicht auf den ersten Blick erkennbar und selten wird sie so deutlich wie bei Oscar Wilde, der einmal in London mit einer riesigen Sonnenblume im Knopfloch herumspaziert sein soll und auf die Frage nach den zwölf besten Büchern salopp erwiderte: »Das kann ich nicht beantworten – ich habe erst d r e i Bücher geschrieben.«

Nun werden sich viele Menschen mit dieser demonstrativen Eitelkeit nicht identifizieren können. Doch auch ihre Kränkungsbereitschaft und Neidanfälligkeit weist auf eine massive Eitelkeitsproblematik hin. Insofern muß man der Anschauung der jungen Maria Bashkirtseff zustimmen: »Ihr nehmt euch bloß in acht, es so zu zeigen; aber das hindert euch nicht, in eurem Innern zu wissen, daß ich recht habe, wenn ich sage: ›Eitelkeit, Eitelkeit, Eitelkeit!‹«[74] Sie selbst war sich ihrer Eitelkeit ziemlich bewußt und schrieb einmal in aufrichtiger Offenheit in ihr Tagebuch: »Wir verbringen den Tag damit, mich zu bewundern. Mama bewundert mich, die Prinzessin G. . . . bewundert mich. Sie sagt in einem fort, ich gleiche Mama oder ihrer Tochter; das ist nun das größte Kompliment, das man machen könnte. Man denkt von niemand besser, als von sich selbst. Ich bin nämlich wirklich hübsch.«[75]

Der Musiker Jefimoff

Während sich Maria Bashkirtseff ihrer Größengefühle durchaus bewußt war, verdrängen die meisten Menschen diese Problematik. Sie kultivieren ihre geheimen Größenideale, die äußerst neidanregend sind. Ein erschütterndes Beispiel für den Größenwahn eines neidischen Menschen enthält die Erzählung ›Njetotschka Neswanowa‹ von Fjodor M. Dostojewski. Eine Hauptperson dieser Erzählung ist der arme Musiker Jefimoff, der von einem geheimnisvollen Italiener das Geigenspiel erlernt hat. Er kann seinem Instrument so wundervolle Töne entlocken, daß dem Zuhörer die Tränen über die Wangen laufen. Doch diese Begabung vernachlässigt er im Laufe der Jahre immer mehr, anstatt sie durch Fleiß und Disziplin zu fördern. Dementsprechend verläuft seine Lebensbahn! Mal spielt er in irgendwelchen Musikkapellen der Provinz, dann schlägt er sich wie ein Bettler durch. Und er verlernt mit der Zeit die technischen Fähigkeiten des Geigenspiels und verliert damit die Grundlage seiner Kunst. Dennoch gibt er seine Größenträume nicht auf. Es genügt ihm nicht, ein genialer Musiker werden zu wollen, der nach den Noten eines anderen spielt. Er will auch noch Komponist werden, ohne vom Kontrapunkt auch nur eine Ahnung zu haben.

Wie anders als er ist doch sein Freund B., dessen gesamte Lebensführung von einem gesunden Realismus geprägt ist. Er ist ein ›typischer Deutscher‹ und strebt systematisch sein Ziel an, ohne sich in Träumereien zu verlieren. Fleißig übend erlernt er gründlich sein Handwerk, so daß er schließlich zu einer gewissen Vollkommenheit gelangt. Zunächst ist dieser etwas kühle, mehr wissenschaftlich veranlagte B. von der immerwährenden Begeisterung Jefimoffs geblendet, da er in ihm ein zukünftiges Weltgenie sieht. Doch dann begreift er, daß Jefimoffs ganze Begeisterung nichts anderes als der verzweifelte Versuch ist, sich über seine wirklichen Fähigkeiten hinwegzutäuschen. Eindringlich ermahnt daher B. seinen Freund, er solle regelmäßig üben, um seine hochgesteckten Ziele zu erreichen. Dann werde die Welt schon spüren, daß er ein großer Künstler sei. Und er würde beneidet werden, prophezeit ihm B.: »Was sich in dir durch mühevolle Arbeit, Entbehrungen, Hunger und schlaflose Nächte herausgearbeitet hat, das werden sie geringschätzen, verachten oder überhaupt nicht beachten. Sie werden dich nicht ermutigen, dich nicht trösten, diese deine zukünftigen Freunde. Sie werden dir auch nicht sagen, was in dir gut und echt ist, wohl aber werden sie mit boshafter Freude deine Fehler hervorheben ...«[76]

Bald darauf trennen sich die Wege der beiden und als B. seinen alten Freund Jefimoff wiedersieht, ist dieser völlig heruntergekommen. Er rührt seine Geige nicht mehr an und gibt der Frau, die er inzwischen geheiratet hat, die Schuld an seinem Unglück. Aus einem Orchester, in das er durch B.'s Bemühungen aufgenommen wird, fliegt er nach einem halben Jahr wegen seiner Nachlässigkeiten wieder heraus. Die einstigen Kollegen ziehen ihn nun damit auf, daß ein großer Violinvirtuose nach Petersburg kommen soll. Als Jefimoff davon hört, reagiert er sehr nervös, denn er ist offensichtlich krankhaft neidisch auf diesen Künstler. Hemmungslos kritisiert er seinen vermeintlichen Rivalen und verspottet auch seine Musikerkollegen schonungslos. Diese fürchten sich ein wenig vor dem beißenden Spott Jefimoffs, da Neider bekanntlich einen scharfen Blick für die Schwächen ihrer Mitmenschen haben.

Vor dem Konzert des berühmten Violinvirtuosen wird Jefimoff, der sein Streben nach Ruhm und Ehre noch lange nicht aufgegeben hat, immer unruhiger. Schließlich kommt er völlig niedergeschlagen von dem Konzertbesuch zurück. Regungslos sitzt er in seinem Zimmer, bis er sich entschließt, noch einmal seine Geige in die Hand zu nehmen. Seltsame, wirre Töne entspringen dem Instrument, die mehr an menschliche Seelenqualen, als an die Freuden der Musik erinnern. Er legt den Bogen resigniert wieder hin, und als dann noch seine Frau stirbt, ist er völlig verzweifelt, da ihm nun die letzte Entschuldigung für sein Versagen genommen worden ist. Bald darauf stirbt er in einem Hospital, nachdem sein ganzes Traumgebilde zusammengebrochen ist. Sein Tod setzt ein, als die letzte Hoffnung in ihm schwindet, seine hochgesteckten Ziele zu erreichen. Plötzlich begreift er, daß seine Größenphantasien auf einem grandiosen Irrtum beruhen. Nachdem er ein wirkliches Genie gehört hat, ahnt er, wie wenig sein eigenes Können bedeutet. Er ist zu schwach, zu sehr gekränkt und zu neidisch, um sich diesen großen Künstler zum Vorbild zu nehmen und sich an ihm zu orientieren. So geht er letztlich an seinem Neid und seiner Eitelkeit zugrunde.

Unfähigkeit zur Bewunderung

Die Größenphantasien des neidischen Menschen beinhalten meist einen realistischen Kern, der sich verwirklichen ließe, falls dieser ›Neider‹ in der Lage wäre, andere zu bewundern und von ihnen zu lernen. Doch dazu ist er kaum in der Lage. Er erträgt es nicht, daß andere Menschen etwas besser können als er und den Ruhm des Tages ernten. Sein Geltungsstreben läßt es nicht zu, die Rolle des ›Zweiten‹ oder die des Schülers zu akzeptieren. Weil er insgeheim immer der Größte sein muß, kann er allenfalls verstorbene oder ausländische Berühmtheiten loben.

Natürlich ist ›der Neider‹ gegenüber den Vorzügen seiner Mitmenschen keineswegs gleichgültig; ja man spürt bei ihm ein deutliches Hin- und Hergerissensein gegenüber wertvollen Handlungen. Der Neid ist immer auch eine Form versteckter Bewunderung, so daß man ihn durchaus als verunglückte Wertschätzung bezeichnen kann.

Diesen Bewunderungsaspekt des Neides hebt Lichtenberg hervor, wenn er bekennt: »Mir ist wenig am Lob der Leute gelegen; ihr Neid wäre allenfalls das einzige, was mich noch freuen würde.« Der große Aphoristiker und Naturwissenschaftler bestätigt damit die im Sprichwörterschatz der Menschheit enthaltene Erkenntnis, daß der

Neid die aufrichtigste Form der Anerkennung ist und eine Art Lob darstellt.

Da ›der Neider‹ zu einer ehrlichen Bewunderung nicht fähig ist, verbaut er sich den Zugang zu einer der stärksten Entwicklungsquellen. Indem man Vorbildern nachstrebt, sie bewundert und sich mit ihnen identifiziert, wird man geradezu beflügelt, jene Werte zu verwirklichen, die man an ihnen schätzt. Thomas Mann hat deshalb einmal gemeint: »Die Bewunderung ist das Beste, was wir haben, – ja, wenn man mich fragte, welchen Affekt, welches Gefühlsverhältnis in den Erscheinungen der Welt, der Kunst und des Lebens ich für das schönste, glücklichste, unentbehrlichste halte, würde ich ohne Zögern antworten: Es ist die Bewunderung.«[77]

Warum verschmähen viele Menschen dieses Lebenselixier? Zunächst muß man einräumen, daß eine solche Haltung der Bewunderung sehr mühselig ist, da sie nicht nur ein großes Maß an Bescheidenheit und eine realistische Selbsteinschätzung voraussetzt. Es ist vor allem unbequem, bewundernd zu einem Menschen aufzuschauen und durch ihn zur eigenen Entwicklung animiert zu werden. Vauvenargues meinte daher in seinen ›Reflexionen und Maximen‹, es sei anstrengend, die überragenden Verdienste anderer Menschen gerecht zu beurteilen. Außerdem kränkt es unsere Eitelkeit, die Vorzüge eines anderen bewundern zu müssen. Viele empfinden es deshalb als vergnüglicher, ihre Mitmenschen zu verkleinern, indem sie nur auf ihre Fehler und Schwächen sehen. Goethe sah sich darum einmal zu der Klage veranlaßt: »Das ist in der Welt nun einmal nicht anders, keiner gönnt dem andern seine Vorzüge, von welcher Art sie auch seien, und da er sie ihm nicht nehmen kann, so verkleinert er oder leugnet sie oder sagt gar das Gegenteil.«[78]

Die Unschuld des Werdens

Der Neider erträgt das Glück und die Erfolge seiner Mitmenschen nur, falls dadurch seine eigene Überlegenheit nicht gefährdet ist. Er ist deshalb ein distanzierter Mensch, dessen mißtrauische Lebenshaltung noch dadurch verstärkt wird, daß er immer Angst vor einer ›Entlarvung‹ seiner Neidgefühle haben muß. Die Stimmung des heiteren Gelöstseins und des Urvertrauens ist ihm völlig fremd. Ihm fehlt die

Gelassenheit, die Nietzsche als die »Unschuld des Werdens« bezeichnete.

Innerlich gelöste Menschen strömen eine Stimmung der Heiterkeit und Leichtigkeit aus, die sich entspannend auf ihre Mitmenschen auswirkt. In ihrer Nähe spürt man die Last des Daseins kaum, so daß man den Augenblick entspannt genießen kann. Demgegenüber lebt der Neider immer in der Vergangenheit, in der manchmal ›alles besser war‹, oder aber in einer unrealistischen, glücksverheißenden Zukunft. Für ihn gilt, was Nietzsche vom Glück sagte: »Wer sich nicht auf der Schwelle des Augenblicks ... niederlassen kann, wer nicht auf einem Punkt wie eine Siegesgöttin ohne Schwindel und Furcht zu stehen vermag, der wird nie wissen, was Glück ist, und noch schlimmer: er wird nie etwas tun, was andere glücklich macht.«[79] Da der neidische Mensch immer auf der Flucht ist, wird er nie glücklich sein. Er mag manchmal ziemlich tüchtig, strebsam und beruflich erfolgreich sein. Doch niemals wird er jenes Versunkensein im Augenblick erleben, das Goethe beschreibt, wenn er seinen ›Faust‹ zum Teufel sagen läßt:

> Werd ich zum Augenblicke sagen:
> Verweile doch! Du bist so schön!
> Dann magst du mich in Fesseln schlagen,
> Dann will ich gern zugrunde gehn!

In einer solch heiteren, gelösten Stimmungslage erscheint einem das Leben mit einem unerschöpflichen Reichtum ausgestattet. Insofern verführt uns erst die gelassene Heiterkeit dazu, ernsthafte Möglichkeiten für die Realisierung unserer Ideen zu suchen. Deshalb ist es grundsätzlich falsch, sich unter einem heiteren Menschen einen einfältigen oder naiven Lebenskünstler vorzustellen, wie dies der Neider in seiner abwertenden Art zu tun geneigt ist. In dieser Welt gehört viel Tapferkeit dazu, um sich die wahre Heiterkeit zu erkämpfen. Friedrich Nietzsche meinte daher, daß Heiterkeit der Lohn für eine außerordentlich tapfere Lebenseinstellung sei. Solche Ernsthaftigkeit fehlt dem neidischen Menschen. Er geht von vornherein davon aus, daß sich seine Bemühungen nicht lohnen werden, weil die anderen ohnehin erfolgreicher und schneller sind. Im Grunde betrachtet er die Welt, als sei sie eine Torte, die nur einmal verteilt werden kann. Diese Theorie der ›begrenzten Güter und Eigenschaften‹ muß ihn zwangsläufig entmutigen und seinen Neid auf die begünstigten Menschen verstärken.

Natürlich ist die Annahme des Neiders, daß bestimmte Dinge im Leben begrenzt sind, nicht ganz falsch. Nur einer kann jeweils bei einem Wettbewerb auf dem Siegertreppchen stehen und auch bei den Sängern, Künstlern und Schriftstellern sind es immer nur wenige, die von der Menge bewundert werden. Wem es also in erster Linie um Ruhm, Ehre und Bewunderung geht, muß tatsächlich alle anderen Menschen als Konkurrenten empfinden. Doch solches Streben nach äußerem Glanz ist bereits die Folge einer neurotischen Fehlentwicklung. Sonst würde man sich weniger um die Anerkennung der lieben Mitmenschen kümmern und stattdessen sein Interesse auf die Verwirklichung der eigenen Lebensziele richten.

Ein anschauliches Beispiel für einen zurückgezogen lebenden Menschen, der sich nur mit seiner Wissenschaft beschäftigt, schildert Honoré de Balzac in seinem Roman ›Die tödlichen Wünsche‹. Voller Symphatie beschreibt Balzac den in seine Gedanken versunkenen Wissenschaftler, um schließlich festzustellen: »Der gewöhnliche Mensch hält solch erhabene Geister für Narren; nie verstanden, leben diese Menschen in einer bewunderungswürdigen Gleichgültigkeit gegen den Luxus und die Gesellschaft. Sie sind imstande, den ganzen Tag an einer ausgegangenen Zigarre zu rauchen oder in einen Salon zu kommen, ohne zuvor besonders genau die Knöpfe ihrer Kleider mit den dazugehörigen Knopflöchern vereinigt zu haben. Eines Tages dann, nachdem sie eine lange Zeit hindurch den leeren Raum gemessen und Formel an Formel gereiht hatten, haben sie ein Gesetz der Natur erforscht und ein allereinfachstes Prinzip aufgestellt. Plötzlich bewundert dann die Menge eine neue Maschine, oder einen Rollkarren, dessen einfache Konstuktion sie verwirrt anstaunen muß ... Der arme Mensch besaß weder eine Auszeichnung, noch erhielt er eine staatliche Unterstützung, denn er verstand sich nicht darauf, seine Arbeiten ins rechte Licht zu setzen. Er war glücklich, auf der Lauer nach irgendeiner Entdeckung leben zu können; er dachte weder an den Ruhm, noch an die Gesellschaft noch an sich selbst. Inmitten der Wissenschaft lebte er nur für die Wissenschaft.«[80]

Eines Tages wird dieser Gelehrte von einem jungen Mann aufgesucht, der auf geheimnisvolle Weise sein Leben ›verpfändet‹ hat, um sich alle Wünsche erfüllen zu können. Von seinen Freunden wird er wegen seines sichtbaren Reichtums beneidet, denn sie ahnen nicht, welchen Preis er dafür zahlen mußte. Er ist nicht glücklich und beneidet den Wissenschaftler. Hätte er nicht ähnlich leben können wie er? In seiner Jugend hatte er ähnliche Ziele wie dieser Wissenschaftler und lebte zufrieden in einer Mansarde: »Die Zimmerdecke stieg schräg ab und durch die Fugen der Ziegel sah man den Himmel. Das Zimmer hatte Platz für ein Bett, einen Tisch und ein paar Sessel – unter den spitzen Dachwinkel konnte ich mein Klavier stellen ... In diesem luftigen Grabe habe ich an die drei Jahre gelebt, habe Tag und Nacht ohne Unterlaß und mit solcher Lust gearbeitet, daß mich das Studium die schönste Aufgabe und die glücklichste Lösung des Menschenlebens dünkte ... Das Studium verleiht allem, das uns umgibt, eine Art Magie. Der elende Schreibtisch mit seiner braunen Lederdecke, an dem ich schrieb, mein Klavier, mein Bett, mein Lehnstuhl, das krause Durcheinander der Papiertapeten, meine Möbel – alle die Dinge um mich waren beseelt und wurden mir zu schlichten Freunden, zu schweigsamen Helfern für meine Zukunft.«[81]

Doch dann lernte er durch einen Freund eine russische Gräfin kennen, in die er sich unsterblich verliebte, obwohl sie ihm die kalte Schulter zeigte. Er verriet seine ursprünglichen Ideale, wurde ein Erfolgsschriftsteller und verdiente viel Geld. Schließlich fing er an zu spielen und verlor so oft, daß er des Lebens überdrüssig wurde. Da verkaufte man ihm in einem Antiquitätengeschäft ein Stück Eselshaut, das eine teuflische Zauberkraft in sich barg. Seinem Besitzer wurden zwar alle Wünsche erfüllt, doch jedesmal verkürzte sich das Leben des jungen Mannes. Er schlug jedoch alle Warnungen in den Wind und wünschte sich eine Erbschaft, die schon am nächsten Tage bei ihm eintraf. Als er diese glückliche Botschaft anläßlich einer Mahlzeit verkündete, war er von dumpfem Neid umgeben. Seine Gefährten sahen nur den Reichtum und waren sich nicht bewußt, daß es oft die unscheinbaren Dinge im Leben sind, die das wirkliche Glück in sich bergen. Das Geld mag uns wohl beruhigen, aber es macht letztlich nicht glücklich, weil es, wie Sigmund Freud sich ausdrückte, nicht zu den Kinderwünschen zählt. Insofern ist die Frage interessant, ob es nicht vor allem die scheinbar naiven Wünsche der Kindheit und Jugend sind, die wir verwirklichen sollten, um das Leben zu genießen.

Glücklich allein ist die Seele, die liebt

Einer der wichtigsten Kinderwünsche ist der nach Anerkennung und Liebe. Gerade dieser Wunsch geht für den Neider nicht in Erfüllung, weil er die Kunst der Liebe nicht beherrscht. So wie der junge Raphael in dem oben erwähnten Roman ›Die tödlichen Wünsche‹ träumt er zwar sehr oft vom euphorischen Liebesglück. Er erahnt die große Bedeutung der Liebe, die von vielen Schriftstellern und Dichtern als der Schlüssel zum Lebensglück angesehen wird. »Glücklich allein ist die Seele, die liebt« – heißt es bei Goethe, und sein Weimarer Dichterkollege Herder bekennt in ›Der Cid‹, daß für ihn das Glück nicht ohne das Erlebnis der Liebe denkbar sei: »Denn das Glück geliebt zu werden, ist das höchste Glück auf Erden.« Der Neider ist jedoch ein schlechter Liebhaber. Ihm fehlen sowohl der liebende Blick als auch die Fähigkeit, andere Menschen zu umwerben. Dies könnte man natürlich darauf zurückführen, daß der Neider in der Kindheit zu wenig geliebt wurde. Beispielsweise stellt Sartre in seiner ausführlichen Analyse des Schriftstellers Gustave Flaubert die Überlegung an, daß es vor allem die fehlende Mutterliebe gewesen sei, die Gustave zu einem neidischen Menschen gemacht habe. Doch dieses Defizit an Elternliebe könnte der erwachsene Mensch durch Freundschaften und Liebesbeziehungen ausgleichen, wenn er nicht so mißtrauisch und ängstlich wäre. Zwar ist er sehr liebes- und anerkennungshungrig, doch seine Größengefühle und seine mangelnde Selbstachtung hindern ihn daran, sich wirklich einem Menschen hinzugeben und aus dem Gefängnis seiner Einsamkeit auszubrechen. Voller Bitterkeit wird er deshalb das Liebesglück derer betrachten, die seines Erachtens vom Schicksal begünstigt wurden, und nur zu oft empfindet er ein heimliches Triumphgefühl, wenn sich ihr Glück letztlich als brüchig erweist.

Falls er dennoch eine partnerschaftliche Beziehung eingeht, dann stellen sich bald erhebliche Konflikte ein. Der neidische Mensch hat es nicht gelernt zu kooperieren und scheint manchmal nach dem abgewandelten Sprichwort zu handeln: »Wer andern keine Grube gräbt, fällt selbst hinein.« Er kann nicht nachgeben und großzügig einen Konflikt schlichten, weil er zu sehr nach Überlegenheit strebt. Deshalb fühlt er sich bei einem schwächeren Partner, der keine Neidgefühle bei ihm auslöst und seine Überlegenheit respektiert, am wohlsten.

Höchstes Glück der Erdenkinder

Nach einem alten griechischen Mythos ist Eros die Kraft, die uns von der Unvollkommenheit zur Vollkommenheit streben läßt. Wahrhaft liebende Menschen verfügen daher über ein starkes Entwicklungspotential. In ihrem Wunsch nach Liebe streben sie nicht nur ein ›stilles Glück zu zweit‹ an. Ihr Liebesgefühl mündet auch in die aktive Aneignung der von ihnen tief empfundenen Werte der ganzen, weiten Welt ein. Im Grunde ist eine solche seelisch-geistige Öffnung zur Welt die Voraussetzung für jene Persönlichkeitsentfaltung, die von vielen Philosophen als eine entscheidende Quelle des inneren Glücks bezeichnet wird. Vielleicht ist sie sogar *die* Glücksquelle schlechthin, denn eine Partnerschaft scheitert unweigerlich, wenn die Entwicklung beider Beteiligter stagniert. Außerdem vermittelt die eigene Persönlichkeitsentfaltung eine Souveränität und Unabhängigkeit, die wir im Liebesbereich vergeblich suchen werden. Solche Wertschätzung der Persönlichkeit hat Goethe zu den bekannten Zeilen veranlaßt:

> Volk und Knecht und Überwinder,
> Sie gestehn, zu jeder Zeit:
> Höchstes Glück der Erdenkinder,
> Sei nur die Persönlichkeit.

Analysiert man die Einstellung des neidischen Menschen zum Glück etwas genauer, so kann man ein eigenartiges Phänomen beobachten. Zunächst wird man feststellen, daß der Neider niemanden stärker beneidet als den glücklichen Freund oder Kollegen, da er spürt, daß er diese Lebensstimmung selbst nie erfahren wird. Insofern ist ihm bewußt, wie wertvoll die Augenblicke des Glücks sind. Gleichzeitig wertet er jedoch viele Leistungen mit der Bemerkung ab, daß der andere eben ›Glück gehabt habe‹. Dabei wird der Begriff ›Glück‹ fast zum Schimpfwort, denn der Neider will damit ausdrücken, daß jemand unverdienterweise etwas bekam, während er selbst vom Schicksal nicht berücksichtigt wurde. Diese zwiespältige Einstellung des Neiders zum Glück ist dadurch zu erklären, daß dieses Phänomen für ihn ein großes Rätsel ist. Seiner Lebensphilosophie liegt ein geradezu kindlicher Wunsch nach dem schnellen Glück zugrunde, der im realen Erwachsenenleben kaum in Erfüllung gehen kann. Das wirkliche Glück läßt sich eben nicht schnell und direkt verwirklichen. Der

Philosoph Nicolai Hartmann wies deshalb auf die Eigenwilligkeit der Glücksgöttin Fortuna hin und meinte: »Es ist das Wesen des ›Glücks‹, den Menschen zu necken und zu äffen, solange er lebt, ihn zu locken, zu verführen und mit leeren Händen stehen zu lassen. Es verfolgt ihn eifersüchtig, solange er ihm abgewandt nach anderen Werten strebt, entzieht sich ihm aber, sobald er danach hascht, flieht unerreichbar vor ihm her, wenn er es leidenschaftlich erstrebt … Mit anderen Worten: Glück läßt sich wohl ersehnen und erstreben, aber nicht strebend erreichen … Das wirkliche Glück kommt immer von anderer Seite, als man es meint. Es liegt immer da, wo man es nicht sucht. Es kommt immer als Geschenk und läßt sich dem Leben nicht abringen oder abtrotzen. Es liegt in der Wertfülle des Lebens, die immer da ist. Es öffnet sich dem, der den Blick auf diese Wertfülle einstellt …«[82]

Das Glück ist demzufolge eine Eigenschaft, die nur durch die Realisierung eines wichtigen Wertes erreicht werden kann. Wer also einem hohen Ziel nachstrebt und leidenschaftlich ein Ideal verfolgt, wird nach mancherlei Rückschlägen auch intensive Glücksgefühle empfinden, wenn er nur an seine Aufgabe gedacht und die launische Glücksgöttin dabei vergessen hat. Solch realistische Wege zum Erreichen des Glücks sind dem Neider ziemlich unbekannt. Wenn er die Leistungen anderer Menschen mit der Bemerkung abwertet, daß diese ja nur Glück gehabt haben, dann sieht er das Leben eher wie ein großes Lotteriespiel an. Manchmal mag dies tatsächlich so scheinen. Im allgemeinen trifft jedoch eher die Erfahrung zu, daß auf die Dauer nur der Tüchtige Glück hat. Das Glück ist kein Geschenk der Götter, sondern – und darauf hat vor allem der Philosoph Bertrand Russell in seinem Buch ›Die Eroberung des Glücks‹ hingewiesen – vor allem das Ergebnis eines produktiven, arbeitsreichen Lebens.

Die Augen des Neiders machen aus Mücken Elefanten

Da sich der Neider immer zukurzgekommen fühlt und die anderen Menschen zu wenig kennt, überschätzt er ihr Glück gewaltig. Dies hängt auch damit zusammen, daß die meisten Menschen nur die ›Schokoladenseite‹ ihres Lebens vorzeigen und die Schattenseiten verschweigen. Eindringlich warnte daher August Strindberg: »Beneide niemanden, denn du weißt nicht, ob der Beneidete im Stillen nicht etwas verbirgt, was du bei einem Tausche nicht übernehmen möchtest.« Auch Arthur Schopenhauer mahnte zur Vorsicht und meinte, daß es sich mit den menschlichen Glückszuständen wie mit gewissen Baumgruppen verhalten würde, »welche, von ferne gesehn, sich wunderschön ausnehmen: geht man aber hinan und hinein, so verschwindet diese Schönheit: man weiß nicht, wo sie geblieben ist, und steht eben zwischen Bäumen. Darauf beruht es, daß wir so oft die Lage des Andern beneiden.«[83]

Zahlreiche Sprichwörter zeigen, daß die Menschheit schon lange um den trügerischen Blick des Neiders weiß:

- Glück und Regenbogen sieht man nicht über dem eigenen Haus, sondern nur über fremden.
- Neid sieht wohl das Schiff, aber nicht das Leck.
- Neid macht aus niedern Halmen hohe Palmen.

Die Lebensoptik des Neiders ist dermaßen verzerrt, daß sich der Dichter Friedrich Rückert zu dem prägnanten Vers veranlaßt sah:

> Der Blick des Neiders sieht zu seiner eignen Pein,
> Nur alles Fremde groß und alles Eigne klein.

Dem Neider fehlt ganz offensichtlich die Fähigkeit zur Wahrnehmung des eigenen Glücks. Er leidet zutiefst an den ›tödlichen Wünschen‹, weil er das abwertet, was er hat und nur das wertschätzen kann, was er nicht besitzt. Nur zu gern würde er mit einem anderen Menschen tauschen. Ständig flieht er vor sich selbst, so daß man ihm die mahnenden Worte Goethes zurufen möchte:

> Willst du immer weiter schweifen?
> Sieh, das Gute liegt so nah.
> Lerne nur das Glück ergreifen,
> Denn das Glück ist immer da.

Die Hungernden

Wie leicht wir geneigt sind, das Glück eines anderen Menschen zu überschätzen, und ihn deshalb beneiden, hat Thomas Mann in seiner Novelle ›Die Hungernden‹ eindrucksvoll beschrieben. In ihr schildert er den jungen Detlef, der eine Tanzveranstaltung verläßt, weil er es nicht erträgt, mit neiderfülltem Blick dem Geplauder beizuwohnen, das sich zwischen der hübschen Lilli und ihrem Tanzpartner entwikkelt. Als er daraufhin verzweifelt den Saal verläßt, trifft er draußen einen Mann mit einer zerlumpten Jacke, der neidisch auf Detlefs Lackschuhe, den Pelzmantel und das Opernglas blickt. Wie erstarrt steht Detlef da, bis er schließlich den Mann versteht und sich sagt: »Welch Irrtum, mein Gott, – welch ungeheures Mißverständnis! Dieser Darbende und Ausgeschlossene hatte ihn mit Gier und Bitterkeit betrachtet, mit der gewaltsamen Verachtung, welche Neid und Sehnsucht ist! ... Du irrst, Freund ... *Wir sind ja Brüder* ... Nichts ist mir fremd von allem Jammer, der dich beseelt ... Daheim sind wir beide im Lande der Betrogenen, der Hungernden, Anklagenden und Verneinenden, und auch die verräterischen Stunden voll Selbstverachtung sind uns gemeinsam, die wir uns in schmählicher Liebe an das Leben, das törichte Glück verlieren. Aber du erkanntest mich nicht.«[84] Doch der verarmte und zerlumpte Mann ist wahrscheinlich aufgrund seiner Lebensumstände überfordert, in dem ›seelisch hungernden‹ Detlef seinen Bruder zu sehen, obwohl beide Formen des Hungers einen ähnlich unerträglichen Neid hervorrufen können.

Der beneidete Ehemann

Noch eindrucksvoller hinsichtlich der Neid-Optik ist eine weitere Novelle von Thomas Mann, die das Eheleben des Bankdirektors Ernst Becker zum Gegenstand hat. Der Direktor ist mit einer Frau verheiratet, die die Königin der Saison und der Mittelpunkt des gesellschaftlichen Lebens ist. Sie schlägt alle in ihre Liebesbande. Frauen und Mädchen beten sie an, Jünglinge schicken ihr Verse und ein Leutnant duelliert sich ihretwegen mit einem Regierungsrat. Vor allem ihre Abendgesellschaften sind berühmt, denn bei solchen Einladungen übertraf sie sich selbst. »Nach dem Essen setzte sie sich an ihre Harfe und sang zum Rauschen der Saiten mit ihrer Silberstimme. Man vergißt das nicht. Der Geschmack, die Anmut, die lebendige Geistesgegenwart, mit der sie den Abend gestaltete, waren bezaubernd; ihre gleichmäßige, überall hinstrahlende Liebenswürdigkeit gewann jedes Herz; und die innig aufmerksame, auch wohl verstohlen zärtliche Art, mit der sie ihrem Gatten begegnete, zeigte uns das Glück, die Möglichkeit des Glücks, erfüllte uns mit einem erquickenden und sehnsüchtigen Glauben an das Gute ...«[85]

Wenn es einen Menschen in der Stadt gibt, der beneidet wird, dann ist es Ernst Becker. Von jedem bekommt er zu hören, wie glücklich er mit dieser Frau sein müsse und welch ein begnadeter Mensch er sei. Diese Huldigungen des Neides nimmt er mit freundlicher Zustimmung entgegen, bis eines Tages etwas völlig Unerwartetes geschieht. Beckers geben wieder einmal eine Einladung, auf der wie gewohnt eine vortreffliche Stimmung herrscht. Als der Champagner ausgeschenkt wird, erhebt sich ein Herr und beginnt mit einer kurzen Rede. Der ziemlich alte Junggeselle feiert die Gastgeber und preist die hübsche Gastgeberin, um dann, sich ihr zuwendend, zu erklären: ». . . wenn ich als Hagestolz mein Leben verbringe, so geschieht es, weil ich die Frau nicht fand, die gewesen wäre wie Sie, und wenn ich mich jemals verheiraten sollte, – das eine steht fest: meine Frau müßte aufs Haar Ihnen gleichen!«[86] Dann wendet er sich zu Ernst Becker und bittet ihn um die Erlaubnis, ihm noch einmal sagen zu dürfen, was er sich schon so oft vorgenommen: wie sehr ihn alle beneideten, beglückwünschten, seligpriesen. Schließlich forderte er die Anwesenden auf, einzustimmen in sein Lebehoch auf »unsre gottgesegneten Gastgeber, Herrn und Frau Becker«.

Das Hoch erschallt und man verläßt die Sitze, um mit dem gefeierten Paar anzustoßen, als es plötzlich still wird, denn der Direktor Becker ist aufgestanden. Mit bebender Feierlichkeit und totenbleichem Gesicht beginnt er zu sprechen. Einmal – stößt er aus atemringender Brust hervor – müsse er es sagen. Einmal müsse er uns Verblendeten die Augen öffnen über das Idol, um dessen Besitz wir ihn so sehr beneideten. Und während die Gäste erstarrt zuhören, entwirft er das Bild seiner Ehe, einer Hölle auf Erden. Verloren, tierisch und lieblos sei diese Frau. Den ganzen Tag verbringe sie in liederlicher Schlaffheit und erwache erst beim künstlichen Licht in den Nachtstunden zum Leben. Tagsüber sei es ihre einzige Tätigkeit, die Katze und ihn mit ihren Launen zu quälen. Wie oft habe sie ihn schon mit Dienern, Handwerksgehilfen und Bettlern betrogen und ihn in den Schlund ihrer Verderbtheit herabgezogen. Das alles habe er ja »um der Liebe willen« ertragen. Doch des Neides, der Beglückwünschungen und Lebehochs sei er müde geworden und müsse endlich einmal alles aussprechen.

Zwei Herren führen ihn hinaus, und die Gesellschaft zerstreut sich. Einige Tage später begibt er sich in eine Nervenanstalt. Offenbar hat er dies mit seiner Gattin so vereinbart. In Wirklichkeit ist er völlig gesund und hat nur in einem unbedachten Moment die Wahrheit herausgestoßen. Bald darauf zieht das Ehepaar Becker in eine andere Stadt.

Truman Capote: **Kaltblütig**

So mancher Neider wird sich nicht damit begnügen, das Leben anderer Menschen begehrlich zu betrachten und sogar Hochrufe auszubringen. Unter ungünstigen Umständen führt der subjektive Eindruck, daß die anderen alles besitzen, während man sich selbst benachteiligt und arm fühlt, zu einer gefährlichen Aggressionsproblematik. Nicht selten fördern dann Neidaffekte unter bedrängenden sozialen Bedingungen eine kriminelle Handlung. Davon berichtet auch der amerikanische Schriftsteller Truman Capote in seinem Roman ›Kaltblütig‹. In diesem Tatsachenroman beschreibt er den jungen Dick, der zusammen mit seinem Komplizen eine grausame Bluttat begangen hatte. Bei seinen Nachforschungen fiel Capote auf, daß Dick ein sehr unsicherer Mensch war, der sich insgeheim allen Menschen unterlegen fühlte. Nach einem Unfall, der sein ursprünglich hübsches Gesicht verunstaltete, beteiligte er sich an Glücksspielen und beging Betrügereien, so daß er ins Gefängnis kam.

Stets hatte er sich benachteiligt gefühlt und versucht, sein Unterlegenheitsgefühl durch traumhafte Vorstellungen von Reichtum und Macht zu kompensieren. Schon als Kind »hatte er den Sohn eines Nachbarn, der in den Ferien an die Golfküste fuhr und mit einer Schachtel voller Muscheln zurückgekommen war, so beneidet – ihn so gehaßt –, daß er die Muscheln gestohlen und sie mit dem Hammer zerschmettert hatte, eine nach der andern. Immer war er von Neid erfüllt. Sein Feind war jeder, der jemand war, der er selbst gern gewesen wäre oder der etwas besaß, das er gern selbst besessen hätte.«[87] Dieses Gefühl wurde im Laufe der Jahre immer stärker, denn nun litt er auch noch unter beruflichen Mißerfolgen und fühlte sich unfähig, tragfähige soziale Beziehungen einzugehen. Deshalb beneidete er einmal einen Mann im Schwimmbad, der sowohl Geld als auch die Zuneigung einer Frau zu haben schien. »Eine Blondine, die aussah wie Marilyn Monroe, rieb ihm den Rücken mit Sonnenöl ein, und lässig griff er mit seiner beringten Hand nach einem Glas mit eisgekühltem

Orangensaft. All das stand ihm, Dick, zu, und doch würde er es niemals besitzen. Warum sollte dieser Schweinehund alles haben und er nichts? Warum sollte dieser ›aufgeblasene Bastard‹ alles Glück für sich haben? Aber mit einem Messer in der Hand hatte er, Dick, Macht. Solche aufgeblasenen Bastarde sollten sich lieber in acht nehmen, sonst würde er ›ihnen ein bißchen die Rippen kitzeln, damit ihnen das Lachen vergeht.‹«[88] Dieser aggressive Wunsch wurde ihm schließlich zum Verhängnis, als er zusammen mit einem Komplizen eine Bluttat beging. Statt des erwarteten großen Geldbetrages konnten sie jedoch nur vierzig Dollar erbeuten. Nach einem spektakulären Gerichtsprozeß wurden sie zum Tode verurteilt.

Neid als Symptom einer Lebenskrise: Dostojewskijs ›Aufzeichnungen aus dem Untergrund‹

Viele Menschen überschätzen hin und wieder das Glück ihrer Mitmenschen und sind dementsprechend neidisch. Das hindert sie jedoch nicht, zumindest ihr tägliches Leben zu bewältigen. Doch der ›intensive Neider‹ ist durch seine ›Neid-Optik‹ regelrecht blockiert. Indem er den Erfolg der anderen ständig überschätzt und zu wenig für die Entfaltung der eigenen Glücksmöglichkeiten tut, gerät er im Laufe seines Lebens immer tiefer in eine Persönlichkeitskrise, die er ohne fremde Hilfe nicht überwinden kann. Diese Krise ist vergleichbar mit einer seelisch-geistigen Sackgasse, denn fast die gesamte Lebensenergie des Neiders wird durch seine untergründigen Affekte verzehrt. Wie ein Krebsgeschwür ergreift der Neid so vollständig von ihm Besitz, daß schließlich all seine Handlungen von ihm diktiert werden. Eine solch umfassende Neidproblematik hat Dostojewskij ausführlich in seinen ›Aufzeichnungen aus dem Untergrund‹ beschrieben. Darin schildert er – lange vor Friedrich Nietzsche und Sigmund Freud – mit erstaunlicher Tiefgründigkeit und großem Einfühlungsvermögen die Phänomene des neurotischen Neides. Zu Recht würdigte schon Alfred Adler den russischen Schriftsteller als »teuren und großen Lehrer«, dessen Kunst uns alle »tief in das Begreifen des menschlichen Zusammenlebens führt«.[89]

Die quälende Langeweile

In seinen 1864 veröffentlichen ›Aufzeichnungen‹ beschreibt Dostojewskij einen beziehungsscheuen, einsamen Menschen, der schließlich
völlig von seinen Neidgefühlen übermannt wird. Seinen Beamtenpos-
ten hat er aufgegeben, nachdem ihm von einem Verwandten testamen-
tarisch sechstausend Rubel vermacht wurden. Dennoch ist er nicht
zufrieden, da er nun noch stärker als im Büro von der Langeweile
geplagt wird. Sie drückt ihn regelrecht herab, weil er seine Trägheit
nicht überwinden kann. Lieber wertet er die tätigen Menschen ab,
indem er sie als stumpfsinnig und beschränkt einstuft. So beneidet er
zwar die normalen tätigen Menschen bis zur Gelbsucht, doch tauschen
will er mit ihnen nicht.

Als er noch im Büro arbeitete, redete er meist kein Wort mit seinen
Kollegen. Vielmehr beobachtete er sie aus sicherer Distanz, um dabei
festzustellen, daß man ihn mit einem gewissen Ekel ansah. Erst später
begriff er, daß er sich irrte, denn es waren sein eigener grenzenloser
Ehrgeiz und seine Unzufriedenheit, die er auf seine Kollegen proji-
zierte. Im Grunde verachtete *er* die anderen und fürchtete sie zugleich.
Jedenfalls stand er immer außerhalb der Bürogemeinschaft und war der
Meinung: »Nur ich bin ein einzelner, die anderen aber sind alle.«

Da er nach seinem Abschied aus dem Büro kaum Kontakt zu
Menschen hat, überkommt ihn immer wieder ein Gefühl der Leere, das
er auch durch das Lesen von Büchern nicht vertreiben kann. Erst wenn
er sich seinen »kellerhaften Ausschweifungen« hingibt und von Haß-
und Neidgefühlen erfüllt ist, fängt er an zu leben. Der Gedanke erregt
ihn, eine beleidigende Novelle über einen Offizier zu schreiben oder
einen Streit mit ihm zu beginnen, um ihn zum Duell fordern zu
können. Schließlich kommt er auf den großartigen Gedanken, dort
spazierenzugehen, wo sich die bessere Gesellschaft aufhält. Er wird
von heftigen Wutgefühlen erregt, wenn er in seiner schäbigen Kleidung
den eleganten Damen und Husarenoffizieren ausweichen muß. Wie
eine Fliege fühlt er sich, wie eine ganz gemeine, unnütze Fliege, die
immer allen ausweichen muß, auch wenn sie klüger, entwickelter und
edler ist als die anderen.

Unser Held ist immer in Kriegsstimmung und berauscht sich an seinen Affekten. Er kann nicht verzeihen, vergessen oder nachgeben. Lieber sonnt er sich im Gefühl des erlittenen Unrechts. In dieser Hinsicht ist er ausdauernder als der normale Durchschnittsbürger, der eine Kränkung nach einiger Zeit vergißt. Allerdings wird auch dieser gewöhnliche Menschentypus zunächst vollständig vom Rachegefühl ergriffen, so daß er wie ein wild gewordener Stier auf sein Ziel zuschießt. Doch dann beruhigt er sich wieder, falls sein Gegner zu groß oder ein Hindernis unüberwindlich ist. Er vergeudet seine Kräfte nicht, und vielleicht ist unser Held gerade deshalb so neidisch auf ihn. Zwar wertet er den normalen Menschen ab und ist auf seine eigene gesteigerte Erkenntnisfähigkeit stolz. Doch im Grunde seines Herzens fühlt er sich angesichts des normalen Menschen wie eine Maus, die sich auch nicht so recht wehren kann.

Selbstverständlich kann eine Maus auf ihre Peiniger »pfeifen, mit ihrem Pfötchen eine wegwerfende Gebärde machen und mit einem Lächeln vorgespielter Verachtung, an die sie selbst nicht glaubt, schimpflich in ihr Mauseloch zurückschlüpfen. Dort, in ihrem scheußlichen, stinkenden Untergrund versenkt sich dann unsere beleidigte, verprügelte und verhöhnte Maus alsbald in kalte, giftige und, vor allen Dingen, ewig andauernde Bosheit. Vierzig runde Jahre lang wird sie sich an alles bis in die letzten, allerschmählichsten Einzelheiten erinnern und dabei noch jedesmal von sich aus neue Details, noch schimpflichere, hinzufügen, wird sich fortwährend mit der eigenen Phantasie boshaft reizen und aufstacheln ... Am Ende wird sie dann vielleicht auch anfangen, sich zu rächen, doch sie wird es immer irgendwie mit Kleinigkeiten versuchen ... und im voraus wissen, daß unter allen ihren Racheversuchen sie selbst hundertmal mehr leiden wird als der, an dem sie sich rächen will, ja daß dieser vielleicht nicht einmal das leiseste Jucken verspüren wird.«[90]

In seinen giftigen Neidaffekten fühlt sich der ›Mann aus dem Untergrund‹ wie begraben und doch empfindet er einen seltsamen Genuß, wenn er vollständig von Haß- und Wutgefühlen durchdrungen wird. Dennoch gibt es auch Augenblicke, in denen er die Perspektive einer segensreichen und strahlenden Tätigkeit vor sich sieht. Behaglich schwelgt er dann in Größenphantasien, an eine Rolle zweiten Ranges hat er nie gedacht. Entweder ist er der Held oder er empfindet sich als Schmutz, eine Mitte gibt es für ihn nicht. Er kann eben nicht auf seine Triumphvorstellungen verzichten, in denen er sich ausmalt: »... selbstverständlich liegen sie alle im Staube vor mir und sind gezwungen, freiwillig meine sämtlichen Vollkommenheiten anzuerkennen, und ich vergebe ihnen darauf alles. Ich verliebe mich, bin berühmter Dichter und Kammerherr, verdiene unzählige Millionen und spende sie sofort für das Wohl der Menschheit ...«[91]

Größengefühle können einen Menschen eine Zeitlang ausfüllen, aber – so sagt eine Volksweisheit – sie machen nicht satt. Unser Held leidet deshalb immer wieder an einer großen inneren Leere, und dann überkommt ihn das starke Bedürfnis, sich in die menschliche Gemeinschaft zu stürzen. Bei einem dieser ›Anfälle‹ geht er zu einem früheren Klassenkameraden, der zwei Schulfreunde zu Besuch hat. Man spricht darüber, daß Swértkoff als aktiver Offizier in den Kaukasus versetzt worden sei und ein Abschiedsdiner geben wolle. Diesen Swértkoff hat unser Held schon in der Schulzeit gehaßt, weil dieser ein so netter und mutiger Junge war. Er bildete den Mittelpunkt der Klasse, man scharte sich regelrecht um ihn, da ihn die Natur bei der Verteilung der Gaben bevorzugt hatte. Er hatte immer Glück, und so fiel ihm gegen Ende der Schulzeit auch eine Erbschaft von »zweihundert Seelen« zu. In seinem weniger begünstigten Klassenkameraden breitete sich daraufhin ein abgrundtiefer Neid aus, der noch zusätzlich durch die Prahlerei Swértkoffs geschürt wurde. Dieser sprach immer wieder von seinen zukünftigen Erfolgen bei Frauen und daß er fortwährend Duelle haben werde. Und für diese Angeberei heimste er sogar noch den Beifall der Klasse ein. Unserem Neider blieb also nichts anderes übrig, als diesen »Mistkäfer« in einem siegreichen Kampf zu verdreschen.

Der soziale Rückzug

Die Kindheit des Neiders war nicht sehr glücklich. Er wuchs als
Waisenknabe bei Verwandten auf, die ihn verprügelten und mit ihren
Vorwürfen fast erdrückten. Auch in der Schule ging es ihm nicht gut.
Er war ein schweigsames, nachdenkliches Kind, das von seinen Mitschülern mit boshaften Witzen empfangen wurde, weil er ihnen so
wenig ähnlich war. Dieser Spott, den er nicht ertrug, erschwerte ihm
das Einleben in der Klasse. Er fing an, die Kameraden zu hassen und
wappnete sich nun mit einem übermäßigen Stolz. Fortan stabilisierte er
sein empfindliches Selbstwertgefühl, indem er die anderen Schüler
abwertete. Um sich vor ihnen zu schützen, wurde er einer der besten
Schüler, und das imponierte den anderen natürlich. Zudem las er
Bücher, von denen sie noch nie etwas gehört hatten. Nun ärgerten ihn
die Kameraden nicht mehr, aber die verhielten sich ihm gegenüber
weiterhin steif und kühl.

Wenngleich er sich von den Mitschülern fernhielt und nur für kurze
Zeit einen Freund hatte, war ihm die Wertschätzung der Kameraden
keineswegs gleichgültig. Er war zu anerkennungshungrig und eitel, um
auf ihre Zustimmung verzichten zu können. Insgeheim wollte er sogar
der ›Erste‹ sein und zog sich deshalb von den anderen zurück, weil sie
ihn in der gewünschten Prinzenrolle nicht akzeptierten.

Weder in seiner Schulzeit, noch als Erwachsener kann er sich damit
abfinden, daß er lediglich ein wenig beachteter Außenseiter ist. Das
zeigt sich vor allem bei dem Abschiedsessen, während dessen sich die
Zuwendung aller auf Swértkoff richtet. Krampfhaft ist nun unser Held
bemüht, den anderen zu zeigen, daß er sie nicht braucht. Gleichzeitig
fängt er an, so laut wie möglich aufzutreten, um die Aufmerksamkeit
der Kameraden auf sich zu ziehen. Doch all seine Bemühungen sind
vergeblich. Man kümmert sich nicht um ihn, so daß er anfängt, sie zu
hassen. Dabei spürt er durchaus, daß es seine eigene Unfähigkeit ist, die
Zuneigung anderer Menschen zu gewinnen; und zumindest ahnt er,
daß erst die Zugehörigkeit zu einer Gruppe dem menschlichen Leben
Sinn und Beständigkeit verleiht.

Da er als Waisenkind unter entfernten Verwandten aufgewachsen war, träumt er von einer intakten Familie. Als er eines Tages bei einem Bordellbesuch die junge Lisa kennenlernt, schwärmt er ihr vor, wie schön es in einer solchen Familie zugeht. Man sei glücklich auf »Schritt und Tritt«, sogar das Leid sei schön. In der ersten Zeit würde sogar jeder Streit zwischen den Ehegatten glücklich enden.

Offenbar überschätzt der ›Mann aus dem Untergrund‹ – so wie jeder Neider – die Glücksquellen des Lebens. Man kann sogar sagen, daß er deshalb ein Neider ist, weil er das durchschnittliche Glück, das uns in der Arbeit, der Gemeinschaft und der Liebe zuteil wird, nicht anstrebt. Ziemlich weltfremd versucht er daher, Lisa von der stets ungetrübten partnerschaftlichen Harmonie zwischen Eheleuten zu überzeugen, indem er ihr sagt: »Die erste eheliche Liebe, die vergeht natürlich mit der Zeit, aber dann kommt ja wieder eine andere, eine ebenso schöne Liebe. Dann nähern sich die Seelen; alle Angelegenheiten werden gemeinsam beraten, kein Geheimnis besteht zwischen ihnen. Und kommen dann die Kinder, so sind ja selbst die schwersten Zeiten voll Glück; man muß nur lieben und mutig sein. Dann ist auch die Arbeit eine Lust, dann versagt man sich manches Mal auch ein Stück Brot, um es den Kindern zu geben, und auch das ist dann eine Lust.«[92]

Unser Held ist verliebt und rührend bemüht, Lisa von der ›schiefen Bahn‹ abzuhalten. Eindringlich mahnt er sie, ihren Beruf als Liebesdienerin aufzugeben und zeigt bei diesem Versuch eine große Herzensgüte. Beschwörend und zärtlich zugleich gibt er ihr zu bedenken: »Deine Liebe gibst du zur Beschimpfung dem ersten besten Trunkenbold hin. Deine Liebe! Das ist ja doch alles, das ist ja der Talismann, der Schatz jedes Mädchens – die Liebe! Um diese Liebe zu erringen, ist doch mancher bereit, in den Tod zu gehen. Wie hoch aber wird deine Liebe hier eingeschätzt? Man kauft dich ja ganz, mit Leib und Seele, wozu sich da noch besonders um die Liebe bemühen, wenn auch ohne Liebe alles möglich ist. Eine größere Beleidigung kann es für ein Mädchen überhaupt nicht geben – begreifst du das auch?«[93]

Schließlich gibt er Lisa seine Adresse und bittet sie, ihn zu besuchen. Zuhause angekommen, kann er sich nicht beruhigen. Er wird von Wutgefühlen gepackt, wenn er daran denkt, daß Lisa seine heruntergekommene Wohnung sieht. Gleichzeitig stellt er sich vor, wie schön es wäre, von ihr geliebt zu werden. Er ist hin- und hergerissen und als er einige Abende vergeblich auf sie gewartet hat, beruhigt er sich wieder. Da steht sie plötzlich unerwartet vor der Tür. Er ist völlig unvorbereitet und fühlt sich blamiert. Es ist ihm ungeheuer peinlich, daß sie ihn in seinem schäbig wattierten Schlafrock erblickt und seine ärmliche Wohnung kennenlernt. Aufgeregt schickt er seinen Diener Apollon in das nächste Restaurant, um Tee und Zwieback besorgen zu lassen. Von seinen Schläfen rinnt der kalte Schweiß, und er wird immer nervöser. Er entwicklet sogar Wutgefühle, die sich gegen Lisa richten, denn er ist überzeugt, daß sie an allem schuld ist. In zynischer Weise ruft er ihr mit lauter Stimme zu, daß er bei dem Gespräch im Bordell keineswegs ihr Wohl im Auge gehabt habe. Er habe nur seine Macht spüren wollen. Schon damals habe er sie gehaßt, denn letztlich wolle er immer nur seine Ruhe haben. Dann bricht es aus ihm heraus: »Nun, ich weiß ... daß ich ein Scheusal, ein Schuft, ein Egoist, ein Faulpelz bin. Diese drei Tage habe ich vor Angst, du könntest kommen, nur so gezittert. Weißt du aber auch, was mich in diesen drei Tagen am meisten beunruhigt hat? Am meisten – daß ich mich damals vor dir als Helden aufgespielt habe, du mich aber hier in meinem alten Schlafrock, bettelarm und scheußlich vorfinden würdest.«[94]

Nach diesen ehrlichen Worten begreift Lisa, wie unglücklich dieser Mann ist. Sie versteht ihn, wie es nur eine aufrichtig liebende Frau tun kann. Er ist daraufhin gerührt und fängt an zu schluchzen und zu weinen. Es ist ihm sehr peinlich, sich vor Lisa dermaßen gehen zu lassen. Jetzt sind ihre Rollen vertauscht, denn nun ist sie die Heldin und er das ›schwache Geschöpf‹; und das erträgt er nicht. Er braucht jemanden, den er beherrschen und tyrannisieren kann. Gerade jetzt, wo er sich so schämt, entzündet sich in seinem Herzen die Lust, über andere Menschen zu triumphieren. Deshalb ist er nicht in der Lage, Lisa zu lieben, denn die Liebe stellt er sich immer als die Beherrschung eines unterworfenen Objekts vor. Außerdem sehnt er sich nach seiner ruhigen Zurückgezogenheit. Das »lebendige Leben« bedrückt ihn dermaßen, daß er nach Atem ringen muß. Schließlich verabschiedet sich Lisa, und nun ist er wieder in seinem abgeschiedenen Winkel allein.

Da ihm ein interessanter Wirkungskreis fehlt, geht er völlig am

Leben vorbei; und obgleich er dieses Problem erkennt, fühlt er sich doch allen angepaßten Durchschnittsmenschen weit überlegen. Er will eben das Absolute und gibt sich nicht mit halben Dingen zufrieden. Doch sein Überlegenheitsgefühl ist lediglich eine fortwährende Flucht, denn eine harte Kindheit hat ihn gelehrt, seine Sehnsucht nach menschlicher Zuneigung zu unterdrücken. Der Weg zu den anderen Menschen ist ihm versperrt; und so pflegt er seine Bosheit, die im Laufe der Zeit zu einer regelrechten ›moralischen Verwesung‹ führt.

DIE LUST DER NEIDERREGUNG

Häufig gilt unsere Kritik nur dem Neider, während der Beneidete als das Opfer angesehen wird, dem etwas mißgönnt wird. Diese Einstellung zeigt sich auch in der Erzählung von den zwei neidischen Schwestern, die in der wunderbaren Märchensammlung ›Tausendundeinenacht‹ enthalten ist. Sie handelt von einem Sultan, der nach Sonnenuntergang verkleidet unter das Volk ging, um sich selbst davon zu überzeugen, was dort vorging. Dabei wurde er der Zeuge eines Gesprächs dreier Schwestern, die sich über ihre Heiratswünsche unterhielten. Während sich die eine Schwester den Bäcker des Sultans zum Mann wünschte, begehrte die andere den Oberkoch. Doch die jüngste Schwester, die sehr schön war und weit mehr Anmut besaß als die beiden älteren, hatte andere Ziele. Recht hochnäsig meinte sie: »Was mich betrifft, Schwestern, so beschränkt sich mein Verlangen nicht auf solche Kleinigkeiten, ich habe einen höheren Anspruch, und da es sich einmal ums Wünschen handelt, so wünsche ich mir, die Gemahlin des Sultans zu werden. Ich würde ihm einen Prinzen schenken, dessen Locken auf der einen Seite von Gold und auf der anderen von Silber sind, dessen Tränen, wenn er weint, als Perlen aus seinen Augen fallen und dessen rote Lippen, so oft er lacht, einer sich schließenden Rosenknospe gleichen.«[95]

Dem Sultan kamen die Wünsche der drei Schwestern so merkwürdig vor, daß er beschloß, sie zu erfüllen. Bald wurden die Hochzeiten gefeiert: die der jüngsten mit aller Pracht, während sich die beiden anderen Schwestern mit bescheidenen Festen begnügten. Sie spürten nur zu deutlich, wie sehr sich ihr Leben von dem der Jüngsten unterschied, so daß sie unter heftigen Neidgefühlen litten. Als sie sich eines Tages in einem öffentlichen Bad trafen, sprachen sie natürlich auch über die Jüngste. Auf eine Frage der ältesten erwiderte die mittlere Schwester: »Ich muß gestehen ..., daß ich die ganze Sache nicht begreifen kann; ich kann mir nicht denken, welche Reize der Sultan an ihr gefunden haben mag, daß er sich dermaßen die Augen verblenden ließ. Sie ist ja ein wahres Murmeltier, und du weißt wohl, in welchem Zustande wir sie beide gesehen haben. Konnte das bißchen Jugend, das sie vor uns voraus hat, wohl ein Grund für den Sultan sein, daß er seine Augen nicht auf dich richtete? Du wärest seines Bettes würdig gewesen, er hätte so gerecht sein sollen, dir den Vorzug zu geben.«[96] Großherzig entgegnete die dermaßen geehrte Schwester, man solle doch nicht von ihr sprechen. Scheinheilig meinte sie zur mittleren Schwester: »Ich hätte durchaus nichts einzuwenden, wenn der Sultan dich gewählt hätte; aber daß er ein so garstiges Ding vorgezogen hat, kränkt mich tief. Ich bitte dich daher, laß uns einander in die Hände arbeiten und alles tun, sie zu demütigen.«[97]

Schließlich fanden sie eine Möglichkeit, sich zu rächen. Sie vertauschten das erste Neugeborene der jüngsten Schwester gegen einen Hund, das zweite gegen eine Katze und das dritte gegen ein Stück Holz, so daß der Sultan seine Frau schließlich als Ungeheuer ansah und verstieß. Als er nach vielen Jahren die Untat entdeckte, holte er seine Frau sofort wieder zu sich zurück. Die beiden neidischen Schwestern wurden hingerichtet.

Dieses grausame Urteil entstammte wohl kaum dem Spruch eines Weisen, da es das neidauslösende Verhalten der jüngsten Schwester nicht berücksichtigte. Die Jüngste war so hochnäsig und eingebildet, daß man das Neidverhalten der älteren Schwestern durchaus verstehen kann. Insofern zeigt dieses Märchen, daß es problematisch ist, den beneideten Menschen nur als Opfer zu betrachten. Durch seine Angebereien ist er nicht selten der eigentliche Auslöser für den Neidkonflikt. Am klassischen Neidkonflikt sind also im allgemeinen zwei Neurotiker beteiligt und insofern ist es konsequent, wenn der Philosoph Sören Kierkegaard auch diejenigen Neider nennt, die andere Menschen neidisch machen.

Die Problematik des Neid-Auslösens

Mit der Problematik des Neid-Auslösens hat sich vor allem Francis Bacon beschäftigt, der von 1561 bis 1626 als Politiker und Philosoph in England lebte. In dramatischer Weise hat er das Phänomen des Beneidetwerdens erleben und erleiden müssen. Zunächst wuchs er am Hofe der Königin Elisabeth auf und wurde durch die höfische Atmosphäre geprägt, die mit ihren Machtkämpfen und Intrigen hochgradig neidgeschwängert war. Da sein Vater mehr als zwanzig Jahre lang die Stellung eines Lordsiegelbewahrers der Königin inne hatte, verfügte Bacon später über die für eine Karriere notwendigen Beziehungen. Aufgrund seines Bildungseifers und seiner politischen Interessen galt er als ein sehr ehrgeiziger, junger Mann, der zu großen Hoffnungen berechtigte. Zielstrebig versuchte er, sich einen wichtigen Platz im politischen Leben zu erobern. Hierbei löste er sicherlich viel Neid und Unmut aus, da er nicht immer geschickt und rücksichtsvoll vorging. Um sich die Gunst der Königin zu erwerben, trat er in einigen Fällen sogar als königlicher Ankläger auf und ließ alle vernünftige Milde vermissen. Diese intolerante Behandlung mußte er schließlich selbst erleiden, als er wegen der Annahme unerlaubter Geldgeschenke angeklagt wurde. Die ganze Härte des Gesetzes richtete sich nun gegen ihn; und all jene, die ihn haßten und beneideten, hatten ein leichtes Spiel. Er mußte seinen Parlamentssitz räumen, seinen Londoner Wohnsitz aufgeben und sich auf sein Gut zurückziehen.

Es spricht für die Charakterstärke Bacons, daß er sich von diesem sozialen Absturz nicht zerbrechen ließ, sondern sich intensiv seinen wissenschaftlichen Untersuchungen und Veröffentlichungen widmete. Allerdings zog er sich dann bei einem winterlichen Experiment, bei dem er die konservierende Wirkung der Kälte auf Vogelfleisch feststellen wollte, eine Bronchitis zu, an der er wenige Tage später im Alter von 65 Jahren starb. Berühmt wurde er vor allem durch seine 1597 erstmals veröffentlichten Essays, in denen er tiefgründige Überlegungen über die Wahrheit, den Tod, das Geld und andere menschliche Probleme anstellt. Sehr intensiv widmete er sich in den Essays auch der Frage, welche Personen dem Neid ihrer Mitbürger am meisten ausgesetzt sind. Zunächst geht er auf die Personen ein, die über hervorragende Eigenschaften verfügen. Sie würden weniger beneidet werden, da ihr Aufstieg als wohlverdient gelten würde. Weiterhin hebt er hervor, daß die Menschen, die allmählich vorrücken, weniger beneidet werden als solche, die plötzlich und sprunghaft emporsteigen. Abschließend stellt er fest: »Vor allem sind diejenigen dem Neide am meisten ausgesetzt, welche die Größe ihres Glückes in anmaßender Weise zur Schau tragen und sich nur wohl fühlen, wenn sie zeigen, wie groß sie sind, sei es durch äußeres Gepränge, sei es durch Triumphieren über alle Gegner und Nebenbuhler.«[98]

Das Vergnügen, beneidet zu werden

Georg Christoph Lichtenberg erwähnt in einem Aphorismus das »Vergnügen beneidet zu werden«, und tatsächlich freut es viele Menschen, wenn sie merken, daß andere auf sie neidisch sind. Als beispielsweise der französische Schriftsteller Balzac einen Vertrag über 30 000 Franc für eine Sammelausgabe seiner Sittenstudien unterschrieb, teilte er Eve von Hanska begeistert mit: »... meine Eve, das ist ein Geschäft! Sie werden alle vor Neid platzen.« Und Prosper Mérimée schildert in der Novelle ›Eine tragische Liebschaft‹ einen jungen Mann, der mit seiner Geliebten im Theater sitzt: »Er blickte verstohlen über das volle Haus und gewahrte mit Genugtuung eine Anzahl Operngläser von Bekannten auf seine Loge gerichtet. Der Gedanke, daß seine Freunde ihm sein Glück neideten und ihn viel weiter wähnten als er war, gewährte ihm höchste Befriedigung.«[99] Weshalb sollte er sich auch nicht über den Neid der anderen freuen, der doch die ehrlichste Form der Anerkennung sein soll.

Obwohl es harmlos sein kann, sich gelegentlich über den Neid seiner Mitmenschen zu freuen, ist ein ständiges neidprovozierendes Verhalten recht bedenklich. Das gilt vor allem für jene Zeitgenossen, die geradezu zwanghaft bemüht sind, den Neid ihrer Mitbürger hervorzurufen. Die unruhigen Reaktionen ihrer Freunde, Bekannten und Kollegen empfinden sie als versteckte Anerkennung und es tut ihnen gut, auf diese Weise im Mittelpunkt der ersehnten Aufmerksamkeit zu stehen. Da sie spüren, daß die Umwelt ihre übersteigerten Anerkennungswünsche nicht so recht erfüllt, schlagen sie unverblümt den Weg der Eigenwerbung ein. Dieser Weg ist allerdings selten vom direkten Erfolg gekrönt, da er im allgemeinen so viel Abwehrreaktionen auslöst, daß der Applaus ausbleibt. Friedrich Nietzsche weist deshalb darauf hin, daß man sich durch derartiges Verhalten selbst schadet, weil man die anderen gegen sich aufbringt. Das wird jedoch von zahlreichen Menschen in Kauf genommen, um die heimliche Bewunderung zu spüren, die im neidischen Blick des Gegenübers enthalten ist.

Natürlich laufen solche Prozesse im allgemeinen recht unauffällig und unbewußt ab. Beiläufig erzählt man dem kürzlich geschiedenen Freund von seinem Liebesglück oder man erwähnt gegenüber dem verschuldeten Kollegen, wie zufrieden man mit der neulich gekauften Ferienwohnung sei, von der man einen herrlichen Ausblick auf das Meer habe. Hellhörig wird man oft erst dann, wenn der andere gereizt reagiert, aggressiv wird oder selbst in auffälliger Weise von seinen Erfolgen erzählt.

Der Rausch der Genugtuung

Wie neurotisch das Vergnügen, von den anderen beneidet zu werden, sein kann, wird vor allem in den Romanen Honoré de Balzacs deutlich. In ›Das Antiquitätenkabinett‹ beschreibt er beispielsweise den jungen Grafen Victurnien, der in Paris in unsinniger Weise sein Geld verpraßt, indem er Spielschulden macht und ein aufwendiges Leben führt. Er hat den Geist, der in der mondänen Gesellschaft gefällt, und obgleich er erst kurz in Paris ist, wurde er »nicht nur sofort in die Truppe der goldenen Jugend als Führer aufgenommen, er wurde auch um diese Stellung beneidet. Als er sich als Gegenstand des Neides sah, empfand er einen Rausch der Genugtuung, der nicht dazu geschaffen war, ihn zur Änderung seiner Lebensführung zu veranlassen.«[100] Bei dem jungen Grafen lassen sich unschwer die Charaktereigenschaften des Hochmutes und der Eitelkeit diagnostizieren, die immer auf einem Gefühl innerer Leere beruhen. Der neidprovozierende Mensch hat eine große Lücke im Bereich des Wertempfindens und vermag deshalb nur das wirklich zu schätzen, was die neidvolle Bewunderung anderer erregt.

Dieses Wertedefizit hat vor allem im Liebesbereich schwerwiegende Folgen. Es führt nicht selten dazu, daß man nur einen außerordentlich reichen oder schönen Partner lieben kann, um den man beneidet wird.

Balzac hat auch diese Neidproblematik treffend beschrieben. In seinem bereits erwähnten Roman ›Die tödlichen Wünsche‹ zeichnet er das Charakterbild eines armen, verträumten Mannes, der sehr schüchtern ist und noch nie eine Nacht mit einer Frau verbracht hat. Er hofft auf ein ruhmreiches Leben und hält sich nur für die »unmögliche Liebe« geeignet, denn ein einfaches, liebes Mädel kommt für ihn nicht in Betracht. Lieben kann er nur eine Frau, die in Spitzen gehüllt ist, deren Diamanten funkeln und die durch ihre Ausstrahlung eine Stadt in Atem hält. Einem Freund, dem er seine Lebensbeichte ablegt, erzählt er: »Ich habe mich über mich lustig gemacht; ich habe nachgedacht, es war alles vergeblich. Nur eine aristokratische Frau entzückt mich, mit ihrem feinen Lächeln, der Vornehmheit ihrer Manieren und ihrer Hochachtung vor sich selber. Indem sie zwischen sich und der Welt eine Schranke errichtet, schmeichelt sie allen meinen Eitelkeiten, die die Hälfte der Liebe sind. Dadurch, daß alle mich beneiden, hat das Glück für mich erst seinen Reiz.«[101] Anstelle der lieben Tochter seiner Wirtin umwirbt er deshalb die gefühlskalte Gräfin Feodora, die die gefeiertste Frau in Paris ist. Erst nach vielen Jahren befreit er sich von seinem ruhmsüchtigen Liebesverlangen und beginnt eine Beziehung mit der netten Pauline, um deren tiefe Zuneigung er tatsächlich zu beneiden ist.

Ich werde mir die größte Trommel kaufen

Meist ist es verpönt, offen und ungeniert den Neid der Mitbürger zu erregen. Eine dermaßen demonstrative Neidtaktik, wie sie Joseph Roth in seinem Roman ›Rechts und links‹ schildert, wird wohl ziemlich selten sein. Roth beschreibt hierin den beneidenswerten Bankier Felix Bernheim. Er »trug ein sorgloses und hochmütiges Angesicht durch die Welt und hatte viele Feinde, obgleich ihn ein normaler Grad von Torheit befähigt hätte, von seinen Mitbürgern geschätzt zu werden. Sein ungewöhnliches Glück erweckte ihren Neid. Als hätte es das Schicksal darauf abgesehen, sie vollends zur Verzweiflung zu bringen, bescherte es ihm eines Tages einen Haupttreffer.

Einen Haupttreffer pflegen die meisten geheimzuhalten wie einen Schandfleck in der Familie. Herr Bernheim aber, als hätte er Angst, man würde sein Glück nicht mit der nötigen Gehässigkeit zur Kenntnis nehmen, verdoppelte seine demonstrative Geringschätzung für die Mitwelt, verringerte die ohnehin kleine Zahl der Grüße, die er täglich auszuteilen pflegte, begann, jenen, die ihn grüßten, mit verletzender und gleichgültiger Zerstreutheit zu erwidern.«[102]

Die meisten Menschen praktizieren eher eine kultiviertere Form des Neiderregens. Mancher erwirbt beispielsweise sein Auto auch unter dem Aspekt, daß man ihn um das schmucke Gefährt beneiden soll, und von diesem Wunsch sind wohl viele Kaufentschlüsse geprägt. Die Werbung hat sich den Wunsch des ›Beneidetwerdens‹ längst zunutze gemacht und preist dementsprechend ihre Produkte als neidauslösend an. In unserer Konkurrenzgesellschaft gehört eine bestimmte Lust am Beneidetwerden zu einer durchaus gebräuchlichen, wenn auch fragwürdigen Spielart des Geltungsstrebens. Die weiten Reisen mancher Zeitgenossen haben wohl auch diesen Sinn, so daß der Autor eines Artikels in der ›ZEIT‹ spöttelnd feststellen kann: »Sie sehen aus wie Mestizen, schwarzbraun, rotbraun, milchkaffeebraun, je nach Hauttyp, Geduld und Geldbeutel, zum scheelen Neid der wenigen Bleichgesichter, die noch keine schicken Brandzeichen vorzeigen können.«[103] Diese Form des Neiderregens ist uns wohl allen in irgendeiner Form vertraut. Wie kindlich sie ist, wird durch eine Begebenheit deutlich, von der Helmut Schoeck berichtet: Ein fremdländischer Dolmetscher empfing für seine Arbeiten ein großes Schlußhonorar. Als man ihn fragte, was er mit dem Geld machen werde, gab er zur Antwort: »Ich werde mir die größte Trommel kaufen, die es gibt, und sie in meinem Dorf schlagen. Dann werden die andern auf mich neidisch sein.«[104]

Strategien der Neidvermeidung

Es mag reizvoll sein, hin und wieder andere Menschen neidisch zu machen. Dadurch wird nicht nur die eigene Eitelkeit befriedigt, sondern man kann sich auch für die seelischen Kränkungen rächen, die man beim Beneiden anderer empfinden mußte. Fast jeder von uns kennt wohl beide Seiten des Neides; ähnlich wie beim Sado-Masochismus werden jedoch bestimmte Menschen stärker zum neidprovozierenden Verhalten neigen, während andere eher die reaktive Komponente des Neides kennen.

Die Versuche vieler Menschen, den Neid anderer zu provozieren, sind sicherlich ebenso neurotisch wie die neidischen Reaktionen ihrer Zeitgenossen. Jene Menschen, die absichtlich den Neid der Mitbürger schüren, stören das soziale Zusammenleben immer wieder empfindlich. Deshalb sollte jeder eine sachliche, bescheidene Lebenshaltung anstreben, die möglichst wenig Neid auslöst. Ein solches Neidvermeidungsverhalten ist nicht nur für die Mitmenschen erholsam, auch das eigene Leben wird ruhiger und produktiver, wenn man nicht ständig im Zentrum negativer Aufmerksamkeit steht.

Wer vermeiden möchte, den Neid seiner Mitmenschen zu provozieren, muß sich vor allem einer gewissen Zurückhaltung befleißigen. Man darf nicht alle Erfolge hinausposaunen und sein Glück ständig auf den Lippen tragen, wenn man mit seinen Nachbarn ungestört zusammenleben möchte. Günstiger ist es, gelegentlich von den eigenen Schwächen oder dem persönlichen Unglück zu erzählen. Der griechische Philosoph Plutarch war der Meinung, daß man dem Neid auf diese Weise die Spitze abbrechen könne. Auch Helmut Schoeck betont, es sei wichtig, »jeden eigenen Vorteil, neuen Besitz oder Glücksfall nur im Verein mit einem Mangel, Nachteil und Mißgeschick anderen gegenüber zu erwähnen. Der Besitzer eines neuen Wagens ... wird sofort seinen weiten, mühsamen Weg zur Arbeitsstätte erwähnen; der Gewinner in der Lotterie, der Empfänger einer unerwarteten finanziellen Zuwendung zählt sofort hundert Verpflichtungen auf; der Beförderte erinnert uns sofort an die ihn jetzt bedrohende Managerkrankheit.«[105] Dieses Verhalten ist insofern sinnvoll, als dadurch die verzerrte Optik des neidischen Menschen korrigiert wird. Da dieser das Glück der anderen fast immer überschätzt, muß man ihm auch von den Nachteilen erzählen, die mit den beneideten Lebensumständen verbunden sind.

Francis Bacon beobachtete, daß vor allem kluge Staatsmänner auf der Höhe ihres Lebensglücks in die Klage ausbrechen würden »wie unendlich leiden wir«, um die Schärfe des Neides abzustumpfen. Auch Friedrich Nietzsche war der Überzeugung, daß man öffentlich zu leiden verstehen muß, wenn man ein ungestörtes Leben führen will. Von Zeit zu Zeit sollte man daher »hörbar seufzen, sichtbar ungeduldig sein: denn ließe man die andern merken, wie sicher und glücklich ... man trotz Schmerz und Entbehrung ist, wie neidisch und böswillig würde man sie machen!«[106] Allerdings sind viele Menschen nicht bereit oder in der Lage, diese Taktik der Neidabwehr zu praktizieren, so daß der Schriftsteller Henry de Montherlant feststellt: »Zahlreiche Menschen gehen lieber am Neid der anderen zugrunde, als daß sie den Neid entwaffnen, indem sie sich unglücklich stellen.«

Zum Neidvermeidungsverhalten gehört auch der Rat Arthur Schopenhauers, man solle sich von den Neidern fernhalten. In bestimmten Gruppen sei man von einem Heer von Neidern umgeben, die ständig die Botschaft aussenden: ›Du bist nicht mehr als wir.‹ Gegen diese Mißgunst könne man sich nur schützen, indem man solche Menschen meidet. Falls dies nicht möglich sei, müsse man ihre Neidbotschaften gelassen ertragen.

Interessant ist schließlich auch die Neidablenkungstaktik, die Francis Bacon empfiehlt. Da der Akt des Neides etwas von Zauberei an sich habe, gibt es seines Erachtens kein besseres Heilmittel gegen den Neid als das der Zauberei. »Man muß nämlich den Bann (wie man sagt) aufheben und ihn auf jemand anders lenken. Zu dem Zweck schieben die Klügeren unter den Großen immer jemand anders auf den Schauplatz vor, um den Neid von sich selbst auf ihn abzuziehen ... Zu solchem Liebesdienst fehlt es auch niemals an ehrgeizigen und unternehmenden Charakteren, die, wenn sie nur zu Amt und Macht kommen, alles mit in Kauf nehmen.«[107]

Ein ausgeprägtes Neidvermeidungsverhalten ist ein Kennzeichen aller höheren Kulturen. Vor allem die vielfältigen sozialen Normen und Traditionen stehen im Dienste der Neidvermeidung. So ist die für westliche Besucher übertrieben wirkende Bescheidenheit vieler Chinesen keineswegs auf ein mangelndes Selbstbewußtsein zurückzuführen, sondern dient der Abwehr von Neidgefühlen. Ihre Maxime: ›Handle so, daß das Ergebnis deiner Handlungen möglichst wenig Neid bei deinen Mitmenschen auslöst‹ hat das Ziel der Neidvermeidung. Auch die übliche Bauweise, bei der die Wohnräume um einen nach außen nicht einsehbaren Innenhof angeordnet sind, hat diesen Sinn. Man schirmt sich nach außen ab und demonstriert nicht seinen Reichtum, um den Neid der Nachbarn nicht unnötig zu erregen.

Selbst bei einigen Inselvölkern Polynesiens läßt sich ein deutliches Neidvermeidungsverhalten beobachten. Beispielsweise schreibt Raymond Firth über eine Gruppe polynesischer Fischer: »Wenn ein Mann nur ein oder zwei Fische fängt, während seine Genossen (im Boot auf hoher See) erfolglos bleiben, behält er von seinem Fang gar nichts. Täte er dies, so riskierte er bösartigen Klatsch. Diesen Brauch erklären die Leute rational aus der Rücksichtnahme auf die soziale Situation. Fängt nämlich einer von ihnen nichts auf dem Meer, sondern im Inlandsee Fische mit dem Netz, so kann er alles behalten, ›weil er allein ist‹. Nur als Mitglied einer Bootsbesatzung unterliegt er dem erstgenannten Brauch, den sie wörtlich als ›Blockieren von Neid‹ bezeichnen . . .«[108]

Den Neid ertragen lernen

Wer für die Neidregungen seiner Zeitgenossen sensibel ist, ruhig die eigenen Ziele verfolgt und eine gewisse Geschicklichkeit in der Kunst der Neidvermeidung erwirbt, kann dem bösartigen Neid mancher Mitmenschen einigermaßen entgehen. Es wäre jedoch ein Irrtum zu meinen, daß man sich als Persönlichkeit entfalten kann, ohne jemals den Neid anderer Menschen zu erregen. Durch den unbefriedigten Ehrgeiz vieler Menschen, das allgemeine Lebensunglück und die Vergleichsmentalität unserer Zeit besteht ein gesellschaftliches Neidpotential, mit dem jeder rechnen muß, der vom Durchschnitt einer Gruppe bzw. der Masse abweicht. Wer sich entwickeln will, muß deshalb den Neid seiner Zeitgenossen ertragen, so daß der deutsche Dichter Friedrich Rückert meint:

> Wer allen Neid will gar vermeiden,
> der darf sich keiner Tugenden befleißen,
> den schlechten Mann wird ein noch schlechtrer neiden
> der völlig schlechte nur mag unbeneidet sein.

Je mehr man sich nach Ruhm und Ehre drängt, umso stärker wird man den Neid seiner Umgebung spüren. Wenn man im Scheinwerferlicht des Erfolges stehen will, kann man dem Neid kaum ausweichen. Daher sagt man auch in einem Sprichwort, daß der Neid der Gefährte des Ruhmes sei, und in einem Stück von E. Raupach heißt es kategorisch: »Wer den Neid nicht ertragen kann, muß auch den Ruhm nicht wollen.«

Die Botschaft des Neides

Arthur Schopenhauer hat den Neid als die ›Ideologie der Mittelmäßigen‹ bezeichnet, denn er enthält die Warnung: Niemand darf aus der Reihe tanzen und glauben, etwas Besonderes zu sein. Vom neurotischen Neid geht immer eine sehr intensive, entwicklungshemmende Botschaft aus, mit der die Mitmenschen an der Verwirklichung ihrer Lebenspläne gehindert werden sollen. Dem strebsamen, erfolgreichen Menschen wird durch die Stimme des ›kollektiven Man‹ (›man sagt‹, ›man tut‹, ›das tut man nicht‹) signalisiert, daß er sich durch seine Entwicklungsbemühungen von der ›Herde‹ absondert. Eindringlich wird er gewarnt, daß er sich die Sympathie seiner Umwelt verscherzen könnte.

Im Grunde ist das Publikum schnell bereit, alles zu verurteilen, was seinen Horizont übersteigt. Vom Neid angestachelt, fordert es eine fragwürdige Gleichheit, die auf eine Nivellierung aller Leistungen hinausläuft. Die unterschiedlichen Begabungen der Menschen werden geleugnet, besondere Fähigkeiten einzelner Persönlichkeiten abgewertet. Um der eigenen Eitelkeit willen bestreitet die große Mehrheit, daß es manche Menschen oder Gruppierungen gibt, die zu herausragenden Leistungen fähig sind. Deshalb muß ein talentierter, begabter Mensch immer mit erheblichen Schwierigkeiten rechnen. Diese Problematik ist auch das Thema von Balzacs Roman ›Verlorene Illusionen‹. In diesem Roman mahnt ein Kritiker eindringlich einen jungen Schriftsteller: »Ihr Buch ist gut, aber es hat Ihnen Neider geschaffen, Sie werden lange und schwer zu ringen haben. Talent ist eine schreckliche Krankheit. Jeder Schriftsteller birgt in seinem Herzen ein Ungeheuer, das dem Bandwurm der Eingeweide gleicht: es nährt sich von Gefühlen. Wer siegt, der Mensch über die Krankheit oder die Krankheit über den Menschen? Sicher muß man ein großer Mensch sein, um das Gleichgewicht zwischen seinem Talent und seinem Charakter zu halten ... Sie sind schmächtig, Sie werden unterliegen.«[109] Allerdings kann sich das Schicksalsblatt noch wenden, wenn ein Mensch genügend Kraft hat, um den Neid der Mitbürger auszuhalten. Zu diesem etwas optimistischeren Ergebnis kommt jedenfalls der italienische Schriftsteller Giambattista Basile, der in seiner Liebesgeschichte ›Viola‹ schreibt: »Der Neid ist ein Wind, der mit solcher Kraft weht, daß er die Stützen des Ruhmes edler Menschen umbläst und die Saatfelder des Glückes verwüstet. Sehr oft aber, wenn dieser Wind schon einen Menschen mit dem Antlitz in den Staub geworfen zu haben glaubt, greift der Himmel ein und treibt ihn dem Glücke in die Arme ...«[110]

Die Angst vor dem Neid der Mitmenschen

Um sich entwickeln zu können und seine Talente zu entfalten, muß man zumindest hin und wieder den neidischen Blick der Mitmenschen ertragen. Doch der ängstliche Mensch will nicht auf die Sympathie seiner Umwelt verzichten. Er handelt lieber nach der Devise: »Bleib in der Ecke stehen, sei bescheiden und vor allem benimm dich nicht auffällig!«[111] Er hat ständig Angst, sich unbeliebt zu machen und dadurch seine Freunde zu verlieren. Tatsächlich kann man oft die Erfahrung machen, daß sich die Freunde zurückziehen, nachdem einer aus ihrem Kreis zu einem größeren Entwicklungsschritt in der Lage war. Dies mag manchmal damit zusammenhängen, daß der Betreffende seine Freunde vernachlässigt hat, weil er allmählich aus der Freundschaftsgruppe herauswuchs. Gleichzeitig findet jedoch immer auch ein Abstoßungsprozeß innerhalb einer solchen Gruppe statt. Das beneidete Mitglied wird nun weniger angesprochen, gelobt und eingeladen. Anstelle der erhofften Anerkennung muß es nun mit der Erfahrung fertigwerden, daß es kühler als früher behandelt wird. Es muß lernen, sich darauf einzustellen, daß entwicklungsfreudige Menschen in den meisten Gruppen als potentielle Störenfriede erlebt werden. Dies spürt der gehemmte Mensch nur zu gut und aus Angst vor der Isolation verzichtet er lieber auf den Erfolg als auf die Zustimmung seiner Freunde.

Nun führt solches Vermeidungsverhalten des gehemmten Menschen im Laufe der Jahre dazu, daß er entwicklungsmäßig weit hinter seinen Möglichkeiten zurückbleibt. »Andere, die mit ihm zusammen angefangen haben, überflügeln ihn, machen bessere Karriere und haben größeren Erfolg. Je älter er wird, desto mehr spürt er aufs schmerzlichste, daß er seine Gaben, worin sie auch bestehen mögen, vergeudet, daß er an der Entwicklung seiner Persönlichkeit verhindert ist, daß er im Verlauf der Jahre nicht reifer geworden ist.«[112] Auf diese Erkenntnis reagiert er mit einer starken Unzufriedenheit und beginnt nun seinerseits diejenigen zu beneiden, die sich ungehemmter im Leben entfalten als er. Während er vor einigen Jahren noch in erster Linie Angst vor dem Neid anderer hatte, übernimmt er nun deren Rolle und achtet argwöhnisch darauf, daß sich niemand für etwas Besonderes hält. Weil seine Entwicklung stagniert, ist er selbst zum Neider geworden und trägt zur Herrschaft des ›Fürsten der Galle‹ bei.

Der außengelenkte Mensch

Die Angst vor dem Neid anderer ist am stärksten bei dem sogenannten außengelenkten Menschen zu beobachten. Er freut sich zwar, wenn er mit seinem neuen Auto, dem hübschen Haus oder einer erlebnisintensiven Reise den Neid der Nachbarn erregt. Gleichzeitig hat er jedoch große Angst, durch eine differenzierte Meinung oder einen wirklich ausgeprägten Geschmack aufzufallen und den Neid der Umwelt herauszufordern. Das Urteil der Mitmenschen ist für ihn das Maß aller Dinge. Von Kindheit an ist er daran gewöhnt, sich reibungslos an die tonangebende Gruppe der Mehrheit anzupassen. Warnend beschreibt David Riesman die Funktion, die Gruppen bei diesem Sozialisierungsprozeß innehaben: »Sie besteht im wesentlichen darin, jeden aufs Normalmaß zurechtzustutzen, der in irgendeiner Weise darüber hinausragt. Dünkel oder offen zur Schau gestellte Einbildung werden als eines der schlimmsten Vergehen – wie früher vielleicht Unehrlichkeit – angesehen, und zwar beginnt dies schon bei den ganz Kleinen.«[113]

Die Angst vor dem Neid wird vor allem in Riesmans 1952 veröffentlichtem Werk ›Gesichter in der Masse‹ deutlich. Darin schildert er einen fortgeschrittenen Studenten, der unter ziemlichen Selbstzweifeln leidet, weil er sich über seine ungewöhnlichen Fähigkeiten nicht freuen kann. Er möchte lieber ein Durchschnittsmensch sein. Er möchte sich so fühlen, wie die anderen, um nicht abseits stehen zu müssen. Riesman kommt daraufhin zu dem Ergebnis, daß eine Begabung immer gefährlich sei. Ein talentierter Mensch sei ständig in Gefahr, den Neid der anderen zu erregen und müsse lernen, böswillige Kommentare zu verdauen. Im Grunde »fängt sein Leben in der Furcht vor der höhnischen Bemerkung an: ›So, Sie halten sich also für etwas Besonderes!‹, und nicht selten wehrt er sich deshalb gegen seine Begabung, damit sie ihm nicht Konflikte mit anderen beschert ...«[114]

Der Mut des Individuums

Schon bei den Naturvölkern gab es die Einsicht, daß viel Mut dazu gehört, sich zu entwickeln und den Neid der anderen zu ertragen. So berichten Anthropologen über das Wirtschaftssystem der Tiv – eines heidnischen Volkes von 800 000 Einwohnern im nördlichen Nigeria, das eine tiefe Verachtung für den Mann empfindet, der sein Vermögen in Form von Geld hortet. Die Tiv glauben, daß ihn die heidnischen Verwandten zwingen werden, seinen Reichtum in Opferzeremonien herauszugeben. Demgegenüber fürchten und respektieren sie einen Mann, der die Nerven hat, mit seinem Reichtum produktiv umzugehen, anstatt ihn auf die Sippe zu verteilen. Von ihm sagt man, er habe ein starkes Herz und verfüge über die Zaubersubstanz ›tsav‹, mit der man sich des Neides erwehren könne.

Über welche Eigenschaften muß nun ein Mensch verfügen, um ›tsav‹ zu erwerben und sich nicht um den Neid der anderen zu kümmern? Zunächst ist es wohl wichtig zu lernen, bewußt auf die Anerkennung der Menge zu verzichten. Eine solche Gelassenheit wird uns in einer berühmten Aussage des Astronomen Johannes Kepler (1571–1630) überliefert. Nachdem er seine bahnbrechenden Ideen veröffentlicht hatte, soll er gesagt haben: »Die Würfel sind gefallen. Mein Buch ist geschrieben. Man wird es lesen, jetzt oder später – was liegt daran? Es kann sehr wohl ein Jahrhundert auf seine Leser warten, da der liebe Gott sechstausend Jahre auf einen Denker gewartet hat, wie ich es bin.«

Allerdings scheint es für uns normale Sterbliche nicht leicht zu sein, auf die Anerkennung der Zeitgenossen zu verzichten. Doch was haben wir eigentlich zu verlieren, wenn wir uns nur nach unserem eigenen Urteil richten? Arthur Schopenhauer geht in seinen ›Aphorismen zur Lebensweisheit‹ dieser Frage nach und kommt zu dem Ergebnis, daß wir »durch eine besondere Schwäche unserer Natur« dazu neigen, die Meinung anderer Menschen viel zu hoch anzuschlagen, obgleich sie für unser Glück ziemlich unwesentlich sei. Es sei kaum erklärlich, wie sehr wir uns über die günstige Meinung eines anderen Menschen freuen: »So unausbleiblich wie die Katze spinnt, wenn man sie streichelt, malt süße Wonne sich auf das Gesicht des Menschen, den man lobt ...«[115] Wenn man uns jedoch tadelt und schlecht über uns redet, seien wir tief gekränkt.

Schopenhauer ist der Meinung, es könne uns doch ziemlich gleichgültig sein, was man über uns sagen und denken würde. Die meisten
Menschen redeten ohnehin so oberflächlich über die anderen, daß man
auf ihre Meinung keinen zu großen Wert legen dürfe. Eigentlich sei es
nur unsere Eitelkeit, die uns die Meinung der Mitmenschen dermaßen
hochschätzen lasse. Man solle deshalb nur noch zwei Prozent der
bisher ernstgenommenen Meinungen an sich herankommen lassen und
sich auf diese Weise ein ruhiges Leben verschaffen. Wir ärgerten uns
doch nur krank, wenn wir wüßten, wie die lieben Mitmenschen über
uns herzögen. Auch Friedrich Nietzsche vertrat diese Überzeugung
und schrieb unter dem Titel ›Weisheit ohne Ohren‹: »Täglich zu
hören, was über uns gesprochen wird, oder gar zu ergrübeln, was über
uns gedacht wird, – das vernichtet den stärksten Mann. Darum lassen
uns ja die andern leben, um täglich über uns recht zu behalten. Sie
würden uns ja nicht aushalten, wenn wir gegen sie recht hätten oder gar
haben wollten! Kurz, bringen wir der allgemeinen Verträglichkeit das
Opfer, horchen wir nicht hin, wenn über uns geredet, gelobt, getadelt,
gewünscht, gehofft wird, denken wir auch nicht einmal daran!«[116]

Und wenn uns trotzdem einmal die abschätzige Kritik anderer
Menschen zu Ohren kommt, sollten wir uns an das Gedicht von
Christian F. Gellert erinnern:

> Daß oft die allerbesten Gaben
> Die wenigsten Bewund'rer haben,
> Und daß der größte Teil der Welt
> Das Schlechte für das Gute hält ...
> Nie kennen sie den Wert der Dinge.
> Ihr Auge schließt, nicht ihr Verstand:
> Sie loben ewig das Geringe,
> Weil sie das Gute nie gekannt.

Schopenhauer rät daher, daß man eher den Nachruhm als den Ruhm
des Tages anstreben sollte, da die meisten Menschen nicht in der Lage
sind, sich ein vernünftiges Urteil über ihre lebenden Zeitgenossen zu
bilden. Die Mehrzahl von ihnen sind Laien, die über Dinge urteilen,
von denen sie nichts verstehen. Deshalb habe ihr Beifall auch keinen
Wert. »Würde wohl ein Virtuose sich geschmeichelt fühlen durch das
laute Beifallsklatschen seines Publikums, wenn ihm bekannt wäre, daß
es, bis auf Einen oder Zwei, aus lauter völlig Tauben bestände, die, um

einander gegenseitig ihre Gebrechen zu verbergen, eifrig klatschten, sobald sie die Hände des Einen in Bewegung sähen? Und nun gar, wenn die Kenntniß hinzu käme, daß jene Vorklatscher sich oft bestechen ließen, um dem elendesten Geiger den lautesten Applaus zu verschaffen!«[117] So sei es auch zu erklären, daß der Tempel des Ruhms von Toten bewohnt wäre, die während ihres Lebens nicht darin gewesen wären, während die Lebenden fast alle hinausgeworfen würden, sobald sie stürben.

Die Philosophie als Mauer

Warum soll man die Jagd nach dem Ruhm mitmachen und sich öffentlich produzieren, wenn man dadurch dem Ziel eines glücklichen Lebens nicht näherkommt? Bei einer lobheischenden Lebensweise provoziert man nur den Neid der Mitmenschen und wird in seiner Seelenruhe gestört. Ist es nicht besser, sich unauffällig in sein Privatleben zurückzuziehen, anstatt ›im Strudel der Geschäfte‹ umhergewirbelt zu werden? Solch zurückgezogenes Leben empfahl der römische Philosoph Seneca (ca. 4 v. Chr. – 64 nach Chr.), der selber sowohl sehr viel Ruhm genossen als auch Neid erfahren hat. Als Erzieher und Lehrer des jugendlichen Nero hatte er großen Einfluß auf das politische Geschehen. Der vielseitig talentierte Nero sollte sich jedoch im Laufe der Jahre mehr und mehr zu einem Despoten entwickeln, der seine Macht erbarmungslos ausspielte. Wegen einer angeblichen Beteiligung an einer Verschwörung wurde Seneca schließlich von seinem ehemaligen Zögling zum Selbstmord gezwungen.

Der begabte und strebsame Seneca hatte die Fragwürdigkeit des Ruhms kennengelernt und war deshalb im Laufe seines Lebens zu der Erkenntnis gekommen, daß man sich vom öffentlichen Trubel zurückziehen und sich geistig beschäftigen sollte. Eindringlich mahnte er: »Man muß die Philosophie als eine uneinnehmbare Mauer um sich herum aufbauen. Eine solche Mauer kann das Schicksal auch mit dem Aufwand vieler Kampfmaschinen nicht durchbrechen. Wer sich um äußere Dinge nicht mehr kümmert und sich in seiner Burg verschanzt hat, steht in einer uneinnehmbaren Stellung. Alle Wurfgeschosse schlagen unterhalb von ihm ein. Das Schicksal hat nicht den langen Arm, den wir ihm zuschreiben. Das Schicksal hat nur Gewalt über

Menschen, die sich an das Schicksal anklammern. Daher sollten wir so weit wie möglich Abstand von ihm zu gewinnen suchen.«[118]

Allerdings sind wir selbst bei einer solch zurückgezogenen Lebensweise nicht davor geschützt, den Neid der lieben Mitmenschen zu erregen. Wir leben eben nicht allein, sondern gehören immer bestimmten Gruppen an, in denen ein ›Rückzügler‹ skeptisch beäugt wird. »Das Problem des Neides zeigt sich also besonders scharf beim Los des Menschen, der mit sich allein sein will, der Einsamkeit sucht, weil er denken und vielleicht etwas Neues schaffen möchte. Der einzelne, der überhaupt das Verlangen kennt, allein zu sein und eine Weile Einsamkeit aushält, ja genießt, beleidigt die anderen, fordert den Neid des Kollektivs heraus. Jene, die es nicht fertig bringen, allein zu sein, ärgern sich schon über die erfolgreiche Flucht vor der sozialen Kontrolle, die jener vollzieht, der allein zu sein versteht … Den Einsamen trifft also bereits der Neid solcher, die ihm die selbst genommene Freiheit von Gesellschaft nicht gönnen. Dazu kommt aber auch die nagende Neugier, der Neid auf das, was der einzelne nun mit seiner Einsamkeit anfangen kann: wird er etwas erfinden oder ersinnen, das ihn über die anderen hinaushebt? Wird er sein Gedicht, sein Buch, seine Hausarbeit formvollendet abschließen können?«[119] Wer seine Zeit selbstverantwortlich für sich beansprucht, beleidigt in gewisser Weise die anderen, die nur im Kollektiv existieren können und fordert ihren Neid heraus. Insofern können wir dem Neid der Mitmenschen niemals ganz entgehen. Wir sollten deshalb lernen, uns von ihren neidischen Reaktionen nicht zu sehr irritieren zu lassen. Vielmehr sollten wir uns an das Sprichwort ›Besser Neid als Mitleid‹ oder an die Worte von Logau erinnern:

> Wer mich neidet, lobet mich
> kränkte sonst mit mir nicht sich.

Wir sollten uns eher wundern, wenn wir keinen Neid auslösen, denn:

> Wer unbeneidet, ist des Neides nimmer wert.[120]

SOZIALPSYCHOLOGIE DES NEIDES
UND DER EIFERSUCHT

In allen sozialen Gruppen treten hin und wieder Konflikte auf, die durch Neid- und Eifersuchtsgefühle ausgelöst wurden. Deshalb ist es merkwürdig, daß es bisher keine fundierte Sozialpsychologie des Neides und der Eifersucht gibt. Offenbar werden diese Phänomene auch von Wissenschaftlern fast vollständig verdrängt. Wesentlich aufschlußreicher als das Studium der akademischen Gruppenpsychologie war für mich die Erforschung konkreter, historisch belegter Gruppenprozesse, die ich anhand von Biographien, Briefen und Aufsätzen analysieren werde. Dabei erschien es mir sinnvoll, in diese Untersuchung auch die in Gruppen allgegenwärtigen Eifersuchtsgefühle einzubeziehen. Zwar unterscheidet man im allgemeinen zwischen Neid und Eifersucht: Während sich der Neid von Gruppenmitgliedern auf beneidenswerte Eigenschaften oder Sachgüter richtet, entsteht die Eifersuchtsregung aus einer Verunsicherung im Beziehungsbereich. Dabei geht es häufig um die gefühlsmäßige Zuwendung des Gruppenleiters gegenüber einer Person oder mehreren Teilnehmern innerhalb der Gesamtgruppe. Allerdings wäre es falsch, diese beiden Phänomene zu sehr zu trennen, denn sie treten in einer Gemeinschaft erfahrungsgemäß zusammen auf. Meist beneidet man bestimmte Gruppenmitglieder nicht nur wegen ihrer schönen Beiträge oder weil sie so gut Witze erzählen können, sondern ist zugleich neidisch auf die Anerkennung, die sie bekommen. Insofern sind Neid und Eifersucht Geschwister, die man in einer Gruppe fast immer gemeinsam antrifft.

Die mittlere soziale Distanz

Im allgemeinen ist der Neid ein trennendes Gefühl, das die Beziehung zu anderen Menschen erschwert oder sogar verunmöglicht. Zumindest beim galligen Neid scheut man den Kontakt mit der beneideten Person oder meidet eine offene Aussprache. Im Unterschied zu den Gefühlen der Liebe, der Freude und der Bewunderung hemmen also die Neidgefühle eine freundschaftliche Begegnung. Dies hängt vor allem damit zusammen, daß der Neid fast immer versteckt wird und kaum beziehungsstiftend ist. Während der Liebende hofft, daß die Angebetete seine Botschaft vernimmt und erwidert, will der Neidende nicht entlarvt werden. Er rückt eher vom anderen ab und hat nicht den Wunsch, in ihm einen »Gegenneid« zu erwecken.[121]

Der Neid verstärkt also eine gewisse soziale Distanz. Gleichzeitig kann er aber nur in einer gewissen Distanzatmosphäre gedeihen, denn Menschen, die man sehr genau kennt und mag, beneidet man im allgemeinen nicht. La Rochefoucauld war deshalb der Ansicht, daß wahre Freundschaft den Neid verdrängen würde. Wirkliche Freundschaften geben uns ein intensives Verbundenheitsgefühl mit denen, die wir sonst beneiden könnten und wirken wie ein Hemmschuh gegen ein zu starkes Aufflammen von Neid- und Eifersuchtsgefühlen. Ganz neidfrei sind solche Beziehungen meist allerdings auch nicht, und so heißt es denn auch in Goethes ›Tasso‹: ». . . doch hält der stille Neid mit kalter Hand die edelsten Gemüter auseinander.« Dennoch ist eine neidreduzierende Wirkung von Freundschaften nicht zu verkennen. Außerdem zeigt die Erfahrung, daß die Entfaltung von Neidgefühlen bei einem Menschen vor allem durch ein großes Defizit an freundschaftlichen Beziehungen begünstigt wird. Friedrich Nietzsche war sogar der Meinung, daß der Mangel an Freunden auf Neid oder Anmaßung schließen lasse. Und mancher verdanke seine Freunde nur dem glücklichen Umstande, daß er keinen Anlaß zum Neide habe. Schließlich weist Nietzsche auch noch darauf hin, daß der gallige Neider möglichst jeden freundschaftlichen Kontakt zum beneideten Nachbarn, Kollegen oder Gruppenmitglied vermeidet, denn »neidische Menschen mit feiner Witterung suchen ihren Rivalen nicht genauer kennen zu lernen, um sich ihm überlegen fühlen zu können.«[122]

Demzufolge können Neidgefühle nur entstehen, wenn zwischen

zwei Menschen eine erhebliche soziale Distanz vorhanden ist. Diese Distanz darf jedoch nicht zu groß sein, denn man beneidet nur solche Menschen, mit denen man sich vergleichen kann. So heißt es auch in einem Sprichwort: ›Das Größte will man nicht erreichen, man beneidet nur seinesgleichen‹, und Goethe schrieb einmal an Zelter: »Der schlimmste Neidhard ist in der Welt, der jeden für seinesgleichen hält.« Die Entstehung von Neidgefühlen setzt also den Gedanken voraus: ›Warum hat der das geschafft, das hätte ich auch . . .‹

Man kann regelrecht ein Neidgesetz der ›mittleren sozialen Entfernung‹ aufstellen, das von dem Sozialpsychologen Peter R. Hofstätter bestätigt wird. Er meint, man würde sich nur mit solchen Menschen vergleichen, die gewisse Ähnlichkeiten aufweisen: »Der Sünder vergleicht sich nicht mit dem Heiligen, der Hilfsschüler nicht mit dem Nobelpreisträger, der Schachmeister allerdings auch nicht mit dem naiven Anfänger. Vergleiche über so weite Distanzen hinweg trügen auch nur wenig zur Bestimmung des eigenen Standortes bei.«[123]

Offene und geschlossene Gruppen

Die sozialen Konflikte sind erfahrungsgemäß dort am stärksten, wo man keine Möglichkeit hat sich zurückzuziehen, um sich von seinen schwierigen Mitmenschen zu erholen. Deshalb bieten Schiffe die idealen Voraussetzungen zur Entfaltung heftiger Neidgefühle unter den Besatzungsmitgliedern. Diese Erfahrung mußte auch der Schriftsteller Herman Melville machen, der eine Zeitlang als Matrose zur See fuhr. In seiner Novelle ›Billy Budd‹ hielt er fest, daß »das Zusammenleben von grundverschiedenen Menschen nirgends so aufreibend (ist) wie gerade an Bord eines großen vollbemannten und auf See befindlichen Kriegsschiffes. Tagtäglich kommt dort jeder mit beinahe jedem in irgendeine Berührung. Will man dem Anblick eines unangenehmen Wesen ganz und gar aus dem Weg gehen, so muß man es entweder über Bord werfen wie Jonas oder selbst über Bord springen.«[124] Auch der Schriftsteller und Maler Joachim Ringelnatz, der drei Jahre vor dem Abitur die Schule verließ und ›zur See ging‹, lernte dort den ›Fürsten der Galle‹ kennen. In seiner Autobiographie berichtet er, warum er den Neid der Matrosen auf sich zog: »Ich wurde vor den anderen Matrosen in einem bevorzugt. Man gab mir nämlich eine eigene Kammer, die auf dem Schiff als Hospital vorgesehen war. Der enge Raum ließ sich nicht heizen, so daß ich in der Nacht fror, weil ich nur eine Decke besaß. Aber ich war glücklich über mein Abgetrenntsein und machte es mir behaglich in dieser Kammer ...

Bald wurde ich gewahr, daß die anderen Matrosen gegen mich waren, obwohl ich eine Flasche Kümmel für sie mitgebracht hatte. Sie beneideten mich um die Solokabine und nahmen mich seemännisch nicht für voll, weil ich keine Heuer bezog, und weil ich das Einjährige hatte.«[125]

Noch weniger Freiheitsmöglichkeiten hat man im Gefängnis oder im Konzentrationslager. Der Logotherapeut Viktor E. Frankl erinnert sich, wie beherrschend die Neidgefühle im Konzentrationslager waren. In seinem Buch ›... trotzdem Ja zum Leben sagen‹ schreibt er: »Wie beneideten wir doch diese Zuchthäusler um ihr relativ geregeltes, relativ gesichertes, relativ hygienisches Leben! Die hatten sicher ihre regelmäßige Badeangelegenheit, so dachten wir voller Wehmut; die hatten sicher Zahnbürsten, ihre Kleiderbürsten, ihre Pritschen – jeder eine für sich – und ihren monatlichen Postempfang, ihr Wissen darum, wo die Angehörigen sind, ja, daß sie überhaupt am Leben sind. Wir aber hatten dies alles schon längst nicht mehr.

Oder wie beneideten wir selbst jene unter uns, denen sich die große Chance bot, in irgend eine Fabrik zu kommen, wo sie in geschlossenen Räumen arbeiten konnten! Wie erhoffte doch jeder von uns für sich selbst eine solche lebensrettende Chance!«[126]

Jeder wird sofort begreifen, wie groß der Freiheitsspielraum der üblichen Gruppen ist, wenn man ihn mit der Unfreiheit im Gefängnis oder Konzentrationslager vergleicht. Doch ganz frei ist man natürlich auch in unseren alltäglichen Gruppen nicht. In ihnen bestehen relative und keine absoluten Grenzen. Dennoch sind sie manchmal kaum zu überwinden. So muß ein Schüler jeden Tag am Unterricht teilnehmen und ist immer wieder Neid- und Eifersuchtssituationen ausgesetzt. Nur der innere Rückzug bietet ihm die Möglichkeit, die quälenden Gefühle zu mildern, wenn er zu einer produktiven Lösung nicht fähig ist.

Solche relativen Grenzen sind auch das Merkmal der Kleinfamilie, denn das Kind ist nicht in der Lage, sich einfach neue Eltern und Geschwister zu suchen, wenn es unter heftigen Neid- und Eifersuchtsgefühlen leidet. Dennoch hat es zumindest zeitweilig die Möglichkeit, dem beneideten Bruder beziehungsweise der Schwester auszuweichen und Freundschaften mit anderen Kindern anzuknüpfen. Dieser expansive Weg ist ängstlichen Kindern jedoch verschlossen. Durch ihre soziale Ungeschicklichkeit ergeben sich für sie innere Grenzen, die es ihnen unmöglich machen, sich aus den Familienbanden zu lösen.

Das Verlassen einer Gruppe kann offenbar nicht nur durch äußere, sondern auch durch innere Grenzen verhindert werden. Oft hängt man aus sozialen oder religiösen Gründen so sehr an einer Gemeinschaft, daß man regelrecht von ihr abhängig ist. Dies erklärt auch, warum es selbst in Klöstern Neid- und Eifersuchtsdramen geben soll, obwohl diese als ein Ort des Friedens gepriesen werden. Wie affektgeladen solche Klostergemeinschaft sein kann, hat der französische Schriftsteller und Philosoph Voltaire in seinem Roman ›Candide‹ verdeutlicht. Ziemlich mürrisch antwortet dort ein Klosterbruder auf die Frage, ob er nicht ein Schicksal hätte, um das ihn jedermann beneiden würde: »Du liebe Güte ... ich wollte, alle Theatiner lägen auf dem Grunde des Meeres! Wohl hundertmal war ich nahe daran, das Kloster in Brand zu stecken ... Neid, Zwietracht und die scheußlichsten Leidenschaften herrschen im Kloster ... wenn ich abends in das Kloster zurückkehre, möchte ich mir am liebsten den Schädel an der Mauer des Schlafsaales einrennen, und allen anderen Klosterbrüdern geht es ebenso.«[127]

Die Entschärfung des Neidproblems

Die Neidproblematik in Gruppen entzündet sich immer an der Tatsache, daß einzelne Teilnehmer beliebter, klüger, erfolgreicher oder wohlhabender sind. In vielen Gemeinschaften gibt es deshalb Versuche, die individuellen Unterschiede zu verringern, um auf diese Weise die Neidgefühle einzudämmen. So gibt es in Schulklassen oft die Tendenz, die »leistungsschwächeren Mitglieder auf das Niveau des guten Durchschnitts zu heben. Dies kann entweder durch Nachhilfe geschehen oder auch durch eine Verfälschung der Leistungs-Skala, in der Schulklasse z. B. durch Einflüstern, Abschreiben-Lassen usw. Der Kameradschaftsgeist, den Lehrer mitunter als ›mißverstanden‹ zu brandmarken belieben, sorgt für eine Kleinhaltung der individuellen Unterschiede innerhalb der Gruppe ... Wie steht es aber um die

Anerkennung der Leistungen des Klassenbesten? Sehr vielfach kommt es auch hier zu Versuchen, die Außerordentlichkeit zu verringern. Der kluge Primus wird dieser Tendenz wohl auch dadurch entgegenkommen, daß er von sich in besonders großzügiger Weise abschreiben läßt. Andernfalls hätte er nämlich mit der kaum anstrebenswerten Gegnerschaft der übrigen Klasse zu rechnen.«[128]

Der Sozialpsychologe Peter R. Hofstätter ist der Meinung, daß in allen sozialen Gemeinschaften eine solche Nivellierung von Unterschieden stattfindet. Diesem Zweck dienen beispielsweise die beliebten Anekdoten über Prominente, denen man entnehmen kann, daß auch diese Persönlichkeiten ›nur Menschen‹ sind und nicht so weit aus der Gemeinschaft herausragen, wie es manchmal den Anschein hat. Dadurch wird ein Angleichungsprozeß eingeleitet, der nach der Beobachtung Hofstätters vor allem dazu dient, das Gefühl der Geborgenheit in der Gemeinschaft aufrecht zu erhalten. Einem ähnlichen Gedanken geht Sigmund Freud in seiner Schrift ›Massenpsychologie und Ich-Analyse‹ nach. Hierin vertritt er die Auffassung, daß die Forderung nach Gerechtigkeit und gleicher Behandlung eine Reaktionsbildung auf Neid- und Eifersuchtsgefühle sei. »Die erste Forderung dieser Reaktionsbildung ist die nach Gerechtigkeit, gleicher Behandlung für alle. Es ist bekannt, wie laut und unbestechlich sich dieser Anspruch in der Schule äußert. Wenn man schon selbst nicht der Bevorzugte sein kann, so soll doch wenigstens keiner von allen bevorzugt werden ... Was man dann später in der Gesellschaft als Gemeingeist wirksam findet, verleugnet nicht seine Abkunft vom ursprünglichen Neid. Keiner soll sich hervortun wollen, jeder das gleiche sein und haben.«[129]

Sigmund Freud kommt zu dem Schluß, daß dieser Gleichheitsgrundsatz vor allem in der Kirche und der Armee praktiziert wird. Doch sehr erfolgreich ist diese ›Neidlösung‹ nicht, denn insbesondere die Armee ist ein guter Nährboden für Neid- und Eifersuchtsgefühle. Das mußte auch Sigmund Freud während seines Militärdienstes feststellen, als er dreißigjährig als Armeechirurg in einem »Saunest« stationiert war. In einem Brief an seinen Freund Josef Breuer mokierte er sich, daß ihn die farbenfrohen Uniformen der Generale an Papageien erinnern würden. Neidisch stellte er fest, daß sie stets von einem ganzen Kellnertroß umgeben waren, während alle anderen nicht existieren würden. Empört schrieb er an Breuer: »Einmal mußte ich in der

Verzweiflung zu einer schweren Prahlerei greifen. Ich packte eine solche Bedienung beim Fracke und schrie sie an: ›Sie, ich kann auch noch einmal General werden, bringen Sie mir daher ein Glas Wasser.‹ Das wirkte.

Ein Offizier ist ein jämmerliches Wesen, jeder beneidet den Gleichgestellten, tyrannisiert den Untergebenen und fürchtet sich vor dem Höheren, und je höher er selbst ist, desto mehr fürchtet er sich. Es ist mir überhaupt zuwider, auf dem Kragen geschrieben zu haben, was ich wert bin, als ob ich ein Stoffmuster wäre.«[130]

Selbst der Krieg, den viele Soldaten nachträglich als großes Abenteuer verherrlichen, das von einer starken solidarischen Stimmung getragen worden wäre, fördert die Entstehung von Neidgefühlen. Dies bestätigte auch Jean-Paul Sartre, nachdem er während des Zweiten Weltkrieges eingezogen wurde. In einem Brief an Simone de Beauvoir stellte er fest: »Es ist merkwürdig, wie der Krieg den Neid begünstigt. Den Neid der Reserveoffiziere auf die aktiven Unteroffiziere, die ihren Sold bekommen, Neid der Nichtbeamten auf die Beamten, die ihr Gehalt bekommen, Neid der Bauern auf die Arbeiter im Hinterland, die ihren Lohn bekommen. Der Stabsoffizier Naudin, der ein vortrefflicher Typ, aber kindisch neidisch ist und Bauer, Reserveoffizier und natürlich kein Beamter, beneidet alle auf einmal. Ich habe meinen Teil beigetragen und erklärt, daß man nicht erwarten könne, daß ein Krieg die Ungleichheiten beseitigt. Aber es stimmt, daß er sie verlagert und entlarvt, weil er behauptet, eine grundlegende Gleichheit der *Funktion* hervorzubringen.«[131]

Anton Reiser

Wie unerbittlich eine Gruppe auf die Bevorzugung eines Mitgliedes reagieren kann, zeigt der autobiographische Roman ›Anton Reiser‹ von Karl Philipp Moritz. Er handelt von dem jungen Anton, der von seinem Lehrherrn Lobenstein vorgezogen wird, indem er mit ihm anregende Gespräche führt und in den heiligen Schriften liest. Der Lehrherr geht sogar mit ihm spazieren, verschont ihn von den harten und niedrigen Arbeiten und verschafft ihm einen Klavierlehrer. Dadurch hatte »Antons Glück im Lobensteinschen Hause den höchsten Gipfel erreicht, und sein Fall war nahe. Alles sah ihn mit neidischen

Augen an, seitdem ihm der Klavierlehrer gehalten wurde. Es wurden hier Kabalen, wie an einem kleinen Hofe gespielt; man verleumdete ihn, man suchte ihn zu stürzen.

Solange Lobenstein gegen Anton hart und unbillig verfahren war, genoß er des Mitleids und der Freundschaft aller übrigen Hausgenossen; sobald es aber schien, als ob dieser ihm seine Freundschaft und Vertrauen zuwenden würde, nahm in eben dem Maße ihre Feindschaft und Mißtrauen gegen ihn zu. Und sobald es ihnen nur gelungen war, ihn wieder zu sich herunterzubringen, und man es so weit gebracht hatte, daß der Klaviermeister wieder abgedankt war, hatte man auch weiter nichts mehr gegen Anton: man war sein Freund wie zuvor.«[132]

Die Vertreibung aus dem Gruppenparadies

Die Forderung nach sozialer Gleichheit ist insbesondere das Merkmal junger Gruppen, in denen es darum geht, ein Klima solidarischer Zusammenarbeit aufzubauen. Starke Neid- und Eifersuchtsgefühle würden diesen Aufbauprozeß stören und werden deshalb verdrängt oder kaum wahrgenommen. Meist sind die engagierten Gruppenmitglieder davon überzeugt, die dämonischen Gefühle vollständig überwunden zu haben. Manchmal vertreten sie sogar vorschnell die Ansicht, daß sie die Grundlage für ein neidfreies Zusammenleben gefunden haben. Dem außenstehenden Betrachter wird es allerdings schwerfallen, diese Gruppenüberzeugungen zu teilen. Er wird monieren, daß die einzelnen Teilnehmer stark voneinander abhängig sind und sich deshalb ständig bemühen, ein konfliktfreies Gruppenklima zu schaffen. Solche relativ konfliktfreie Atmosphäre erleichtert natürlich den Gruppenaufbau, weil sich jeder ungestört dem gemeinsamen Lernprozeß widmen kann. Dennoch ist es nach einiger Zeit wichtig, daß die Teilnehmer diese Phase der Gruppenkindheit aufgeben und einen vernünftigen Umgang mit Schwierigkeiten und Konflikten erlernen.

Im weiteren Verlauf der Gruppenentwicklung kommt es fast immer zu Differenzierungen und damit verbundenen heftigen Konflikten, wenn einzelne Teilnehmer stärker expandieren und damit das ›Gesetz der Gleichheit‹ aufheben. Intensive Neid- und Eifersuchtsgefühle zwischen den Gruppenmitgliedern sind die fast zwangsläufige Folge. Sie sind nur zu vermeiden, wenn alle Gruppenmitglieder auf ihre

Persönlichkeitsentfaltung verzichten. Dann wird jedoch die Gruppen-
harmonie durch ein relativ steriles Gruppenleben erkauft. In extremer
Weise geschieht dies in Sekten, in denen versucht wird, eine scheinbar
friedliche Gruppenatmosphäre zu schaffen, indem jegliche individuelle Persönlichkeitsentwicklung unterdrückt wird.

Natürlich sind die meisten Gruppenmitglieder zunächst recht ratlos,
wenn sie nach der friedlichen Aufbauphase mit Neid- und Eifersuchtsproblemen konfrontiert werden. Einige werden sich dann so fühlen
wie Adam und Eva nach der Vertreibung aus dem Garten Eden, denn
für mehrere Jahre ist das bisherige Gruppenparadies erfahrungsgemäß
durch heftige Konflikte geprägt. Erst allmählich werden die Teilnehmer begreifen, daß diese Konflikte ein notwendiger Bestandteil einer
›gesunden Gruppenentwicklung‹ sind. Treten solche Konflikte in einer
Gruppe nie oder kaum auf, dann ist die Frage berechtigt, inwieweit die
Gemeinschaft auf einer kindlichen Entwicklungsstufe steckengeblie-
ben ist, weil sie Angst vor den Schwierigkeiten des Erwachsenwerdens
hatte.

Statische und dynamische Gruppen

In sehr produktiven Gemeinschaften gelingt es im allgemeinen, vernünftig mit den auftretenden Konflikten und Affekten umzugehen.
Insofern ist die ständige Affekt- und Konfliktneigung einer Gemeinschaft immer ein Zeichen für eine stagnierende Gruppenentwicklung.
Allerdings ist solche Einschätzung nicht leicht zu treffen, denn be-
grenzte Konflikte können auch das Resultat einer dynamischen Entfaltung der Gemeinschaft sein. In diesem Falle sind sie die Folge einer sich
wandelnden Gruppenstruktur, was naturgemäß Konflikte provoziert.
Natürlich kann man solche Konflikte zumindest teilweise dadurch
vermeiden, daß man die Gruppe institutionalisiert und alle Einfluß-
sphären und Machtbefugnisse genauestens regelt. Dann gibt es keine
spontanen Veränderungen mehr in der Gruppe und alles geht seinen
›geordneten Gang‹. Dadurch sind die ängstlichen Gemüter beruhigt,
während sich die entwicklungsfreudigen Teilnehmer über die zahlreichen bürokratischen Regelungen ärgern. Die Gruppenfraktion der
mutigen, lebensbejahenden Mitglieder empfindet nur allzu deutlich,
daß man die dynamischen Gruppenkräfte gezügelt hat, um die Neid-

und Eifersuchtsproblematik zu entschärfen. Sie wissen aus eigener Erfahrung, daß man durch solche Regelungen die Neid- und Eifersuchtskonflikte lediglich ein wenig dämpfen kann, so daß sie in zahlreichen Situationen in unverminderter Stärke auftauchen.

In dynamischen Gruppen kommt es zwar auch zu heftigen Neid- und Eifersuchtsreaktionen. Doch in solchen Gemeinschaften wird die individuelle Entfaltung der Teilnehmer so weit gefördert, daß sie auch über die Voraussetzungen verfügen, vernünftig mit diesen galligen Gefühlen umzugehen. Meist werden diese Neid- und Eifersuchtsgefühle durch eine Veränderung der Gruppenstruktur ausgelöst. Da die Gruppenstruktur den Rang der einzelnen Teilnehmer bestimmt, hat jede Veränderung der Gruppe auch einen Wandel der Einfluß- und Machtstruktur zur Folge. Wer am nachhaltigsten die neuen Gruppenziele verwirklicht, steigt innerhalb der Gruppenhierarchie auf, während sich andere mit einem geringeren Rang zufriedengeben müssen. Besonders die zurückgestuften Teilnehmer leiden oft unter erheblichen Neid- und Eifersuchtsgefühlen. Sie reagieren vor allem auf die neueren Teilnehmer nervös, die durch ihre Gruppenkarriere für eine produktive Unruhe sorgen. Wie die sogenannten ›Etablierten‹ mit dieser veränderten Situation umgehen, hängt entscheidend von ihrem Charakter ab:

- Einige werden die Gruppe verlassen und damit der Rivalitätssituation ausweichen.
- Andere bleiben in der Gemeinschaft und ziehen sich gekränkt vom Gruppengeschehen zurück.
- Nur sehr mutigen und produktiven Gruppenmitgliedern gelingt es erfahrungsgemäß, langfristig neue Entwicklungen für sich ins Auge zu fassen. Dadurch sind sie auch in der Lage, die Tatsache zu akzeptieren, daß nun andere Teilnehmer beliebter und angesehener sind als sie.

Der Neid auf den Gruppenleiter

Da die Entwicklung einer Gemeinschaft entscheidend vom Führungsstil des Gruppenleiters bestimmt wird, hat er einen großen Einfluß darauf, wie mit den Neid- und Eifersuchtsproblemen umgegangen wird. Seine Persönlichkeit ist einer der wichtigsten Faktoren der

Eifersuchts- und Neiddynamik. Von seiner Besonnenheit, seinem Gerechtigkeitssinn und seiner eigenen Affektneigung hängt es entscheidend ab, ob die Gruppe die aufkommenden Konflikte bewältigen kann. Auf diese Bedeutung des Gruppenleiters hat insbesondere Sigmund Freud hingewiesen. Er war der Überzeugung, daß durch die gemeinsame Hingabe an einen vorbildlichen Führer ein Gefühl der Gleichheit in der Gruppe erreicht werden kann. Indem sich alle mit ihm identifizieren, können die bestehenden Unterschiede überbrückt werden, so daß es kaum Anlässe für Neid- und Eifersuchtsgefühle gibt. Diese Neidlösung hat allerdings erhebliche Nachteile, denn sie beruht auf dem Modell eines starken Vaters, der durch seinen Einfluß manchmal alle Teilnehmer zu Schülern oder sogar zu Kindern macht. Durch seine Machtfülle löst er naturgemäß vor allem bei den Söhnen dermaßen starke Neidgefühle aus, daß sich die Erkenntnis Nietzsches bewahrheitet: »Man vergilt einem Lehrer schlecht, wenn man immer nur Schüler bleibt.«

In dramatischer Weise beschreibt Freud in ›Totem und Tabu‹, welche Antwort die Söhne seiner Meinung nach in der Urzeit auf diese unerträgliche Situation gefunden haben: Sie taten sich eines Tages zusammen und erschlugen den Vater, den sie um seine Machtfülle beneideten. Allerdings hatten sie es nie gelernt, vernünftig mit Machtkonflikten umzugehen und Entscheidungen zu treffen. Daher entzweiten sie sich, nachdem der Vater tot war. Es war kein ›Überstarker‹ mehr da, der in der Lage gewesen wäre, die integrierende Rolle des Vaters einzunehmen. So mußten die zerstrittenen Brüder den ermordeten Vater in einer Art religiöser Aussöhnung wieder mit der ursprünglichen Machtfülle ausstatten. Erst durch diese ›Auferstehung‹ des Vaters war es ihnen möglich, solidarisch miteinander umzugehen.[133]

Wenngleich ein solcher Machtwechsel nicht immer so dramatisch ablaufen muß, bringt er doch stets größere Konflikte mit sich. Vor allem nach dem Tode des Gruppenleiters sind Führungsstreitigkeiten kaum zu vermeiden. Natürlich herrscht zunächst einmal Ruhe, da die Gemeinschaft den Schock verarbeiten muß, daß der Gruppenleiter nicht mehr zur Verfügung steht. Erst nach einem ›Trauerjahr‹ werden die unvermeidlichen Führungskämpfe beginnen. Entweder die Gruppe ist dann in der Lage, die entstandenen Neid- und Eifersuchtsprobleme zu bewältigen, oder sie zerfällt in kleine Fraktionen.

Spätestens beim Weggang oder Tode des Gruppenleiters wird offenkundig, daß es problematisch ist, wenn er durch seine Autorität die Entfaltung von Neid- und Eifersuchtskonflikten verhindert. Abgesehen davon, daß bei einem solchen Führungsstil die Gefahr undemokratischer Strukturen besteht, wird die Gruppe daran gehindert, sinnvolle Neid- und Eifersuchtsbewältigungsstrategien einzuüben. Im Grunde verhält sich ein solcher Gruppenleiter wie eine Mutter, die zu schnell zur Hilfe eilt, wenn sich ihre Kinder streiten. Indem sie ständig ihren Streit unterbricht und durch ihre Autorität eine konfliktverleugnende Familienharmonie durchsetzt, sind ihre Kinder später nicht in der Lage, vernünftig mit Konfliktsituationen umzugehen. Sie kennen nur den Rückzug in die ›heile Welt‹ oder den totalen Kampf, der keine Gelegenheit mehr für eine Versöhnung läßt.

Es scheint günstig zu sein, daß sich der Gruppenleiter nicht zu sehr um die kleinen Streitigkeiten kümmert, die in der Gemeinschaft ausgetragen werden. Dann kann sich auch hinsichtlich der Neid- und Eifersuchtskonflikte eine Stimmung der Gelassenheit in der Gruppe entfalten. Die Aufgeregtheit gegenüber den mannigfaltigen Gruppenkonflikten schwindet und man akzeptiert, daß sie einfach zum Leben einer Gemeinschaft dazugehören. Außerdem ist es sinnvoll, daß der Gruppenleiter im Laufe der Jahre immer mehr Verantwortung auf die Mitarbeiter überträgt, damit später kein Machtvakuum entsteht, das dann die verheerenden Neid- und Eifersuchtsstürme auslöst.

Neidprobleme in der psychoanalytischen Bewegung

Heftige Neidkonflikte müssen durchaus kein Merkmal für die Fehlentwicklung einer Gruppe sein. Oft treten sie verstärkt in der ›Wachstumsphase‹ einer Gemeinschaft auf und sind ein Symptom für einen rasanten Entwicklungsprozeß. Dies läßt sich sehr gut an der Entfaltung der von Sigmund Freud begründeten Psychoanalytischen Bewegung beobachten. Die Mitglieder dieser Bewegung litten vor allem in der expansionsgeprägten Wachstumsphase unter starken Neidaffekten und verhielten sich manchmal ebenso irrational wie die psychologisch ungeschulten Teilnehmer eines herkömmlichen Vereins. Als Sándor Ferenczi 1910 in einem Vortrag das verhängnisvolle Schicksal von Vereinen darauf zurückführte, daß sie in ihrem Wesen und ihrem

Aufbau die Züge des Familienlebens wiederholten, traf dies zumindest teilweise auch auf die Psychoanalytische Bewegung zu. Mahnend stellte Ferenczi hinsichtlich der Machtkämpfe solcher Vereine fest: »Der Präsident ist der Vater, dessen Aussprüche unwiderlegbar, dessen Autorität unverletzbar sind; die anderen Funktionäre sind die älteren Geschwister, die die jüngeren hochmütig behandeln und dem Vater zwar schmeicheln, aber ihn im ersten geeigneten Moment von seinem Thron stürzen wollen, um sich an seine Stelle zu setzen. Die große Masse der Mitglieder, soweit sie nicht willenlos dem Führer folgt, gibt bald diesem, bald jenem Aufwiegler Gehör, verfolgt mit Haß und Neid die Erfolge der Älteren und möchte sie aus der Gnade des Vaters ausstechen.«[134]

Zwar verlief die ›Psychologische Mittwochs-Gesellschaft‹, mit der Freud 1902 den Grundstein der Psychoanalytischen Bewegung gelegt hatte, zunächst mehr oder minder konfliktfrei. Das änderte sich jedoch, als sich im Jahre 1907 durch die ersten ausländischen Besucher gewisse Reibungspunkte konstellierten. Zu erwähnen ist zunächst der Konflikt zwischen Karl Abraham und Carl Gustav Jung. Abraham hatte drei Jahre lang unter Eugen Bleuler, einem der führenden Fachleute auf dem Gebiet der Schizophrenie, und unter dessen Assistenten C. G. Jung in Zürich an der berühmten psychiatrischen Anstalt ›Burghölzli‹ gearbeitet. Da er dort als Nichtschweizer keine Berufsperspektiven hatte, ließ er sich im November 1907 in Berlin als Psychoanalytiker nieder. Schon im Jahre 1904 hatte er begonnen, die Schriften von Sigmund Freud zu studieren, und im Juni 1907 schickte er einen eigenen Aufsatz an den Begründer der Psychoanalyse. Freud lud ihn daraufhin zu sich ein, so daß Abraham im Dezember 1907 mit ihm zusammentraf. Bereits im Februar desselben Jahres war sein ehemaliger Vorgesetzter C. G. Jung zu Besuch bei Freud gewesen. Bald standen sie in einem engen Briefwechsel und tauschten offenherzig ihre Meinung über Karl Abraham aus. Jung hatte nichts gegen Abraham einzuwenden, er fand ihn nur unsympathisch, weil er keine psychologische Einfühlung habe und in unkollegialer Weise Publikationen herausbringen würde, nachdem er sich still die Ideen der anderen angehört habe. Einschränkend meinte C. G. Jung, daß er eifersüchtig auf Abraham sei, weil dieser mit Freud korrespondieren würde. Deshalb bat er Freud, »bei diesem Urteil eine persönliche Giftnote substrahieren zu wollen. Abgesehen von obigen Aussetzungen ist Abraham ein angenehmer Gesellschafter, sehr fleißig und in allen bürokratischen Anstaltsgeschäften höchst beflissen ...«[135] In seinem Brief vom 27. August 1907 antwortete ihm Freud, daß er mit der Schilderung Jungs einverstanden wäre. Es sei nichts gegen Abraham einzuwenden, und doch habe er etwas an sich, was eine innige Beziehung verunmöglichen würde. Abraham sei offensichtlich ein »trockner Schleicher« und somit ganz anders als Jung, der ein »fortreißendes Wesen« hätte.

Diese Abneigung zwischen Jung und Abraham führte schließlich im April 1908 zu einem schwerwiegenden Konflikt. Damals wurde in Salzburg der erste psychoanalytische Kongreß durchgeführt. Sowohl Abraham als auch Jung referierten auf dieser Tagung ihre Erkenntnisse über bestimmte psychotische Erkrankungen, wobei es Abraham unterließ, Jungs frühere Arbeiten zu diesem Thema zu erwähnen. Daraus entstand ein eifersuchtsgeladener Prioritätenstreit, den Freud zu schlichten versuchte, indem er beiden Kontrahenten Recht gab.

In einem Brief vom 3. 5. 1908 an Abraham unterstützte er zunächst dessen Sichtweise und diagnostizierte eine Empfindlichkeit bei Jung, die er mit zweifelhaften Argumenten zu entschuldigen suchte: Jung habe es viel schwerer, seinen Gedanken zu folgen, während ihm der in jüdischen Traditionen aufgewachsene Abraham durch »Rassenverwandtschaft« geistig nahestehen würde. Jung sei ein Christ und Pastorensohn und habe nur gegen große innere Widerstände den Weg zu ihm gefunden. Am gleichen Tage schrieb Freud an seinen zukünftigen ›Kronprinzen‹ Jung, daß er den Streit bedauern würde. Er halte Abraham für wertvoll und würde ihn nicht aufgeben wollen, wenngleich Jung nicht durch ihn zu ersetzen sei. Jung habe alle Vorteile hinsichtlich dieser Angelegenheit und solle sich deshalb entgegenkommend zeigen.

Nachdem Freud seinen »Collegen Abraham« nochmals brieflich bedrängte, schrieb ihm dieser am 11. Mai, daß er die Angelegenheit mit Jung in Ordnung gebracht habe. Doch der Konflikt schwelte weiter. Freud kam deshalb am 11. und 23. Juni noch einmal auf diesen leidigen Streit zurück, indem er Abraham abermals zu einer nachgiebigen Haltung drängte. Er vermute, bei diesem Konflikt sei der Antisemitismus der Schweizer im Spiele, so daß er zu dem Resultat komme: »... wir müssen als Juden, wenn wir irgendwo mittun wollen, ein

Stück Masochismus entwickeln, bereit sein, uns etwas Unrecht tun zu lassen. Es geht sonst nicht zusammen. Seien Sie versichert, wenn ich Oberhuber hieße, meine Neuerungen hätten trotz alledem weit geringeren Widerstand gefunden.«[136]

Im Dezember desselben Jahres gab es dann einen weiteren Zusammenstoß zwischen Jung und Abraham, weil Jung einen Artikel des Berliner Kollegen erst in der zweiten Nummer des Jahrbuches und nicht in der ersten drucken lassen wollte. Abraham faßte das als persönliche Kränkung auf, was Freud zu der Einschätzung veranlaßte, dieser habe eine »Andeutung von Verfolgungskomplex«. Wie auch bei anderen Gelegenheiten nahm Freud für Jung Partei, der ihm offensichtlich näherstand als der etwas zwanghafte Abraham. Doch unproblematisch war seine Beziehung zu C. G. Jung auch nicht. Sie wurde im Laufe der Jahre sogar dermaßen konfliktreich, daß es schließlich zur Trennung zwischen Freud und Jung kam. Erleichtert schrieb Freud daraufhin am 26. 7. 1914 an Abraham: »So sind wir sie denn endlich los, den brutalen Jung und seine Nachbeter! Es drängt mich, Ihnen jetzt für die große Mühe, die außerordentliche zielbewußte Tätigkeit zu danken, mit der Sie mich unterstützt und unsere gemeinsame Sache geführt haben. Mein ganzes Leben über bin ich auf der Suche nach Freunden, die mich nicht ausbeuten und dann verraten, und hoffentlich habe ich sie jetzt, nicht mehr weit vom natürlichen Ende desselben, gefunden.«[137]

Damit hatte der zuverlässige Abraham letztlich doch den Kampf um die Zuneigung des Gruppenvaters gewonnen.

Der geistige Kommunismus

Als Sigmund Freud 1914 die Geschichte der psychoanalytischen Bewegung beschrieb, erwähnte er auch die heftigen Prioritätsschwierigkeiten. Sie entzündeten sich an der Frage, wem das ›geistige Erstgeburtsrecht‹ an einer bestimmten Idee zukam. Nachdem Freud in seinem Aufsatz die Begabung der Teilnehmer des kleinen Kreises gerühmt hatte, der sich jeden Mittwoch traf, stellte er fest: »Es gelang mir nicht, unter den Mitgliedern jenes freundschaftliche Einvernehmen herzustellen, das unter Männern, welche dieselbe schwere Arbeit leisten, herrschen soll, und ebensowenig die Prioritätsstreitigkeiten zu ersticken, zu denen unter den Bedingungen der gemeinsamen Arbeit reichlicher Anlaß gegeben war.«[138]

Die Angst vor dem ›Ideen-Klau‹ bzw. der Nichterwähnung der Forschungsergebnisse der Kollegen war nicht nur bei Abraham und Jung vorhanden, sondern beschäftigte die gesamte psychoanalytische Vereinigung. Am 5. Februar 1908 beantragte deshalb Federn unter dem Tagesordnungspunkt vier: »Die Aufhebung des geistigen Kommunismus. – Man dürfe keinen Gedanken ohne Autorisation des Urhebers verwenden. – Denn sonst wäre man in der freien Diskussion gehemmt.«[139] Nach einer längeren Erörterung dieses Antrags plädierte Sigmund Freud dafür, daß jeder selbst darüber entscheiden möge, wie man mit seinen Gedanken umgehen soll. Er persönlich würde alles Gesagte preisgeben. Nachdem Alfred Adler noch einmal betonte, es ginge darum, einer problematischen Zurückhaltung in den Diskussionen vorzubeugen, wurde ein von ihm gestellter Antrag mit kleinen Veränderungen angenommen: »Alles in dem Kreis an geistigem Eigentum Vorgebrachte steht so lange zur Benutzung frei, als es nicht vom Urheber ausdrücklich als sein Eigentum reklamiert wird.«[140]

Selbst Sigmund Freud war von solchen Prioritätsgedanken nicht ganz frei gewesen. Im Alter von achtundzwanzig Jahren hatte er einige Zeit Forschungen über die Wirkung des Kokains angestellt und das Berühmtwerden scheinbar haarscharf verfehlt, da es schließlich dem Kollegen Carl Koller gelang, die Möglichkeiten des Kokains für die Lokalanästhesie zu entdecken. Die Schuld dafür schrieb Freud unnötigerweise seiner Verlobten zu, die er ausgerechnet zu jener Zeit besuchte. Wie sehr sich Freud mit dem entgangenen Weltruhm beschäftigte, zeigt auch ein Traum, den er in der 1900 erschienenen ›Traumdeutung‹ veröffentlichte. Er endet damit, daß man Sigmund Freud als einen jener Menschen würdigt, die einen Anteil an der Einführung des Kokains gehabt haben. Auf verräterische Weise verdeutlicht damit dieser Traum, wie hartnäckig der Gedanke an den entgangenen Ruhm in dem Begründer der Psychoanalyse rumorte.

Im Zentrum der Neid- und Eifersuchtsprobleme innerhalb der psychoanalytischen Bewegung stand naturgemäß Sigmund Freud, der vor allem zu C. G. Jung eine sehr intensive Beziehung pflegte. Es bedeutete für Freud eine wichtige Anerkennung, daß sich der im renommierten ›Burghölzli‹ arbeitende Psychiater und Vertreter der akademischen Wissenschaft C. G. Jung mit der Psychoanalyse befaßte und auch seinen Vorgesetzten Bleuler dafür interessieren konnte. Innerhalb kurzer Zeit wurde Jung ein vielbeneideter Aufstieg innerhalb der Psychoanalytischen Bewegung zuteil. Die soziale Dynamik dieses Vorgangs überforderte den damals etwa fünfunddreißigjährigen Jung. Vor allem die nahe Beziehung zu Freud bereitete ihm Unbehagen und er war ehrlich genug, dieses Gefühl, dem »verehrten Professor« mitzuteilen. In einem aufrichtigen Brief gestand er Freud, er empfinde für ihn eine religiös-schwärmerische Verehrung, die wegen des unverkennbar erotischen Untertons ekelhaft und lächerlich sei. Doch welcher Aspekt der Beziehung mit Freud bereitete Jung Schwierigkeiten? Der in New York praktizierende Psychoanalytiker Kurt R. Eissler kommt nach Auswertung des Briefwechsels Freud/Jung zu dem Ergebnis, daß Jung vor allem unter dem Genie Sigmund Freuds gelitten haben muß. Als Indiz hierfür führt er beispielsweise an, daß Jung nach der Lektüre von Freuds Buch über den ›Rattenmann‹ seinem väterlichen Freund gestand, daß es »furchtbar intelligent geschrieben und voll raffinierter Wirklichkeit« sei. Schließlich klagt Jung: »Es sind prächtige Finessen drin. Ich bedaure aus tiefstem Herzensgrunde, daß ich es nicht geschrieben habe.«[141] Und nachdem Jung die Arbeit Freuds über die Paranoia des sächsischen Senatspräsidenten Schreber gelesen hatte, gab er offen seine Neidgefühle zu: »Wäre ich ein Altruist, so würde ich jetzt sagen, wie froh ich sei, daß Sie sich Schrebers angenommen haben ... so aber muß ich mich mit der Rolle des Neidischen begnügen, daß ich nicht früher zugegriffen habe.« In einem anderen Brief brach Jung in die Klage aus: »Es ist ein hartes Los, neben dem Schöpfer arbeiten zu müssen«, und diese Thematik durchzieht den gesamten Schriftwechsel mit Freud.

In seiner Analyse der Beziehung zwischen Freud und Jung kommt Eissler zu dem Ergebnis: »Freud war nicht nur ein tiefer Denker, unerbittlich in den Konsequenzen, die er zog, er war auch ein großer Verführer. Der Sirenenklang seines gedruckten Wortes hat noch nichts von seinem Zauber eingebüßt. Jung ist diesem Zauber erlegen und hat seinerzeit seinem Neid unverhohlen Ausdruck gegeben. Man vergesse nicht Jungs Eingeständnis: ›Ich habe noch immer Widerstände, Ihnen zur rechten Zeit zu schreiben ... Der Grund des Widerstandes ist der Vaterkomplex, das nicht Nachkommenkönnen, eigene ›Schundproduktion‹ sagt der Teufel.‹ Auch für Jung wurde schließlich die Devise Cäsars maßgebend: ›Ich möchte lieber der erste in diesem Dorfe sein als der zweite in Rom.‹ Später fühlte sich Jung durch Freuds Überlegenheit provoziert und was früher Bewunderung und Neid hervorrief, wurde jetzt zum Auslöser von Aggression.«[142]

Sicherlich lag es nicht nur an dem schwierigen Charakter C. G. Jungs, daß es schließlich zwischen ihm und Freud zum Bruch kam. Auch Sigmund Freuds Einstellung zu Jung war ziemlich problematisch und keineswegs frei von neurotischen Ansprüchen. Bereits die Schnelligkeit, mit der er zu Jung ein freundschaftliches Verhältnis aufzubauen versuchte, erscheint bedenklich. 1906 war er mit dem »geehrten Herrn Kollegen« C. G. Jung in Briefkontakt gekommen, ein Jahr später redete er ihn mit »Lieber Freund und Kollege« an, und im Oktober 1908 bezeichnete er den Züricher Kollegen bereits als ›lieben Freund und Erben‹ der psychoanalytischen Bewegung. Freud kürte Jung zum beneideten Kronprinzen der Bewegung und erwartete dafür, daß dieser sich vollständig mit der Ideenwelt der Psychoanalyse identifizieren müsse. Außerdem wurde Jung neben vielfältigen Verpflichtungen immer wieder mit dem Anspruch Freuds konfrontiert, er solle sich aus anderen bedeutenden Beziehungen lösen und sich ausschließlich ihm als Mitarbeiter und Freund zuwenden. Bezeichnend hierfür ist ein Zwischenfall, der sich kurz vor einer gemeinsamen Amerikareise in Bremen ereignete. Freud hatte dort den überzeugten Antialkoholiker Jung zum Weintrinken überredet. Jung war in seinen Studententagen ein schwerer Trinker gewesen und durch den Einfluß Bleulers zum Abstinenzler geworden, so daß Eissler schlußfolgert: »Mir erscheint es als sehr wahrscheinlich, daß Freud in Jungs Alkoholabstinenz eine Bindung an Bleuler sah, und dies nicht gut ertrug. Nach meiner Deutung wäre also Eifersucht das tragende Motiv Freuds gewesen, das ihn veranlaßte, Jung zum Alkoholismus anzuregen. Er wollte Jung voll und ganz für sich haben, und ließ es in diesem Falle an optimaler Berücksichtigung dessen fehlen, was für Jung am besten gewesen wäre.«[143]

Der Eifersuchtskampf zwischen Wien und Zürich

C. G. Jung war um seine Kronprinzenrolle keineswegs zu beneiden, denn er mußte nicht nur die Erwartungen Freuds erfüllen, sondern auch die Eifersuchtsgefühle der Wiener Mitarbeiter ertragen. Sie hatten über viele Jahre hinweg Freud die Treue gehalten, obwohl dieser von den meisten Wissenschaftlern und Kollegen nicht sonderlich anerkannt und geachtet wurde. Verständlicherweise reagierten diese treuen, altgedienten Mitarbeiter ziemlich gereizt, als Freud so überaus begeistert um C. G. Jung und die Züricher Gruppe warb. Außerdem wurden ihre Eifersuchtsgefühle dadurch genährt, daß sie bei der Herausgabe einer neuen Zeitschrift ignoriert und vor allem nicht konsultiert wurden. Sie spürten nur zu deutlich, daß ihre treue Gefolgschaft von Freud kaum honoriert wurde. Tatsächlich hielt Freud von seinen Wiener Mitstreitern, zu denen so bekannte Männer wie Alfred Adler und Wilhelm Stekel gehörten, nicht sehr viel. In seinen Briefen an C. G. Jung äußerte er immer wieder seinen Ärger über seine Wiener Anhänger und wünschte sich sogar einmal, sie sollten »einen einzigen Hintern« haben, damit er »sie mit einem Stecken alle« ausklopfen könne.[144]

Auf dem 2. Internationalen Psychoanalytischen Kongreß in Nürnberg kam es schließlich 1910 zu einem großen Konflikt, nachdem Sándor Ferenczi den Antrag eingebracht hatte, eine internationale Vereinigung zu gründen, deren Zentrum in Zürich liegen müßte. C. G. Jung war als Präsident vorgesehen, dem alle Artikel und Vorträge in Zukunft zur Genehmigung vorgelegt werden sollten. Auf diese Vorschläge, die eine fast totale Entmachtung der Wiener Gruppe bedeuteten, reagierte diese mit ungewohnter Schärfe. Die extremen Anträge hatten deshalb keine Chance, von der Mehrheit angenommen zu werden. Doch Freud gab sich keineswegs geschlagen. Er war stark daran interessiert, eine breitere, internationale Basis für seine Arbeit zu finden, da er sich nicht auf seine ›jüdische Wiener Gruppe‹ beschränken wollte. In seiner Darstellung ›Zur Geschichte der psychoanalytischen Bewegung‹ erläuterte Freud später unter dem Motto Goethes »Mach es kurz! Am jüngsten Tag ist's nur ein Furz« seine damaligen Zielsetzungen: »Ich gedachte, die psychoanalytische Bewegung zu organisieren, ihren Mittelpunkt nach Zürich zu verlegen und ihr ein Oberhaupt zu geben, welches ihre Zukunft in acht nehmen sollte ... Ich urteilte, daß der Zusammenhang mit Wien keine Empfehlung, sondern ein Hemmnis für die junge Bewegung wäre. Ein Ort wie Zürich, im Herzen von Europa, an welchem der akademische Lehrer sein Institut der Psychoanalyse geöffnet hatte, erschien mir weit aussichtsvoller. Ich nahm ferner an, ein zweites Hindernis sei meine Person, deren Schätzung allzusehr durch der Parteien Gunst und Haß verwirrt wurde; man verglich mich entweder mit Columbus, Darwin oder Kepler oder schimpfte mich einen Paralytiker. Ich wollte also mich ebenso in den Hintergrund rücken wie die Stadt, von der die Psychoanalyse ausgegangen war.«[145]

Als Freud erfuhr, daß in Stekels Hotelzimmer eine Protestsitzung abgehalten wurde, ging er hin, um die Widerstrebenden zu überzeugen. Beschwörend meinte er, sie seien von so viel Feindseligkeit umgeben, daß es notwendig wäre, sich auch auf Außenstehende zu stützen. Dramatisch seinen Rock zurückwerfend erklärte er dann: »Meine Feinde wären froh, mich verhungern zu sehen; sie würden mir am liebsten den Rock vom Leibe reißen.«[146] Schließlich konnte Freud die Führer der Revolte – Alfred Adler und Wilhelm Stekel – umstimmen, indem er ihnen die Gründung einer eigenen Zeitschrift vorschlug, die von ihnen redigiert werden sollte. Außerdem kündigte er an, daß er Alfred Adler den Präsidentschaftsposten der Wiener Vereinigung übertragen werde. Nun beruhigten sich beide und stimmten dem Vorschlag zu, Jung zum Präsidenten zu wählen, wodurch Zürich zum Sitz der Internationalen Psychoanalytischen Bewegung wurde. Allerdings war damit der ausgebrochene Konflikt keineswegs gelöst. Alfred Adler zog sich fünf Monate später aus der Psychoanalytischen Bewegung zurück und es bewahrheitete sich damit »das ›Fortschrittsgesetz der Wissenschaft‹, wonach jeder Meister von seinem besten Schüler verlassen werden muß, weil dieser selbst zum Meister werden soll.«[147] Wilhelm Stekel folgte ihm einige Jahre später nach.

Etwas selbstkritisch meinte Freud in einem Brief an Ferenczi vom 3. April 1910, der Kongreß wäre nicht ganz glücklich verlaufen und daran wären sie nicht unschuldig, denn »... meine lange aufgespeicherte Abneigung gegen den Wiener Kreis und Ihr Bruderkomplex haben da mitgewirkt uns kurzsichtig zu machen.«[148] Offenbar hatten Freud und Ferenczi nicht geahnt, daß sie durch ihre Vorschläge ein heftiges Eifersuchtsdrama auslösen würden. Sie waren völlig blind für einen ziemlich typischen Gruppenkonflikt, der sich immer wieder bei Machtveränderungen ereignet. Wenn der Gruppenleiter nach der harten Aufbauleistung der ersten Jahre die treuen Mitarbeiter bei der Nachfolgerfrage oder der Vergabe von Führungspositionen übergeht, reagieren sie verständlicherweise verärgert und verletzt. Sie fühlen sich dann wie der Mohr, der seine ›Schuldigkeit getan hat‹ und nun auf die verdiente Anerkennung verzichten soll. Ihr Kränkungsgefühl hindert sie, auch die Nachteile einer solchen Führungsposition zu sehen, die manchmal recht aufreibend sein kann. In vielen Gruppen ist es deshalb sinnvoller, sich etwas vom Führungsgeschehen zurückzuhalten und die dadurch ungebundenen Kräfte dafür zu nutzen, die eigene Produktivität zu entfalten. Dann versinkt man nicht in Organisationsproblemen und Machtfragen und hat viel Zeit für die Entfaltung der eigenen Fähigkeiten zur Verfügung.

Der Prophet gilt nichts im eigenen Lande

Die starke Hinwendung Sigmund Freuds nach Zürich hing vor allem damit zusammen, daß er sich von den geistigen Repräsentanten Wiens vernachlässigt fühlte. Er hatte den Eindruck, daß man seine Leistungen ignorierte und schrieb in ›Zur Geschichte der Psychoanalytischen Bewegung‹: »Die Stadt Wien hat aber auch alles dazugetan, um ihren Anteil an der Entstehung der Psychoanalyse zu verleugnen. An keinem anderen Orte ist die feindselige Indifferenz der gelehrten und gebildeten Kreise dem Analytiker so deutlich verspürbar wie gerade in Wien.«[149] Als die Psychoanalyse ab 1907 allgemein mehr Beachtung fand, kam das größte Interesse aus dem Ausland. Vor allem in der Züricher Klinik Burghölzli wurden die Möglichkeiten der Psychoanalyse diskutiert, so daß sich bald eine lebhafte Arbeitsgemeinschaft zwischen Wien und Zürich ergab. Im Herbst 1909 wurde Freud anläßlich der zwanzigjährigen Gründungsfeier der Clark Universität in die USA eingeladen, um dort zusammen mit C. G. Jung Vorträge zu halten. In den USA war man für das Gedankengut der Psychoanalyse außerordentlich aufgeschlossen. Doch der Sieg der Psychoanalyse mußte nach der Überzeugung Freuds auf dem kulturellen Boden Europas errungen werden. Deshalb schätzte er die Anerkennung, die ihm durch die Universitätsklinik Burghölzli zuteil wurde, besonders hoch ein. Immer wieder würdigte er die große Bedeutung der Züricher Gruppe für die Psychoanalytische Bewegung, denn die wichtigsten Mitarbeiter Freuds (z. B. Abraham, Ferenczi und Jung) kamen über den Züricher Kreis zur Psychoanalyse und trugen entscheidend zu ihrer Verbreitung bei.

Während Freud über die verstärkte internationale Anerkennung zufrieden sein konnte, blieb sein Verhältnis zu Wien gespannt. Wie enttäuscht er von dieser Stadt war, zeigt ein Brief aus jener Zeit, den er an die Steuerbehörde schrieb. Diese hatte ihre Verwunderung darüber ausgedrückt, daß sein Einkommen nicht größer sei, »da doch jeder wisse, daß sich sein Ruf weit über die Grenzen Österreichs erstrecke«. Darauf antwortete Freud in ironisch-humorvoller Weise: »Prof. Freud fühlt sich sehr geehrt, eine Mitteilung von der Regierung erhalten zu haben. Es ist das erste Mal, daß die Regierung von ihm Notiz genommen hat, und er spricht dafür seine Anerkennung aus. Nur in einem Punkt ist er mit der Mitteilung nicht einverstanden, nämlich, daß sich sein Ruf weit über die Grenzen Österreichs erstrecke: er beginnt an der Grenze.«[150]

Natürlich muß sich Sigmund Freud in dieser kulturell so mannigfaltigen Stadt auch wohlgefühlt haben, denn diejenigen, die Wien wirklich nicht mochten, wanderten aus. Offenbar traf für Sigmund Freud die Aussage Hermann Bahrs zu: »Der Wiener ist ein mit sich sehr unglücklicher Mensch, der den Wiener haßt, aber ohne den Wiener nicht leben kann.« Die stille Zuneigung Freuds für die österreichische Hauptstadt wird auch in einem Brief deutlich, den er aus seinem Londoner Exil an Max Eitingon schrieb: »Das Triumphgefühl der Befreiung vermengt sich zu stark mit der Trauer, denn man hat das Gefängnis, aus dem man entlassen wurde, immer noch sehr geliebt.«[151]

In jüngster Zeit wird von einigen Autoren bezweifelt, ob Freud tatsächlich unter der mangelnden Anerkennung seiner Wiener Kollegen leiden mußte. Beispielsweise bezeichnet Henry F. Ellenberger die Überzeugung Freuds, er sei anfänglich gänzlich isoliert gewesen, als Bestandteil einer schöpferischen Krankheit. Sie entsteht aus einer intensiven Beschäftigung mit einer Idee und äußert sich vor allem darin, daß der Betreffende nur noch um seine Arbeit kreist. Die Umwelt, die seinen Schaffensprozeß stören könnte, nimmt er kaum noch wahr. Deshalb leidet er an einem Gefühl der Isolierung, das weitgehend von ihm selbst verursacht ist. Die Beendigung dieser schöpferischen Krankheit geht dann meist mit der Überzeugung einher, daß man eine große Wahrheit oder eine neue geistige Welt entdeckt hat.[152]

Auch Frank J. Sulloway kommt zu dem Ergebnis, daß sich Freud von seiner Umwelt zurückziehen mußte, um produktiv arbeiten zu können und daß er diese Isolation – falls sie wirklich bestand – selbst herbeigeführt hat. Eindringlich weist er darauf hin, daß es nur wenige Gestalten in der Wissenschaft gibt, die derart sagenumwoben sind wie der Begründer der Psychoanalyse. Er hätte bereits zu Lebzeiten seinen eigenen ›Helden-Mythos‹ geschaffen, so daß alle über ihn geschriebenen Biographien jene Etappen aufweisen, die üblicherweise zur Karriere eines Helden gehören. Vor allem die Isolierung in den ersten Entdeckerjahren, die feindselige Aufnahme der Theorien durch unverständige Mitmenschen und die späte Ehrung seien die typischen Etappen einer solchen Heldenlaufbahn.

Sulloway kommt aufgrund seiner gründlichen Untersuchungen zu dem Ergebnis, daß die ›Traumdeutung‹ und andere Werke Freuds keineswegs feindselig aufgenommen worden seien.[153] Sehr positiv kann die Resonanz auf die Freudschen Werke allerdings auch nicht gewesen sein, denn von der ›Traumdeutung‹ wurden in den ersten sechs Jahren nur 351 Exemplare verkauft. Damit konnte Freud nicht zufrieden sein, denn er hatte den Anspruch, mit seinen Ideen ›die Welt aus den Angeln zu heben‹. Mit durchschnittlicher Anerkennung wollte er sich nicht begnügen. Er wollte die Welt erschüttern und erhoffte das gespannte Interesse des gelehrten Publikums. Und wenn er schon keinen Beifall fand, so wollte er zumindest ihre Kritik herausfordern. Voller Erwartung schrieb er deshalb vor dem Erscheinen seines Traumbuches an seinen Freund und Kollegen Wilhelm Fließ: »Wenn das Gewitter über mich hereinbricht, flüchte ich zu Dir ins Fremdenzimmer.«[154] Aufgrund solcher Phantasien mußte Freud die üblichen Rezensionen als ernüchternden ›Frühlingsregen‹ empfinden. Daher trifft die Aussage von Sulloway, Freuds Ideen hätten in Wien eine durchaus wohlwollende Aufnahme gefunden, nicht den Kern des Problems. Man muß doch die Reaktionen der Wiener Fachwelt immer mit den produktiven Größenphantasien Freuds vergleichen. Wie hoch Freud seine eigene Bedeutung einschätzte, zeigt sich beispielsweise darin, daß er einige Monate nach dem Erscheinen der Traumdeutung Wilhelm Fließ fragte: »Glaubst Du eigentlich, daß an dem Hause dereinst auf einer Marmortafel zu lesen sein wird:?

> ›Hier enthüllte sich am 24. Juli 1895
> dem Dr. Sigm. Freud
> das Geheimnis des Traumes.‹«[155]

Voller Bitterkeit mußte Freud feststellen, daß die Aussichten für eine solche Ehrung zunächst gering waren. Erst durch die ausländischen Ärzte und Professoren erhielt er die ersehnte Anerkennung; und so bewahrheitete sich das alte Sprichwort, daß der Prophet im eigenen Lande nichts gilt. Das hängt wohl auch damit zusammen, daß viele Wiener Kollegen Freuds wissenschaftlichen Werdegang verfolgt hatten. Sie kannten seine gelegentlichen Irrtümer und Ungeschicklichkeiten und waren kaum in der Lage, in ihm den Entdecker einer neuen Idee zu sehen. Zwar zollten sie dem Verfasser der Traumdeutung Respekt, aber eine geniale Persönlichkeit war er für sie nicht. Eine aufrichtige Bewunderung konnte Freud deshalb im Ausland leichter finden als in Wien, wo mancher Arzt eher neidisch auf den ehrgeizigen Kollegen war. Es ist eben leichter, einen Fremden zu bewundern als einen Kollegen, bei dem man sich fragen muß: ›Warum habe *ich* das nicht gekonnt?‹ Außerdem schnappt uns dieser Kollege einen Teil des Ruhms weg, der uns nach unserer Überzeugung selbst zusteht, so daß wir die Karriere eines solchen Strebers lieber schweigend verfolgen. Daher ist ein um Anerkennung ringender, begabter Mensch gezwungen, irgendwann in die Fremde zu gehen und die heimatlichen Gefilde zu verlassen. Und wenn er diesen Aufbruch scheut, muß er zumindest seine Gedanken und Werke als ›Botschafter des Geistes‹ auf Reisen schicken. Insofern hat der Neid der anderen auch eine recht positive Wirkung. Er veranlaßt die Menschen, ihre Erkenntnisse in die weite Welt hinauszutragen und hat damit letztlich sogar eine kulturfördernde Wirkung.

Das Neidproblem der Künstler, Literaten und Wissenschaftler

Mancher wird erstaunt sein, wie heftig die Neid- und Eifersuchtsgefühle innerhalb der psychoanalytischen Bewegung waren, obwohl es diesen Männern doch darum ging, das ›Licht der Vernunft‹ in bisher unbekannte seelische Bereiche zu tragen. Gerade das Element des Geistes sollte in Gruppen ein Schutzwall gegen Neid- und Eifersuchtsgefühle sein, weil diese ›geistigen Güter‹ prinzipiell allen Menschen zugänglich sind. Deshalb unterscheidet Kierkegaard zwischen den neidauslösenden, weltlichen Gütern und den geistigen, die sich jeder aneignen kann, indem er ein Buch liest, oder sich einen Vortrag anhört. Allerdings würden sich diese geistigen Güter bei bestimmten Menschen als Fähigkeiten und Begabungen niederschlagen und ihnen Vorteile im gesellschaftlichen Leben verschaffen, auf die man dann doch wieder neidisch sein könne. Deshalb ist auch unter Geistesschaffenden ein rivalitätsfreies Verhältnis recht selten.

Die Beziehung zwischen Charles Darwin und dem 14 Jahre jüngeren Alfred Russel Wallace ist ein oft zitiertes Beispiel für eine wahrscheinlich neidfreie kollegiale Verbindung zweier Wissenschaftler. Nachdem Darwin in den Jahren 1831–1836 eine Forschungsreise auf dem englischen Vermessungsschiff ›Beagle‹ unternommen hatte, beschäftigte er sich intensiv mit dem Problem der Entstehung der Arten aller Lebewesen. Doch zu einer Veröffentlichung seiner zahlreichen Notizen und Aufzeichnungen konnte sich der gewissenhafte Naturforscher nicht entschließen. Er wird deshalb ziemlich erregt gewesen sein, als er im Jahre 1855 einen Artikel des englischen Wissenschaftlers Alfred Russel Wallace las, in dem dieser bereits die Theorie der stufenweisen Veränderung aller Organismen darstellte. Trotzdem sprach er Wallace, der sich im Oktober 1856 brieflich an ihn wandte, seine ungeteilte Anerkennung aus, indem er ihm schrieb: »Was den

Aufsatz in den Annals betrifft, so stimme ich der Richtigkeit beinahe jeden Wortes in dem Aufsatz zu; und ich denke wohl, Sie werden darin mit mir übereinstimmen, daß es sehr selten ist, jemand zu finden, welcher mit einem theoretischen Aufsatz eines anderen ziemlich vollständig übereinstimmt.«[156]

Da sich Wallace von Darwin akzeptiert und verstanden fühlte, schickte er ihm auch seinen nächsten Aufsatz. Darwin war erschrokken, als er nun in Wallaces Manuskript die Grundidee seines eigenen unvollendeten Werkes kurz und bündig ausgedrückt sah. Er hatte den Eindruck, daß damit seine ganze Arbeit in Frage gestellt war. Von seinen Freunden bedrängt, entwarf er schließlich einen Auszug aus seinem eigenen Manuskript und reichte ihn zusammen mit dem Aufsatz von Wallace einer Fachzeitschrift ein. Auf diese Weise hatte er geschickt einen Prioritätsstreit vermieden.

Auch das Verhalten von Wallace war vorbildlich. Selten verhielt sich ein Forscher in einer potentiellen Konkurrenzsituation so selbstlos. Er erhob keinen Anspruch auf den Vorrang seiner Arbeit, was er durchaus hätte tun können. Vielmehr gab er neun Jahre nach Darwins Tod ein umfassendes Buch über den ›Darwinismus‹ heraus, in dem er den Lesern anschaulich die Wichtigkeit und Tragweite des von Darwin entdeckten Entwicklungsgesetzes veranschaulichte. Darwin hat diese Selbstlosigkeit seines Wissenschaftskollegen Zeit seines Lebens geschätzt und gewürdigt. So schrieb er ihm am 18. Mai 1860: »Sie müssen mir gestatten, Ihnen zu sagen, wie sehr ich die hochherzige Art bewundere, mit welcher Sie über mein Buch sprechen. Die meisten Personen würden wohl in Ihrer Lage etwas Neid oder Eifersucht empfunden haben. Wie prächtig frei von diesem gemeinen Fehler der Menschheit scheinen Sie zu sein. Sie würden, wenn sie freie Zeit gehabt hätten, die Arbeit genauso gut, vielleicht noch besser getan haben, als ich sie gemacht habe.«[157] Zehn Jahre später bekräftigte Darwin diese Einschätzung und stellte fest: »... es gibt wenige Dinge in meinem Leben, die mir mehr Freude gemacht haben als das Bewußtsein, daß wir nie Eifersucht empfunden haben, obschon wir in gewissem Sinne Rivalen waren. Ich glaube, ich vermag dies von mir mit voller Wahrheit zu sagen und bin absolut sicher, daß es von Ihrer Seite ebenso wahr ist.«[158]

Im allgemeinen dürfte das Verhältnis zwischen Wissenschaftlern, die sich mit dem gleichen Forschungsgegenstand beschäftigen, weniger herzlich sein als zwischen Darwin und Wallace. Schließlich geht es hier fast immer nicht nur um das Streben nach reiner Erkenntnis, sondern auch um Ruhm, Geld und Ehre. Dies hebt insbesondere Edgar Zilsel hervor, der in seinem Buch ›Die Entstehung des Geniebegriffes‹ das heftige Intrigenspiel der Schriftsteller in der Zeit der Renaissance beschreibt. Da sich die wenigen Schriftsteller damals meist recht gut kannten, entstand ein »Gewebe von Neid, Eifersüchteleien, Zank, Verleumdungen und Streitschriften«.[159] Dieses Intrigenspiel galt schon damals als unvermeidlicher Bestandteil des Literatenberufes, weil jeder um seine finanzielle Existenz zu kämpfen hatte.

Obgleich sich die ökonomische Situation der Literaten mittlerweile gebessert hat, ist das Neidproblem zwischen den rivalisierenden Schriftstellern noch immer erheblich. Zunächst einmal sind viele von ihnen materiell vom Erfolg ihrer Werke abhängig, so daß ihre Neid- und Eifersuchtsgefühle eine reale Basis haben. Ihre Neidregungen werden deshalb von Helmut Schoeck als »objektiv und zweckrational« angesehen. Doch nur ein kleiner Anteil des herrschenden Neidproblems dürfte dieser materiellen Sorge entspringen. Viel häufiger geht es wahrscheinlich um den Ruhm und die Ehre, die es auf dem Feld der Literatur zu erringen gilt. Deshalb beneidet man vor allem den wirklich talentierten Kollegen, während der weniger fähige Schreiberling überschwenglich gelobt wird. Balzac hat auch dieses Problem treffend charakterisiert, indem er schrieb: »In der literarischen Welt liebt man nur diejenigen, die einem minderwertig scheinen. Denn jeder ist der Feind dessen, der sich zur Höhe entfaltet. Dieser wechselseitige Neid vervielfacht die Chancen der mittelmäßigen Talente, die weder Neid noch Verdacht erregen, die ihren Weg nach Art der Maulwürfe machen, und so dumm sie auch sein mögen, bald ein Ziel finden, während die Leute von Talent sich noch an der Türe herumschlagen, um sich gegenseitig am Eintreten zu hindern.«[160]

Wie neidisch Schriftstellerkollegen sein können, bekam auch der streitlustige Jean-Jacques Rousseau zu spüren, nachdem er es gewagt hatte, neben seinen zahlreichen Büchern eine erfolgreiche Oper zu schreiben. Ernüchtert berichtet er in seiner Autobiographie, daß er den nun einsetzenden Wohlstand mit unendlichen Verdrießlichkeiten bezahlen mußte: »Es war der Keim der geheimen Eifersucht, der erst

lange danach ausbrach. Seit (meinem) Erfolg bemerkte ich weder bei
Grimm noch Diderot, noch bei irgendeinem Schriftsteller meiner
Bekanntschaft mehr jene Herzlichkeit, Offenheit, Freude, mich zu
sehen, die ich in ihnen so lange zu finden geglaubt hatte. Sobald ich bei
dem Baron erschien, hörte das Gespräch auf, allgemein zu sein. Man
vereinigte sich in kleinen Gruppen, man flüsterte sich ins Ohr, und ich
blieb allein, ohne zu wissen, mit wem ich sprechen sollte ... Ich für
meine Person glaube, daß mir meine erwähnten Freunde es verziehen
hätten, daß ich Bücher und ausgezeichnete Bücher schrieb, weil dieser
Ruhm ihnen nicht fremd war; daß sie mir aber nicht vergeben konnten,
eine Oper gemacht zu haben, und den glänzenden Erfolg, den dies
Werk hatte, weil keiner von ihnen imstande war, mit mir auf gleichem
Gebiet zu wetteifern und nach den gleichen Ehren zu streben.«[161]

Der Fall ›Emil Ludwig‹

Besonders heftig ist der Wissenschaftsneid häufig zwischen etablierten
Wissenschaftlern und erfolgreichen Außenseitern. Vor allem im Bereich der Medizin, der Seelenheilkunde und der Literatur gibt es von
alters her ein gewisses Spannungsverhältnis zwischen den etablierten
Wissenschaftlern und eigenwilligen Außenseitern. Während erstere
für sich in Anspruch nehmen, im Geiste ihrer Väter zu forschen und zu
arbeiten, verlassen die Außenseiter die herkömmlichen wissenschaftlichen Pfade. Manchmal machen sie sogar Konzessionen an das Publikum, indem sie die wissenschaftliche Exaktheit zugunsten einer größeren Verständlichkeit und Popularität ihrer Ideen opfern. Natürlich ist
es berechtigt, wenn dann die Fachwissenschaft über solche ›Wissen-
schaftsbanausen‹ den Stab bricht. Wenn allerdings die Anklagen aus
dem Reich der etablierten Wissenschaft sehr heftig, ja polemisch
werden, muß die Frage erlaubt sein, ob die Kritik an diesen oftmals
durchaus erfolgreichen Außenseitern nicht auch aus der Quelle des
Neides gespeist wird.

Ein interessantes Beispiel für die vielschichtigen Hintergründe der-
artiger wissenschaftlicher Auseinandersetzungen ist die Kontroverse
zwischen Emil Ludwig und den Fachhistorikern seiner Zeit. Emil
Ludwig (1881–1949) wurde nach seinem Jurastudium ein sehr erfolgreicher Schriftsteller, der das Leben berühmter Männer anschaulich

darzustellen wußte. Er hatte zuvor als Reisekorrespondent im Auftrag von Berliner Zeitungen Könige, Premiers und Feldmarschälle interviewt und dabei das Handwerkszeug für seine lebensnahe Darstellungsweise erworben. Vor allem auf diese anschauliche, populäre Schreibkunst Emil Ludwigs ist es zurückzuführen, daß seine biographischen Romane über Bismarck, Goethe, Napoleon und Stalin weltberühmt wurden. Bereits 1930 erreichten die in elf Sprachen übersetzten Werke Ludwigs eine Gesamtauflage von 1,3 Millionen. Solche Erfolge waren der wissenschaftlichen Geschichtsschreibung natürlich nicht vergönnt. Sie mußte sogar mit Erschrecken feststellen, daß ihr durch die spannend geschriebenen Bücher Ludwigs ein Teil ihrer Lesergemeinde verloren ging. Nun begann eine heftige Debatte über die Grundlagen der literarischen Biographie, in deren Verlauf immer heftigere Urteile über Emil Ludwig geäußert wurden. Diese Kritik bezog sich nicht nur auf die mangelnde Wissenschaftlichkeit der Ludwigschen Biographien, deren Niveau teilweise recht niedrig war. Die meist konservativ gesinnten Fachhistoriker monierten auch die politische Einstellung Ludwigs, der als Verfechter der Weimarer Republik auftrat. Im Laufe der Auseinandersetzungen fiel offen das Wort vom »zersetzenden Verstand« des Juden Ludwig und Niels Hansen stellte in dem Buch ›Der Fall Ludwig‹ sogar die Frage, ob »Ludwig geistig und menschlich berechtigt sei, Bücher zu schreiben, die auf die Meinung der Welt Einfluß ausüben.«[162] Solch ressentimentgeladene Kritik kann nicht mehr allein mit weltanschaulichen oder fachlichen Differenzen erklärt werden. Bei einer derartigen Schlammschlacht waren offensichtlich auch starke Neidaffekte im Spiel, die jede sachliche Auseinandersetzung verhinderten.

Die damaligen Fachhistoriker waren nicht in der Lage, ihre Neidgefühle durch die Herausgabe eigener populärer Werke zu kanalisieren, denn sie hatten längst den Einfluß auf das größere Publikum verloren. Wilhelm Mommsen urteilte daher zu Recht, Emil Ludwig habe nur durch die Schwäche der Fachhistoriker so erfolgreich werden können. Selbstzufrieden konnte Ludwig deshalb auf die bissigen Kritiken antworten, seine Kollegen hätten die neueren Entwicklungen auf dem Gebiet der literarischen Biographie verschlafen.

Inzwischen sind die Biographien Emil Ludwigs fast gänzlich in Vergessenheit geraten. Der geistige Gehalt der recht salopp geschriebenen Werke war meist so mager, daß sie keine Chance hatten, in den ›Tempel des ewigen Ruhms‹ einzugehen. Darum sollten wir ruhig und gelassen reagieren, wenn die nach Popularität haschenden Schriftsteller sehr hohe Auflagenziffern erzielen, indem sie Bücher schreiben, die keinerlei geistige Anforderungen an den Leser stellen. Die Berühmtheit solcher ›Schreiberlinge‹ ist sehr vergänglich, während der Erfolg seriöser Schriftsteller nach einigen Startschwierigkeiten sehr oft eine kontinuierlich aufsteigende Tendenz aufweist. Dennoch wäre es falsch, zu sehr auf diese ›Populärschriftsteller‹ herabzusehen. Oft sind sie um ihre didaktischen Fähigkeiten zu beneiden, mit Hilfe derer sie ihre Erkenntnisse offenbar gut ›an den Mann bringen‹ können. Die einzig richtige Antwort auf solche ›Schreiberlinge‹ besteht demzufolge in der Veröffentlichung von Werken, die trotz eines hohen geistigen Niveaus gut lesbar und verständlich sind. Doch das ist dermaßen arbeitsintensiv und schwierig, daß viele ansonsten produktive Schriftsteller lieber ihre Neidgefühle ausbrüten.

Der Fürst der Galle und die Musik

Auch die Atmosphäre des Musiklebens ist kaum so harmonisch, wie es viele Musikwerke vermuten lassen, sondern auffallend neidgeschwängert. Dies ist nicht zuletzt darauf zurückzuführen, daß es hier noch unmittelbarer als in der Literatur um den direkten Kontakt zum Publikum, um Ruhm und Ehre, Erfolg oder Niederlage geht. Wie zerstörerisch und schillernd die neidbeladene Beziehung zwischen zwei Musikern sein kann, hat Peter Shaffer in seinem Theaterstück ›Amadeus‹, das auch in einer bemerkenswerten Verfilmung zu sehen ist, überzeugend dargestellt. Er geht von der These aus, daß Mozart im Alter von 35 Jahren von seinem Rivalen Salieri ermordet wurde, weil dieser darin seine einzige Möglichkeit sah, am Ruhm der ›Unsterblichen‹ teilzuhaben. Doch warum hätte Salieri Mozart umbringen sollen? Schließlich war Salieri ein erfolgreicher Komponist, der vom Publikum verehrt wurde. Schrieb er doch jene harmonische Musik, wie sie dem Durchschnittsmenschen gefällt, der sich gern von lieblichen Streicherklängen besänftigen läßt. So war Salieri einer der erfolgreichsten Musiker Wiens, als plötzlich wie aus heiterem Himmel Mozart ankam.

Diesem 25jährigen jungen Mann geht bereits allseitiges Lob voraus. Als es endlich zu einer Begegnung zwischen Salieri und Mozart kommt, spielt ihm der ältere Kollege zur Begrüßung ein selbstkomponiertes Stück auf dem Flügel vor. Mozart bedankt sich höflich für das ›hübsche kleine Geschenk‹ und spielt dann den Willkommensmarsch – immer wieder geschickt variierend – aus dem Gedächtnis nach. Improvisierend spielt er weiter und findet schließlich eine wundervolle Melodie. Während alle spüren, wie frech und genial dieser junge Mozart ist, scheint ihm selbst nicht klarzuwerden, daß er Salieri soeben tödlich beleidigt hat. Von Neidgefühlen überwältigt beginnt Salieri seinen jüngeren Kollegen von diesem Tage an zu hassen. Sein Neid wird im Laufe der Jahre gerade deshalb so ätzend, weil er als einer der wenigen seiner Zeit spürt, wie außergewöhnlich begabt Mozart tatsächlich ist. Er will ihm ›das Wasser abgraben‹, indem er dafür sorgt, daß Mozart keine Schüler mehr bekommt. Dann will er die Frau seines Rivalen verführen, die ihm bei einem Treffen einige Originalstücke Mozarts mitbringt. Beim Lesen wird ihm schlagartig bewußt, wie perfekt Mozart seine Musik niederschreibt. Offenbar hat er sie bereits im Kopf vollendet, bevor er sie dem Papier anvertraut. Nun gerät Salieri in ein quälendes Entzücken und begreift, wie mittelmäßig er selbst ist, was natürlich seinen Neid verstärkt.

Salieris Rachebedürfnis geht in Erfüllung, da Mozarts Opern beim Publikum nicht ankommen und nur wenige Aufführungen erleben. Dennoch lassen Salieris Neidgefühle, die von einer starken Bewunderung geprägt sind, nicht nach. Als Mozart seinen ›Figaro‹ zur Aufführung bringt, ist Salieri überwältigt. Er lobt dieses Werk und meint zu Mozart, er fände diese Oper wunderbar. Anstatt sich zu bedanken, bemängelt Mozart diese kollegiale Wertschätzung und entgegnet: »Es ist die beste Oper, die je geschrieben wurde. Jawohl. Und nur mir konnte das gelingen. Niemandem sonst auf der Welt.«[163] Daraufhin zuckt Salieri zusammen, als wenn er geschlagen worden wäre. Diese Zurückweisung kann er Mozart nie verzeihen. Er tut alles, um Mozart zu ruinieren und kann voller Behagen feststellen, daß sein eigener Ruhm steigt, während sich Mozart mit seiner Musik nicht durchsetzen kann. Aber dann beginnt allmählich ein Umschwung: Salieri gerät immer mehr in Vergessenheit und das Publikum wendet sich verstärkt Mozart zu. Als der große Komponist stirbt, setzt Salieri das Gerücht in die Welt, er habe Mozart ermordet. Er will erreichen, daß sein Name immer zusammen mit dem des beneideten Rivalen genannt wird und hofft: »Wie sich sein Name über die Welt verbreitet, verbreitet sich meiner auch – wenn schon nicht rühmlich, dann unrühmlich eben. Ich werde doch noch unsterblich. Ich werde doch noch unsterblich ...«[164]

Fachgelehrte bezweifeln, daß Mozart wirklich eines gewaltsamen Todes gestorben sei und versichern, er habe infolge einer Nierenkrankheit das Zeitliche gesegnet. Wolfgang Hildesheimer streitet zudem ab, daß es die überlieferte Rivalität zwischen Mozart und Salieri überhaupt gegeben habe. Er stellt fest, »daß die berüchtigte Rivalität zwischen Mozart und Salieri ein Produkt der Literatur ist und literaturfördernd gewirkt hat – erst durch die Gegnerschaft des neidischen Rivalen gewinnt der Held seine wahre und volle Tugend. Eigentlich handelt es sich hier um eine sehr typische Legende. Gewiß baut sie zum Teil auf Mozarts starkem und wohl nicht völlig unverständlichem Affekt auf. Salieri war ein umgänglicher und anscheinend durchaus versöhnlicher Mann, seriös als ausübender Musiker und als Lehrer. Zu seinen Schülern haben immerhin Beethoven, Schubert und Liszt gehört.«[165]

Doch warum hat dann die Legende vom neidischen Salieri eine so große Verbreitung gefunden? Warum ist Shaffers Stück so außerordentlich erfolgreich? Offenbar ist diese Legende so wirklichkeitsnah, daß viele Menschen davon ausgehen, es hätte sich wirklich so abgespielt haben können. Tatsächlich ist die Beziehung zwischen Künstlern oft dermaßen rivalitätsverseucht, daß die Legende um Mozart und Salieri eine gewisse Lebenswahrheit enthält. Insofern kommt es vielleicht nicht darauf an, ob Shaffers Stück die historische Wahrheit wiedergibt. Entscheidend ist vielmehr, daß der Autor diese Legende mit einem enormen Einfühlungsvermögen zu einem Stück gestaltet hat, das es vielen Menschen erlaubt, sich mit dem keineswegs immer unsympathischen Neider Salieri zu identifizieren. Insofern hilft Shaffers ›Amadeus‹ dem Leser oder Zuschauer, seine Verdrängungen aufzuheben. Es trägt zu einer Befreiung der Leidenschaften bei und in diesem Sinne können wir dieses moderne Theaterstück durchaus den großen Dramen der Weltliteratur zuordnen.

Der Ruhm des Theaterschauspielers ist in der heutigen Zeit ein recht vergängliches Phänomen. Anders als der berühmte Musikinterpret, der seinen Ruhm mit Hilfe der Schallplattenindustrie der Vergänglichkeit entreißen kann, beruht seine ganze Wirkung auf dem unmittelbaren Erlebnis der Aufführung. Während er heute bejubelt wird, kennen ihn morgen nur noch die wenigen Theaterenthusiasten. Da er seine Ruhmeswünsche unmittelbar während der Vorstellungen verwirklichen muß, ist es nicht verwunderlich, daß gerade das Theaterleben von heftigen Neid- und Eifersuchtsgefühlen erfüllt ist. Diese Problematik wird sehr anschaulich von Klaus Mann in seinem Roman ›Mephisto‹ dargestellt. In diesem sehr umstrittenen Roman, der gewisse Bezüge zum Leben des Schauspielers Gustaf Gründgens aufweist, wird der ehrgeizige Hamburger Schauspieler Hendrik Höfgen geschildert, der zu den Berühmtheiten des dortigen Theaterlebens zählte. Dennoch litt er, wenn er »die Berliner Zeitungen las; sein Herz zog sich zusammen und schmerzte vor Neid und Eifersucht. Triumphaler Erfolg der Martin! Neuinszenierung des ›Hamlet‹ am Staatstheater, sensationelle literarische Premiere am Schiffbauerdamm ... Und er saß in der Provinz! Die Hauptstadt kam ohne ihn aus! Die Filmgesellschaften, die großen Theater – sie bedurften seiner nicht. Ihn rief man nicht. Seinen Namen kannte man nicht in Berlin. Wurde er einmal erwähnt, von dem Hamburger Korrespondenten eines Berliner Blattes, dann war er gewiß falsch geschrieben ... Ihm sank die Stirn nach vorn. Die Sucht nach Ruhm ... nagte an ihm, wie ein physischer Schmerz.«[166]

Schließlich ging sein Wunsch in Erfüllung: er kam nach Berlin und wurde dort in kurzer Zeit berühmt. Nun fand er in jeder Zeitung »seinen Namen ... in solch beinah ebenso fetten Lettern wie die Namen jener altbewährten Stars, deren Ruhm man einst, in der Kantine des Provinztheaters neidisch verfolgt hat.«[167] Das Erfolgsrezept Hendriks bestand in diesen wirren Zeiten in einer ungeheuren Wendigkeit. Er arrangierte sich mit den Nationalsozialisten und traf in einer Theaterpause sogar mit Hermann Göring zusammen, der ihm freundschaftlich zugetan war. Nun kannte sein Ruhm keine Grenzen mehr. Jetzt war er der Verzauberte, der Neid und Bewunderung als selbstverständliche Gunstbezeugungen entgegennahm. Solche Ruhmessucht war seinem früheren Freund Otto fremd. Der paßte sich nicht an die neuen Verhältnisse an und wurde von den Nazi-Schergen umgebracht, weil er dem Widerstand angehörte. Sein Leben war dem Streben nach Wahrheit gewidmet gewesen, und Hendrik's Frau ahnte, daß dieser Otto, der nun nicht mehr lebte, trotz allem irgendwie zu beneiden war.

Das Neidproblem im politischen Leben

Auch Politiker werden immer wieder von Neidgefühlen heimgesucht. Durch ihr ständiges Ringen um Wählerstimmen werden ihre politischen ›Gegner‹ und nicht selten auch ihre Parteifreunde zwangsläufig zu Konkurrenten. Das verführt etliche Politiker dazu, bei allen Entscheidungen und Reden so sehr auf eine publikumsnahe Wirkung zu achten, daß man ihre Tätigkeit in gewisser Weise dem ›Schaustellergewerbe‹ zurechnen könnte. Entsprechend entfremdet ist ihr Lebensstil, über den der sozialdemokratische Politiker Erhard Eppler schreibt: »Gejagt von der Konkurrenz – was tut der Abgeordnete von der anderen Partei, was tut mein Rivale in der Partei? –, getrimmt auf Wirkung – bin ich angekommen? –, eingeübt in taktische Rücksichten – wem darf ich was sagen? –, entfernt der Politiker sich meist sehr rasch von dem, was er fordert und was ihm wohl selbst vorschwebt.«[168] Nun müssen gerade Politiker diese Neidgefühle verdrängen, wenn sie auf der politischen Bühne bestehen wollen. Sie dürfen ihre Neidgefühle nicht zeigen, weil sie dann seelisch verletzlich und für Machtkämpfe untauglich sind. Vielmehr müssen sie lernen, frühzeitig Niederlagen einzustecken und mit unbewegtem Gesicht dem Gegner in der Wahlnacht zu dessen Erfolg zu gratulieren. Wie sehr dennoch der Neid ihr Leben bestimmt, zeigt sich immer wieder in ihren verleumderischen Aussagen über die Politiker anderer Parteien oder gewisse Parteifreunde. Indem sie diese Konkurrenten herabsetzen und auf eine manchmal unerträgliche Weise diffamieren, leben sie ihre Neidgefühle aus. Und sie warten auf den Tag der Rache und tun alles dafür, um den Gegner im nächsten Wahlkampf zu schlagen oder ihm zumindest entscheidende Stimmen abzujagen.

Selbst die in ihrer Arbeit meist so sachlichen Naturwissenschaftler bleiben häufig vom ›Fürsten der Galle‹ nicht verschont. Verbissen streiten sie sich nicht selten um das ›Erstgeburtsrecht‹ einer Idee oder Erfindung. Anders als im Sport gibt es hier nicht den ersten, zweiten oder dritten Sieger, sondern nur einen Gewinner, so daß die Prioritätskämpfe entsprechend heftig ausfallen. Dies mußte bereits der italienische Naturwissenschaftler Galilei (1564–1642) erfahren, nachdem er als junger Professor einen ›geometrischen und militärischen Kompaß‹ entwickelt hatte. Hierbei handelte es sich um eine sehr ausgefeilte Rechenhilfe, die bis ins 19. Jahrhundert hinein im Gebrauch blieb. Natürlich gab es schon vorher gewisse Rechengeräte. Doch sie waren recht kompliziert und ihre Verwendung beschränkte sich meist auf Spezialfälle, so daß der Kompaß Galileis einen riesigen Fortschritt einleitete. Deshalb war er ziemlich verärgert, als er 1607 feststellen mußte, daß ein Mann namens Baldassare Capra die Erfindung des Kompasses als seine Leistung ausgab und die Behauptung aufstellte, Galilei habe seine Erfindung ›gestohlen‹. Galilei strengte daraufhin einen Prozeß an, bei dem seine zahlreichen Freunde für die Originalität seines Kompasses bürgten, so daß Capra seine ›Erfindungsschrift‹ verbrennen mußte.

Einige Jahre später gelang es Galilei, ein neuartiges Fernrohr anzufertigen, das er umgehend dem Rat der Stadt Venedig anbot. Man war über die Wirkung dieses Rohres ziemlich erstaunt und erkannte sofort seinen militärischen Nutzen, den Galilei eindringlich schilderte: »Auf den Meeren werden wir die Fahrzeuge und Segel des Feindes zwei Stunden früher entdecken, bevor er unserer ansichtig wird; indem wir auf diese Weise die Zahl und Art seiner Schiffe unterscheiden, können wir seine Stärke beurteilen, um uns zur Verfolgung, zum Kampf oder zur Flucht zu entschließen; ebenso lassen sich auf dem Lande die Lager und Verschanzungen des Feindes innerhalb ihrer festen Plätze von entfernten hochgelegenen Stellen aus beobachten und auch auf offenem Felde zum eigenen Vorteil jede seiner Bewegungen und Vorbereitungen sehen und im einzelnen unterscheiden.«[169] Außerdem verwies er auf die nicht eben glänzende Ausstattung seiner Professur und deutete den Wunsch an, den Rest des Lebens im Dienste der venezianischen Republik zu verbringen. Auf diesen Wunsch ging man ein, indem man sein Jahresgehalt verdoppelte und ihm einen Vertrag auf Lebensdauer aushändigte. Allerdings war die »Zustimmung durch den Senat der Universität Padua zu dieser ungewöhnlichen Bevorzugung eines Professors der Mathematik ... nicht einhellig. Sie erfolgte mit 98 Ja-Stimmen, elf Ablehnungen und 30 Stimmenthaltungen. Eine Welle von Kritik, genährt vor allem aus Mißgunst und Neid gegen den außerordentlichen Erfolg Galileis, brandete auf. Da sehr bald deutlich wurde, daß Galilei nur einer unter vielen war, die im Jahre 1609 ein Fernrohr anzubieten vermochten, ... fühlte sich der Rat von Venedig durch Galilei sozusagen hereingelegt. Da aber gleichzeitig die Bedeutung dieses einmaligen Mathematikers und Naturforschers erkannt war, reute es die Verantwortlichen nicht, sich seiner für Padua gesichert zu haben.«[170]

Obwohl Galilei das Fernrohr nicht erfunden hatte – dieses Verdienst kommt den Holländern zu –, war er doch kein schlichter Nachahmer. Die in seiner Werkstatt angefertigten Fernrohre übertrafen lange Zeit die Leistung der Konkurrenzprodukte. Viele Jahre hielten seine Instrumente, die eine bis zu dreißigfache Vergrößerung aufwiesen, durch ihre ausgezeichnete Verarbeitung eine Spitzenstellung. Nachdem er in einem kleinen Büchlein die ersten Ergebnisse der Sternenbeobachtung publiziert hatte, explodierte geradezu die Nachfrage nach Fernrohren, so daß Galilei als Adoptivvater dieser Erfindung angesehen wird.

Mittlerweile war Galilei vorsichtig geworden, wenn er neue Entdeckungen aufzeichnete, und verwendete eine Chiffrierkunst. Ihm kam es darauf an, die Priorität seiner wissenschaftlichen Erkenntnisse zu sichern. Im Grunde war er einer der ersten Naturwissenschaftler, die durch ihre Forschungen etwas Neues entdecken wollten, während man früher vor allem die Übereinstimmung mit den antiken Texten und Kirchenvätern anstrebte. Galilei gehörte schon zum Typus des modernen Forschers, der gerade auf das Neue aus ist. »Dinge zu entdecken, die nie zuvor jemand gesehen oder gedacht hatte, wurde fortan zur eigentlichen Rechtfertigung wissenschaftlichen Strebens, und damit ging die Sorge um die Wahrung des Erstgeburtsrechts einher, denn in der Forschung ist der zweite oft nur ein der Vergessenheit anheimfallender Zuspätgekommener. Daher wird die Priorität gehütet wie sonst nur von einem Geizhals der Geldsack ...«[171]

Aufgrund der unermeßlichen Forschungsenergie Galileis konnten neue Konflikte nicht ausbleiben. Bereits im Jahre 1612 bahnte sich zwischen ihm und dem Ingolstädter Professor Christoph Scheiner ein weiterer Prioritätsstreit an. Beide hatten das Phänomen der Sonnenflecken erforscht, wobei Scheiner diese Flecken auf zahlreiche die Sonne umkreisende Sterne zurückführte, während Galilei davon ausging, daß die Sonnenflecken auf der Oberfläche dieses Himmelskörpers erzeugt werden. Nachdem Galilei seine Forschungsergebnisse veröffentlicht hatte, wurde er als Entdecker der Sonnenflecken gepriesen. Dies machte Scheiner, der die Entdeckerrolle für sich reservieren wollte, außerordentlich wütend. Es entstand ein erbittert ausgefochtener Prioritätsstreit, der allerdings recht überflüssig war, da bereits zwei Jahre zuvor ein in Ostfriesland beheimateter Arzt ein Büchlein hatte drucken lassen, in dem er seine mit dem Fernrohr durchgeführten Beobachtungen der Sonnenflecken schilderte.

Das Neidproblem der ›himmelsstürmenden‹ Astronomen

Wie sehr der ›Fürst der Galle‹ im Mittelalter wissenschaftliche Entdeckungen erschwerte, zeigt auch das Leben des Astronomen Johannes Kepler (1571–1630). Er war ab 1600 wissenschaftlicher Gehilfe des reichen Astronomen Tycho Brahe, der als Prototyp des modernen exakten Naturwissenschaftlers angesehen werden kann. Durch seine für die damalige Zeit ungewöhnlich genauen Himmelsbeobachtungen und Messungen war er in der Lage, die Unzuverlässigkeit der Kopernikanischen Tabellen nachzuweisen, so daß er als Gründer der praktischen Astronomie gilt. Er war ein regelrechter Sammler, der Millionen von Daten anhäufte, Tabellen und Karten entwarf und damit die Voraussetzungen für eine exakte, naturwissenschaftliche Erforschung des Sternenhimmels schuf. Demgegenüber war Kepler der geniale Forscher, der gleichsam intuitiv die Sternbewegungen erfaßte und die entsprechenden Formeln entwickelte. Tycho Brahe war dermaßen neidisch auf diesen hochbegabten Astronomen, der finanziell von ihm abhängig war, daß er ihm die Daten über die Bewegungen des Mars vorenthielt, um seine erfolgreichen Arbeiten zu behindern. Allerdings starb Tycho Brahe bereits 1601 und Kepler konnte nun seine Forschungen relativ ungehindert fortführen, obgleich seine finanziellen

Verhältnisse zumeist sehr desolat waren. Er starb 1630 in Regensburg und wurde vor allem durch die aus Tycho Brahes Beobachtungen abgeleiteten Gesetze des Planetenlaufs berühmt, die noch heute als die drei Keplerschen Gesetze bekannt sind.

Der Streit um die Differentialrechnung

Einen äußerst erbitterten Streit, der zum Schluß wie ein Krieg geführt wurde, spielte sich vor über 250 Jahren zwischen dem in England geborenen Naturwissenschaftlers Newton (1643–1727) und dem deutschen Universalgelehrten Leibniz (1646–1716) ab. Die beiden Wissenschaftler, die in einem freundschaftlichen Briefkontakt standen, hatten unabhängig voneinander die Differentialrechnung entdeckt. Dabei kam wohl Newton das Verdienst zu, als erster diese mathematischen Gesetzmäßigkeiten erkannt und eine geometrische Rechenmethode entworfen zu haben, die allerdings sehr umständlich war. Während er mit einer Veröffentlichung zögerte, publizierte Leibniz seine wesentlich praktikablere algebraische Methode. Das änderte an ihrer Freundschaft zunächst nichts. Ihre Beziehung wurde erst beeinträchtigt, als der Mathematiker Wallis 1693 ein Werk herausbrachte, in dem er Newton als den eigentlichen Entdecker des neuen mathematischen Verfahrens darstellte. Leibniz, der bald darauf des geistigen Diebstahls bezichtigt wurde, protestierte natürlich. Schließlich entstand ein Kampf zwischen Leibniz und Newton, der im wesentlichen durch die zahlreichen Anhänger ausgefochten wurde. Der Streit uferte so weit aus, daß selbst der englische Hof eine Schlichtung wünschte. Letztlich griff dann der Tod in den Kampf ein: Leibniz starb 1716 und an seine Stelle trat nun Johann Bernoulli aus Basel, der den Streit ziemlich aggressiv fortführte.

Der beneidete Naturwissenschaftler

Bei wissenschaftlichen Entdeckungen geht es oft nicht nur um Ruhm und Ehre, sondern auch um handfeste finanzielle Interessen. Diese beiden scheinbar gegensätzlichen Bestrebungen gehen manchmal für einen Menschen auf eine höchst elegante Art und Weise in Erfüllung, wenn ihm ein Nobelpreis zugesprochen wird. Bekanntlich erntet man durch diese Auszeichnung nicht nur weltweites Ansehen, sondern auch einen Geldbetrag von fast einer halben Million DM. Deshalb ist der Nobelpreis für viele Geistesschaffende die begehrteste Anerkennung; und nur zweimal hat es jemand gewagt, die verliehene Auszeichnung zurückzuweisen. 1973 lehnte der nordvietnamesische Unterhändler Le Duc Tho, der zusammen mit dem amerikanischen Außenminister Kissinger für den erfolgreichen Abschluß des Waffenstillstandes den Friedensnobelpreis erhalten sollte, die Entgegennahme ab. Bereits neun Jahre vorher hatte die Entscheidung Sartres Aufsehen erregt, den Preis nicht anzunehmen. Er wollte seine literarische und politische Unabhängigkeit bewahren und war ohnehin der Meinung, daß Preise oder Orden nicht zu ihm passen würden. Für ihn war es die größte Ehre, wenn man seine Bücher las. Auf diese Ablehnung reagierte die Presse mit Unverständnis und absurden Erklärungen: Sartre sei nur beleidigt, weil sein Freund Camus den Preis schon 1957 erhalten habe. Außerdem könne er die Auszeichnung schon deshalb nicht annehmen, da Simone de Beauvoir sonst neidisch reagieren würde. Die merkwürdigen Interpretationen der meisten französischen Zeitungen sind insofern verständlich, als viele Wissenschaftler und Künstler voller Spannung darauf warten, endlich den Nobelpreis zu erhalten. Wer ihn schließlich bekommen soll und dann ablehnt, kann demzufolge nicht normal sein.

Wie sehr selbst ansonsten ausgeglichen wirkende Menschen dem Preis entgegenzittern, zeigt das Beispiel des Physikers Max Born (1882–1970). Wie ein Vater kümmerte sich der Göttinger Professor um seine zahlreichen Schüler, zu denen auch Werner Heisenberg gehörte, der 1932 für seine großen Leistungen bei der Formulierung der Quantenmechanik den Nobelpreis bekam. Max Born, der 1933 von den Nazis amtsenthoben wurde und emigrieren mußte, soll auf diese Ehrung seines früheren Schülers ziemlich neidisch reagiert haben. In einem Brief an seinen Freund Albert Einstein bekannte er später: »Daß ich den Nobelpreis nicht gleichzeitig mit Heisenberg erhielt, hat mich damals geschmerzt, trotz eines schönen Briefes von Heisenberg. Ich bin darüber hinweggekommen, weil mir Heisenbergs Überlegenheit bewußt war.«[172] Schließlich erfüllte sich doch noch seine Sehnsucht und er erhielt 1954 gemeinsam mit Walter Bothe den Nobelpreis für Arbeiten auf dem Gebiet der Quantentheorie.

Neid und Eifersucht in der höfischen Gesellschaft

Neid- und Eifersuchtsgefühle im Bereich der Wissenschaften und der schönen Künste sind dann einigermaßen erträglich, wenn sie aus der Weiterentwicklung der jeweiligen Forschungsgebiete beziehungsweise des künstlerischen Schaffens resultieren. Wesentlich giftiger sind solche Neid- und Eifersuchtsregungen, die sich vor allem nach sozialen, ökonomischen oder politischen Veränderungen aus der zunehmenden Bedeutungslosigkeit einer Gruppe ergeben. Da sie nicht das Resultat eines produktiven Aufstiegs, sondern eines kollektiven Niedergangs sind, ist ihre Wirkung ungemein zerstörerisch. Darauf hat vor allem der 1897 in Breslau geborene Soziologe Norbert Elias hingewiesen, der sich ausführlich mit dem höfischen Leben in Versailles in der Zeit Ludwigs XIV. beschäftigt hat. Seine Forschungen sind gerade deshalb hinsichtlich der Neidthematik interessant, weil er ein exzellenter Beobachter gruppendynamischer Prozesse ist. Im Gegensatz zur üblichen Geschichtsbetrachtung, die einzelne Könige, Heerführer und Päpste isoliert untersucht und zu einsamen Helden hochstilisiert, will er deutlich machen, wie sehr jeder in einer sozialen Gruppe vom anderen abhängig ist. Letztlich ist jeder vom Aufstieg und Niedergang einer Gruppe betroffen. Aus dieser Abhängigkeit ergibt sich oft eine Ohnmachtshaltung der einzelnen Menschen, die zu dem sonst unverständlichen Ausmaß der Neid- und Eifersuchtsdramen innerhalb solcher Gruppen führt.

Das Leben am Hofe Ludwigs XIV.

Das Hofleben in Versailles hatte unter Ludwig XIV. (1638–1715) eine zentrale Bedeutung für das soziale und geistige Leben Frankreichs. Es war der »Prägstock« des Landes, während Paris nur als »Affe des Hofes« angesehen wurde. Dieser Hof umfaßte zunächst nur die Haushaltung der französischen Könige, ihrer Angehörigen und aller anderen Menschen, die zum Hofleben dazugehörten. Vor allem unter Ludwig XIV. wurde der Hof dann jedoch zum regelrechten Mittelpunkt des höfischen und gesellschaftlichen Lebens. Zu seiner Zeit war der Hof ein derartiges Macht- und Entscheidungszentrum, daß alle Informationen und Entscheidungen durch den ›höfischen Filter‹ hindurch mußten. Nichts erreichte den König, ohne vorher diesen Filter passiert zu haben, und durch diesen Filter mußte auch alles gelangen, bevor es auf dem Lande vernommen wurde.

Versailles muß damals wie eine kleine Stadt gewesen sein. Es wird überliefert, daß zeitweilig zehntausend Personen im Schloß untergebracht waren. Allerdings waren dann alle Räume vom Keller bis zum Dach mit Menschen vollgestopft. Für viele Adlige, die meist ein Hôtel in Paris hatten, war das Leben in Versailles nicht gerade komfortabel. Doch für sie war es eine Pflicht und in gewisser Weise auch der Sinn ihres Daseins, zumindest für einige Monate im Jahr bei diesem höfischen Treiben mitzuwirken. Deshalb nahmen sie regelmäßig am Leben dieser ›höfischen Großgruppe‹ teil, obwohl es äußerst konfliktreich und anstrengend war. Ständig gab es unter den Adligen Reibereien, denn sie »kämpften um Prestigechancen, um ihre Stellung in der Rangordnung des höfischen Prestiges. Die Affären, Intrigen, Rang- und Gunststreitigkeiten brachen nicht ab. Jeder hing vom anderen ab, alle vom König. Jeder konnte jedem schaden. Wer heute hoch rangierte, sank morgen ... Jeder mußte Bündnisse mit anderen Menschen, die möglichst hoch im Kurs standen, suchen, unnötige Feindschaften vermeiden, die Taktik des Kampfes mit unvermeidlichen Feinden genau durchdenken, Distanz und Näherung im Verhalten zu allen übrigen entsprechend dem eigenen Stand und Kurswert aufs genaueste dosieren.«[173]

Die Außenorientiertheit des höfischen Menschen

Eine entscheidende Ursache für die Neid- und Eifersuchtsanfälligkeit des Hoflebens bestand darin, daß sich alles um äußerliche Gegebenheiten wie den Status, das Prestige und den sozialen Rang drehte. Dabei wurde der Rang eines Adligen nach der äußeren Repräsentation eingeschätzt, die sich sein Haus leisten konnte. Während sich ein ordentlicher Kaufmann bei seiner Lebensgestaltung nach den Einnahmen richten muß, war es für den Adligen entscheidend, seine Ausgaben nach den Erfordernissen seines Ranges zu orientieren. Wenn er dazu nicht in der Lage war, verlor er den Respekt der anderen Adligen und schied aus seiner Statusgruppe aus.

Nicht selten überstiegen die Kosten für den repräsentativen Konsum das Einkommen der Adligen, so daß sie Grundbesitz, Juwelen und ererbte Wertgegenstände verkaufen mußten. Obgleich dadurch das verfügbare Einkommen der Adligen sank, durften sie sich nicht an kommerziellen Unternehmungen beteiligen, um den Verlust auszugleichen. Der repräsentative Müßiggang, der sicherlich zeitweilig ungemein langweilig gewesen sein muß, war der Lebenssinn der Adligen. Ihn infragezustellen, waren sie nicht in der Lage. Stattdessen warteten sie ständig auf das Scheitern eines Rivalen, um seinen Platz einzunehmen. Gleichzeitig mußten sie in diesem spannungsgeladenen Gruppengeschehen sorgsam darauf achten, daß ihre Position nicht durch ungünstige Machtkämpfe gefährdet wurde. Wie in einem großen Volksdrama sprühten überall die Funken des Neides und der Eifersucht; es war ein Kampf aller gegen alle, der zu unaufhörlichen Veränderungen der Machtstruktur des Hofes führte.

Jede Statusveränderung führte umgehend zu einer Korrektur des Zeremoniells, das eine gewichtige Rolle im Hofleben spielte. Dadurch konnte der König Rangunterschiede herstellen, Gnadenbeweise erteilen und sein Mißfallen ausdrücken, so daß das höfische Spannungssystem für jedermann sichtbar war. Ein eindrucksvolles Beispiel für dieses Zeremoniell war das Ankleiden des Königs. Im allgemeinen wurde er um 8.00 Uhr vom ersten Kammerdiener, der zu Füßen des königlichen Bettes schlief, geweckt. Dann wurden die Türen für die Kammerpagen geöffnet, die wiederum eine Schar anderer Herren einließen. Dann ging man daran, den König aus- und anzuziehen: »Der maître de la garderobe zog das Nachthemd beim rechten Ärmel, der erste Diener der Garderobe beim linken; das Taghemd wurde von dem Großkämmerer oder von einem der Söhne des Königs, der gerade anwesend war, herbeigebracht. Der erste Kammerdiener hielt den rechten Ärmel, der erste Diener der Garderobe den linken. So zog der König das Hemd an. Darauf erhob er sich von seinem Fauteuil und der maître de la garderobe half ihm die Schuhe befestigen, schnallte ihm den Degen an die Seite, zog ihm den Rock an usw. usw.«[174] Jedes dieser Ämter hatte einen sehr hohen Prestigewert, und es bedeutete für den Adligen einen erheblichen Abstieg im höfischen Rangsystem, wenn er dem König nicht mehr beim An- oder Ausziehen des Nachthemds helfen durfte.

Alle schauten gebannt auf die Verschiebungen der höfischen

Machtstruktur. Schließlich war es gefährlich, sich freundlich mit einem Adligen zu unterhalten, dessen Stern ›im Sinken begriffen war‹, und noch problematischer war es, einen Aufsteiger zu enttäuschen. Unaufhörlich mußte man seine gesamte Aufmerksamkeit auf den sozialen Wandel dieser ›höfischen Großgruppe‹ richten. Soziale Freiräume oder Rückzugsmöglichkeiten gab es nicht, weil jeder auf den anderen ausgerichtet war. Ständig war man auf die Bestätigung durch die anderen angewiesen, denn man büßte seine Existenzberechtigung am Hofe ein, wenn man seine Ehre, seinen guten Ruf verlor.

Der Hof als ›totale Welt‹

Das Leben in den heutigen Industriegesellschaften ist im allgemeinen durch eine konsequente Trennung zwischen dem Privat- und dem Berufsleben geprägt. Außerdem gehört man im Privatbereich üblicherweise verschiedenen Gruppen an, so daß man bei einem Konflikt immer die Möglichkeit hat, sich von einer Gruppe zurückzuziehen und sich verstärkt anderen Menschen zuzuwenden. Dazu waren die Adligen der höfischen Großgruppe nicht in der Lage. Sie gehörten im wesentlichen nur dieser Adelsgesellschaft an, in der es keine Ausweichmöglichkeiten gab. Man war fast ständig mit bestimmten Menschen zusammen, die regelrecht eine ›totale Welt‹ bildeten. Demgegenüber lebt der heutige Mensch in verschiedenen sozialen Welten, da er seine jeweiligen Bezugspersonen nur vorübergehend sieht. Zudem kann er die beruflichen Bindungen auflösen, indem er sich einen anderen Arbeitsplatz sucht. Selbst von seinem Partner und seinen Freundschaften kann er sich trennen, ohne dabei seine gesamte soziale Existenz zu gefährden. Insofern ist sein Leben durch eine Freiheit gekennzeichnet, die der adlige Mensch des 17./18. Jahrhunderts überhaupt nicht kannte. Der Adlige war nie wirklich allein und dennoch ziemlich einsam, denn richtige Freundschaften waren in dieser intrigengeschwängerten Großgruppe fast unmöglich. Im allgemeinen war man immer etwas reserviert und festigte damit jene distanzierte Hofatmosphäre, die für die Entstehung von Neid- und Eifersuchtsgefühlen besonders förderlich war.

Recht neidbegünstigend war auch der Tatbestand, daß die Bedeutung des Adels in jener Zeit ständig im Sinken begriffen war, während sich die Macht- und Einflußsphäre der bürgerlichen Klasse (der Rechtsanwälte, Kaufleute, Bankiers usw.) ausweitete. Immer stärker verlor der Adel seine gesellschaftliche Existenzberechtigung. Er befand sich in einer Krise, die sich dadurch verschärfte, daß er die Konflikte, die sich außerhalb des Hofes zusammenballten, in ihrer Tragweite unterschätzte. Die meisten Adligen interessierten sich kaum für gesellschaftliche Entwicklungen und wehrten sich gegen den sozialen Fortschritt, der ihren Niedergang bedeutete. So entwickelte sich ein gesellschaftliches Spannungsgefüge, das nicht mehr mit friedlichen Mitteln aufzulösen war. Auf dem Boden dieser explosiven gesellschaftlichen Spannungen entstand schließlich die französische Revolution, in der Ludwig XVI. im Jahre 1793 hingerichtet wurde. Mit seinem Tod endete die Geschichte der höfischen Gesellschaft.

Die sinkende Bedeutung des Adels war die entscheidende Ursache für die ›Giftigkeit‹ der Neid- und Eifersuchtsgefühle am Hofe. In einer ›absteigenden Gruppe‹ ist das Neid- und Eifersuchtsproblem immer größer als in einer expandierenden Gemeinschaft. Das verringerte Wirkungsfeld führt dazu, daß spannungsgeladene Gefühle nicht mehr in expansiven Handlungen ausgelebt werden können. Außerdem werden die Teilnehmer von ihrem Bedeutungsrückgang demoralisiert, da sie nun einen kleineren Kuchen (Erfolg, Geld, Einfluß) unter sich aufteilen müssen, was immer zu neidauslösenden Verteilungskämpfen führt.

Eine ganz andere Atmosphäre herrscht in expansiven Gruppen. Vor allem in Gemeinschaften mit einem gewissen Sendungsbewußtsein wird der soziale Druck nach außen geleitet und in gemeinsamen Aktionen ausgelebt. Ständige Neid- und Eifersuchtskonflikte würden die Teilnehmer nur an der Realisierung der hochgesteckten Ziele stören. Und solange sie die Hoffnung haben, in der Gruppe die eigenen sozialen und geistigen Ziele verwirklichen zu können, werden sie tatsächlich kaum Neid- und Eifersuchtsgefühle verspüren. Das gemeinsame Bedürfnis nach Aufstieg und Entwicklung eint die Gruppe und verleiht ihr vorübergehend eine ungeahnte Harmonie. Umso heftiger können dann die Konflikte ausbrechen, wenn gewisse Ziele von einigen Mitgliedern erreicht wurden, bzw. falls erste Niederlagen zu verkraften sind.

Die eigentliche Integrationskraft geht in solchen Gruppen vom charismatischen Führer aus. Er ist eine Persönlichkeit, die mit ungewöhnlichen Fähigkeiten und Eigenschaften ausgestattet ist, so daß er durch seine Ausstrahlung die Jünger mitzureißen versteht. Die Überzeugungskraft dieses Gruppenleiters schweißt die Gemeinschaft zusammen und gibt ihr trotz der manchmal auftretenden Konflikte ein Grundgefühl der Solidarität und Zuversicht.

Eine ganz andere Führungsaufgabe hatte Ludwig XIV. Er mußte versuchen die am Hofe auftretenden sozialen Spannungen zur Aufrechterhaltung des bestehenden Machtgefüges zu nutzen. Da eine Politik der Machterweiterung nicht möglich war, mußte er vor allem eine Sicherung des höfischen Einflusses betreiben. Eine solche Herrschaftspolitik rief zwangsläufig Neid- und Eifersuchtskonflikte hervor. Während der charismatische Führer den Anhängern ein ›gelobtes Land‹ verspricht, stand Ludwig XIV. unter dem Druck, eine ›absteigende Gruppe‹ verwalten zu müssen. Die dabei entstehenden Affektströme so zu steuern, daß seine eigene Machtposition keinen Schaden nahm, mußte deshalb das Hauptziel seiner Bemühungen darstellen.

Neid- und Eifersucht als Mittel zur Herrschaftssicherung

Die Unzufriedenheit am Hofe über die Entwicklung des Adels beinhaltete natürlich einen gewaltigen sozialen Sprengstoff, der auch die Position Ludwigs XIV. gefährdete. Deshalb mußte der König stets darauf achten, daß sich der Adel nicht gegen ihn solidarisierte. Wäre es den verschiedenen höfischen Gruppen gelungen, sich zu vereinigen, so wäre der König unversehens abgelöst worden. Doch durch die wechselseitigen Konkurrenz- und Neidgefühle der Adligen war der König in der Lage, ihre Zerstrittenheit so zu verstärken, daß sie gegen ihn machtlos waren.

Der König achtete immer darauf, daß keine höfische Gruppe zu stark wurde. Geschickt verteilte er Orden und Vergünstigungen und erregte damit bewußt Eifersuchtsgefühle. Indem er sich in seiner Machtausübung insbesondere auf seine Minister, Bastardsöhne und

Maîtressen stützte, die völlig von ihm abhingen, rief er vor allem die Eifersucht des hohen Adels hervor. Dieser stand dem König in der Hierarchie des Hofes besonders nahe und war daher verständlicherweise neidisch auf seine Machtfülle. Allerdings war es dem hohen Adel nicht möglich, Veränderungen am höfischen Machtgefüge vorzunehmen, ohne auf den heftigen Widerstand der anderen Gruppen zu stoßen. Niemand war für einen Umsturz zu gewinnen, weil man befürchten mußte, dann an Einfluß zu verlieren. Insofern war der König für alle höfischen Gruppierungen in gewissem Sinne ein Garant des sozialen Friedens, weil nur er den ›status quo‹ aufrechterhalten konnte.

Um seine Machtposition zu sichern, war es für den König lebenswichtig, umfassend über alle Vorgänge am Hofe informiert zu sein. In seiner Neugierde ging Ludwig XIV. so weit, daß er einigen Bediensteten den Auftrag gab, zu jeder Tages- und Nachtzeit durch die Gänge, Passagen, Höfe und Gärten zu streifen, sich zu verstecken, Leute zu beobachten, ihre Gespräche zu belauschen und genaue Berichte über ihre Spionagetätigkeit abzuliefern. Diese Informationsbeschaffung entsprach ganz offensichtlich den Neigungen Ludwig XIV., denn zu seinem Sohn meinte er einmal, die angenehme Aufgabe des Königs bestehe darin: »... die Augen über die ganze Erde hin offen zu halten, unaufhörlich aus allen Provinzen und aus allen Nationen Neuigkeiten zu erfahren, das Geheimnis aller Höfe, die Laune und Schwächen aller Prinzen und aller auswärtigen Minister kennen zu lernen ...«[175]

Gefühle und Affekte mußte man verbergen

Zur Lebensstrategie des höfischen Menschen gehörte die Devise, seine wirklichen Gefühle zu verbergen und sich keine Anspannung oder Verärgerung anmerken zu lassen. Vor allem mußte er seine Affekte meisterhaft beherrschen, da sie das wahre Empfinden eines Menschen aufdecken können und insofern besonders verräterisch sind. Außerdem sind sie ein Zeichen der Ohnmacht und Unterlegenheit; und diese Situation fürchtete der höfische Mensch am meisten. Er kontrollierte deshalb seine Gefühle und Affekte so sehr, daß La Bruyère schrieb: »Er bleibt Herr seiner Geste, seiner Augen und seines Ausdrucks; er ist tief, er ist undurchdringlich, er scheint die schlechten Dienste, die man ihm erweist, nicht zu sehen, lächelt seinen Feinden zu, legt seiner Laune Zwang auf, verbirgt seine Leidenschaften, straft sein Herz Lügen und handelt gegen seine Meinungen. Dieses ganze große Aufgebot ist nichts als ein Laster, das man Falschheit nennt ...«[176]

Durch ihre Verdrängungsneigung züchtete die höfische Atmosphäre in hohem Maße versteckte Neid- und Eifersuchtsgefühle, die in ihrer zerstörerischen Wirkung wesentlich gefährlicher sind als offene Affekte. Im Grunde waren die Auswirkungen des verlogenen höfischen Lebens so fatal, daß es immer wieder Gegenbewegungen provozierte. Beispielsweise wird man die nachhaltige Wirkung Jean-Jacques Rousseaus (1712–1778) nur verstehen können, wenn man sie als Reaktion auf die vom höfischen Leben geforderte Zurückdrängung des Gefühls begreift. In gewisser Weise war der Rousseausche Ruf ›Zurück zur Natur‹ auch der Versuch einer Befreiung jener Gefühle und Leidenschaften, die unter dem Einfluß der höfischen Gesellschaft in Verruf geraten waren.

Die Kunst der Menschenbeobachtung

Indem die höfische Gesellschaft die Adligen zwang, ihre Gefühle und Affekte zu verbergen, entstand eine nahezu undurchschaubare, verlogene Atmosphäre, da niemand direkt sehen konnte, was der andere wirklich dachte und fühlte. Das am Hofe praktizierte Intrigenspiel zwang daher die Adligen, die Motive und Handlungsweisen ihrer Gesprächspartner und Gegenspieler genau zu analysieren, ihre Äußerungen zu prüfen und deren Sinn regelrecht zu entschlüsseln. So entwickelte sich am Hof eine sehr praxisbezogene Kunst der Menschenbeobachtung, die sich vor allem durch fundierte gruppendynamische Kenntnisse auszeichnete. Man verstand die einzelnen Adligen immer als Teil der höfischen Großgruppe und zog ihre Beziehungen zu den anderen Adligen in Betracht. Außerdem erstreckte sich diese Menschenbeobachtung auch auf die Beobachter selbst, denn für das Verständnis der sozialen Vorgänge war eine differenzierte Selbsterkenntnis unerläßlich. Man mußte sich im Bereich der Eitelkeiten, Stimmungen und Affektregungen auskennen, um die Motive der anderen Adligen erahnen zu können. Zudem wäre es unmöglich gewesen, die eigenen Gefühle zu überspielen, wenn man nicht zumindest ansatzweise über sie Bescheid gewußt hätte. Ein im emotionalen Bereich ahnungsloser Mensch wäre viel zu ehrlich und hätte keine Chance gehabt, im Intrigenspiel einer höfischen Gruppe erfolgreich mitzuwirken.

Ihre höchste Vollendung hat die Kunst der Menschenbeobachtung in den tiefgründigen französischen Aphorismen gefunden. Zu ihren Meistern zählt vor allem der 1645 geborene La Bruyère, der durch sein Buch ›Charaktere oder die Sitten dieses Jahrhunderts‹ berühmt wurde. In diesem Buch entlarvt er die Oberflächlichkeit des damaligen Hoflebens und stellt es als ein ständiges militärisches Spiel dar, »das Aufmerksamkeit erfordert: man muß seine Geschütze und Batterien gut aufstellen, einen festen Plan haben, ihn befolgen, denjenigen seines Gegners durchkreuzen, manches Mal wagen und mit Phantasie spielen ...«[177]

Ein anderer Schriftsteller, der zu den Meistern des französischen Aphorismus gezählt wird, ist der 1613 geborene La Rochefoucauld. Nachdem er sich bei einer Revolte auf die Seite der aufständischen Adligen gestellt hatte, wurde er 1652 schwer verletzt. Da er eine Begnadigung des Königs ablehnte, mußte er wegen Majestätsbeleidigung fliehen. Erst nach der Amnestie im Jahre 1656 konnte er wieder in Paris leben. Nun machte er keine Anstrengungen mehr, Zugang zum Hofe Ludwigs XIV. zu finden, sondern hielt sich vorwiegend im gesellschaftlichen Rahmen der Pariser Salons auf. Während der erste Lebensabschnitt La Rochefoucaulds durch Kämpfe, Verhandlungen und Intrigen gekennzeichnet war, widmete er sich jetzt der schriftstellerischen Arbeit. Berühmt wurden vor allem seine 1665 erstmals erschienenen ›Reflexionen oder moralische Sentenzen und Maximen‹, die einen ungeheuren Schatz der Menschenkenntnis darstellen. Einige Beispiele aus dieser Sammlung sollen die scharfe Beobachtungsgabe La Rochefoucaulds verdeutlichen:

– Unser Neid dauert stets länger als das Glück derer, die wir beneiden.
– Die Mittelmäßigkeit verurteilt meist alles, was ihren Horizont übersteigt.
– Der Wunsch klug zu erscheinen, verhindert oft, es zu werden.
– Wir sind alle stark genug, um zu ertragen, was andern zustößt.
– Neid ist unversöhnlicher als Haß.[178]

DIE NEIDPROBLEMATIK ZWISCHEN FRAUEN UND MÄNNERN

Als Sigmund Freud zum Beginn dieses Jahrhunderts die Grundlagen der Psychoanalyse schuf, war die Vorherrschaft des Mannes in der Gesellschaft noch weitgehend ungefährdet. Trotz vereinzelter Aufklärungsschriften und Emanzipationsbemühungen von Frauen waren damals die meisten Männer davon überzeugt, daß ihnen der Vorrang im Leben gebührte. Schließlich waren sie als erste Erdenbürger von Gott geschaffen worden, während die minderwertige Eva aus Adams Rippe entstand. Selbst der in anderen Fragen so aufgeklärte Sigmund Freud stimmte der These von der Überlegenheit des Mannes zu. Als ihn einmal einer seiner amerikanischen Schüler fragte, ob es nicht das beste wäre, wenn beide Ehepartner gleichberechtigt wären, soll er geantwortet haben: »Das ist praktisch eine Unmöglichkeit. Ungleichheit muß es geben, und die Überlegenheit des Mannes ist das kleinere Übel.«[179] Auch für Freud war also der Mann die Krone der Schöpfung, während die Frau bereits hinsichtlich ihres Körpers ein ›gescheiterter Mann‹ war. Schließlich habe ich keinen Penis, sondern nur eine versteckte Vagina, die als »Herberge des Penis« anzusehen sei. Anstatt des imponierenden männlichen Geschlechtsteils habe die Frau eine »Wunde«, die sie immer wieder beschäftige.[180]

Bereits kleine Kinder stellen manchmal fest, daß der Knabe etwas besitzt, was dem Mädchen offenbar fehlt. Bald wird das Mädchen bemerken, daß es nicht in der Lage ist, wie die Jungen im hohen Bogen zu pinkeln, und sich Gedanken über seinen körperlichen Mangelstand machen. Es fühlt sich benachteiligt und wird vielleicht den Knaben um seinen großen Penis beneiden, der ihn offenbar zu einer Vorzugsstellung in der Welt berechtigt. Solche Beobachtungen bestärkten Freud in der Überzeugung, daß die Entwicklung der Frau vom Problem des ›Penisneides‹ bestimmt sei. Als es in der psychoanalytischen Bewegung heftige Kritik an dieser rückschrittlichen Theorie gab, erwiderte Freud in seiner 1933 erschienenen Abhandlung ›Über weibliche Sexualität‹, man könne an der Bedeutung des Penisneides einfach nicht zweifeln. Schließlich müsse man feststellen, daß Neid und Eifersucht im Seelenleben der Frauen eine noch größere Rolle spielten als bei Männern. Im Grunde seien Frauen schamhaft, eitel und hätten wenig Sinn für Gerechtigkeit, und dies sei auf Wirkung des Penisneides zurückzuführen.

Die These von der minderwertigen und neidischen Frau ist bis heute nicht verstummt. In einer unfreiwillig humorvoll-satirischen Weise wird sie auch von der ziemlich temperamentvollen Claire Goll (1901–1977) vertreten. Sie schreibt über ihr eigenes Geschlecht: »Wir sind mindere Geschöpfe, gerade gut genug zur Unterordnung. Wir haben Eierstöcke, wir sind jeden Monat von unserem Blut abhängig, wir werden vom Mond beeinflußt. Unser Gehirn ist weniger entwickelt als das unserer Gefährten, und auch unsere Körperkraft ist geringer. In allen Lebenslagen reagieren wir mehr vom Gefühl her. Eine Frau, die an den Füßen einer Rivalin hübschere Schuhe sieht als die ihren, wird nicht aufhören, die anderen anzuschwärzen und zu verletzen. Man stelle sich vor, daß zwei Männer einander wegen ihrer Schuhe verabscheuten! Bei ihnen dreht sich der Wettstreit um Höheres wie Geld, Ehrgeiz, Verstand. Sie haben die Fähigkeit, sich zurückzuziehen, Abstand zu wahren, während die Frauen angesichts einer Puderdose oder eines Ringes jede Selbstbeherrschung verlieren. Die Gier ergreift sie dermaßen, daß sie ihre aggressive Lüsternheit nicht unterdrücken können. Sie sind eifersüchtig, neidisch, sie verzetteln sich in Nebensächlichkeiten.«[181]

Es mag ja sein, daß der Neid vieler Frauen direkter ist und sich mehr auf äußere Schönheit richtet. Doch ihre relativ offenen Neidregungen sind häufig wesentlich unproblematischer als die verbissenen Neidaffekte jener ruhm- und machtsüchtigen Männer, die ihre Konkurrenten mit allen Mitteln aus dem Felde räumen wollen.

Der dünne Fleischzipfel

Viele Männer betreiben auch heute noch einen merkwürdigen Penis-
kult und fragen sich besorgt, ob ihr Organ auch groß genug sei, um
einer Frau zu imponieren. Die meisten werden jedoch ihren Penis nicht
so offen verherrlichen wie D. H. Lawrence, dessen Roman ›Lady
Chatterley‹ eine regelrechte Lobpreisung dieses wichtigen Körperteils
enthält. In diesem berühmten erotischen Klassiker stellt eine junge
Lady, nachdem sie einen nackten Waldhüter genauer betrachtet hat,
beeindruckt fest: »Wie seltsam … Wie seltsam er da steht! So groß!
Und so dunkel und so anmaßend … So stolz … und so gebieterisch.
Jetzt weiß ich, warum Männer so anmaßend sind. Aber er ist herrlich,
wirklich! Wie ein anderes Wesen! Ein bißchen zum Fürchten. Aber so
schön, wirklich!«[182] Und nachdem der Mann schweigend auf seinen
gestrafften Phallus herabgesehen hatte, sagte er endlich mit leiser
Stimme: »Ja, mein Kleiner. Du stehst ganz schön da. Ja, du kannst dich
sehen lassen! Stehst für dich allein ein, nicht? Brauchst dich um
niemand zu kümmern.«[182] Solch regelrecht komisch wirkendem Penis-
kult setzte Simone de Beauvoir vierzig Jahre später die Bemerkung
entgegen, es handle sich bei jenem männlichen Organ doch nur um
einen »dünnen Fleischzipfel«, um den man nicht so viel Aufhebens
machen sollte.[183] Der Penis werde nur infolge der gesellschaftlichen
Vorrechte des Mannes so stark überschätzt. Mit dieser nüchternen
Einschätzung hatte Simone de Beauvoir der Freudschen Penisneid-
theorie, die noch immer von einigen Analytikern vertreten wird, einen
entscheidenden Schlag versetzt. Entsprechend heftig waren die Reaktionen der gekränkten ›Männerwelt‹.

Anfang des Jahrhunderts hatte Freud wiederholt darüber geklagt,
man würde gleichsam vor Fischen predigen, wenn man die Frauen
dazu bewegen wolle, ihren vom Neid diktierten Peniswunsch aufzugeben. Er war nicht in der Lage, die Neidgefühle der Frauen auf ihre
tatsächliche Benachteiligung zurückzuführen. Von einer Emanzipation des weiblichen Teils der Gesellschaft hielt er nichts. Das wird auch
in einem Brief an seine Verlobte Martha deutlich, in dem er schrieb:
»Es ist auch ein gar zu lebensunfähiger Gedanke, die Frauen genauso in
den Kampf ums Dasein zu schicken wie die Männer. Soll ich mir mein
zartes, liebes Mädchen zum Beispiel als Konkurrenten denken; das

Zusammentreffen würde doch nur damit enden, daß ich ihr ... sage, daß ich sie lieb habe und daß ich alles aufbiete, sie aus der Konkurrenz in die unbeeinträchtigte stille Tätigkeit meines Hauses zu ziehen.«[184] Offenbar stimmte Freud mit der damals vorherrschenden Ansicht überein, die Frauen wären vor allem für den Haushalt und die Kinder zuständig. Seinerzeit war es für Frauen fast unmöglich, einen qualifizierten Beruf zu ergreifen, das allgemeine Wahlrecht war ihnen verwehrt und das Vorurteil, der Mann sei die Krone der Schöpfung, wurde nur vereinzelt durch Vorkämpferinnen der Frauenbewegung hinterfragt. Kennzeichnend für die Benachteiligung der Frauen war die Tatsache, daß es auch in der von Freud geleiteten Mittwochs-Gesellschaft am 13. April 1910 eine längere Debatte über die Frage gab, ob man Frauen als Mitglieder aufnehmen solle. Der Analytiker Isidor Sadger war aus prinzipiellen Gründen dagegen, diesen Männerkreis für Frauen zu öffnen. Demgegenüber sprach sich Alfred Adler dafür aus, »auch weibliche Ärzte und Frauen, die sich ernsthaft dafür interessieren und mitarbeiten wollen, zuzulassen«.[185] Er vertrat schon zu jener Zeit die Überzeugung, daß die Gleichstellung der Frauen eine dringliche Aufgabe sei. Den zu starken Vorrang des Männlichen geißelte er in einem Aufsatz als »Krebsschaden der Kultur«, den es zu überwinden gelte. Die Männer lebten einen künstlich gezüchteten Größenwahn aus, während die Frauen durch gesellschaftliche Vorurteile und reale Behinderungen so lange mit ihrer ›weiblichen Minderwertigkeit‹ konfrontiert würden, bis sie selbst daran glaubten. Engagiert schrieb Adler: »*Dann* freilich ist sie untauglich und unbrauchbar. Wenn wir aber einem Menschen gegenübertreten ... und ihm alle Hoffnung absprechen, daß er es zu etwas bringen könne, wenn wir auf diese Weise seinen Mut untergraben und dann finden, daß er nichts leistet, dann dürfen wir nicht sagen, daß wir recht gehabt haben, sondern müssen eingestehen, daß *wir* das ganze Unglück verschuldet haben.«[186] Im Laufe der weiteren Aussprache meinte auch der in diesem Falle offenkundig liberale Freud, er würde es als arge Inkonsequenz ansehen, wenn Frauen prinzipiell ausgeschlossen würden. Die daraufhin vorgenommene Abstimmung ergab, daß drei Männer gegen und elf für die Aufnahme von Frauen votierten. Im Protokoll ist verzeichnet, daß die drei Gegenstimmen den Obmann veranlaßten, in dieser Angelegenheit »mit besonderer Zurückhaltung vorzugehen«.[187]

Der Neid der Männer auf die Weiblichkeit

Obwohl im Laufe der Zeit immer mehr Frauen an der Psychoanalytischen Bewegung mitwirkten, blieb sie hinsichtlich vieler sozialer Fragen eine ›männliche Schöpfung‹. Darauf wies vor allem Karen Horney hin, die seit 1911 eine Charakteranalyse bei Karl Abraham absolviert hatte und ab 1920 in dem neugegründeten Berliner Psychoanalytischen Institut tätig war. Für sie waren die Theorie des Penisneides und die Aussagen über das ›weibliche Geschlecht‹ Ergebnisse einer männlichen Optik, die dem Wesen der Frau nicht gerecht wurde. Entschieden vertrat sie die Auffassung, daß der Penisneid im wesentlichen soziale Ursachen habe. Er sei ein Resultat der starken Benachteiligung der Frau in allen Bereichen des sozialen Lebens und sei damit in erster Linie ein gesellschaftliches Problem. Durch die allgegenwärtige Bevorzugung des Mannes werde in vielen Frauen der verständliche Wunsch erweckt, selbst ein Mann zu sein. Sie lehnen die Weiblichkeitsrolle total ab und leiden nach Horneys Auffassung an einem »Männlichkeitskomplex«. Dieser äußere sich zunächst in einem neidgetragenen Ressentiment gegenüber dem Mann, »in einer inneren Erbitterung gegen ihn als den Bevorzugten, wie sie etwa der Arbeiter gegen den Unternehmer hat; in einer geheimen Feindseligkeit, die gleichsam darauf lauert, ihm eine Niederlage zu bereiten, oder ihn mit den tausend Mitteln des täglichen Kleinkrieges seelisch zu erlahmen. Kurz, wir sehen das Bild, wie es sich in zahllosen Ehen auf den ersten Blick zeigt.«[188] Obwohl sich jene Frauen sehr kritisch über die Männer äußerten, schätzten sie doch das männliche Geschlecht viel höher ein als das weibliche. Im Grunde idealisierten sie den Mann und seine Lebenswelt und seien nicht in der Lage, die Vorzüge ›weiblicher Werte‹ zu sehen. Insofern hindere die Neidproblematik solche Frauen daran, sich eine eigene weibliche Identität aufzubauen, weil sie immer auf den Mann schielen und sich mit seiner ehrgeizig-expansiven Lebenshaltung messen müßten.

Der neidische Mann

Warum haben es die Männer eigentlich so nötig, sich immer als ›Krone der Schöpfung‹ aufzuspielen und die Frauen zu entwerten? Karen Horney meint, daß hinter solch starker Abwertungstendenz ein massives Neidproblem stecken müsse. Offensichtlich habe der Mann heftige Minderwertigkeitsgefühle gegenüber der Frau, weil er keine Kinder zur Welt bringen könne. In früheren Jahrhunderten wurde in einigen Religionen die Fähigkeit des Gebärens als göttlich verehrt. Die Frauen verfügten über diese ›die Leben schaffende Kraft‹, während die Männer nur zu oft das Leben zerstörten. Diese positivere Bedeutung des Weiblichen konnte der Mann offenbar nicht akzeptieren. Er rackerte sich ab und vollbrachte große kulturelle Leistungen, um seine Unterlegenheit auszugleichen. Als dann die Frauen begannen, ihm auf diese Leistungsgebiete zu folgen, wehrte er sich erbittert dagegen, denn er hatte natürlich keine Möglichkeit, sich dafür die Fähigkeit des ›Kinderkriegens‹ anzueignen.

Dieser These vom neidischen Mann hat sich in letzter Zeit auch Bruno Bettelheim angeschlossen. Er registrierte bei vielen Jungen und Männern den neiderfüllten Wunsch, Kinder zu bekommen. Außerdem beobachtete er in einer Chicagoer Modellschule für vorwiegend emotional gestörte Schüler etliche Jugendliche, die von dem neiderfüllten Verlangen geprägt wurden, weibliche Brüste zu besitzen. »Ein Rätsel, das sie wiederholt stellten, lautete: ›Was ist die stärkste Sache auf der Welt?‹ Und sie blieben auch nie die Antwort schuldig: ›Ein Büstenhalter, denn er hält zwei riesige Berge und eine Milchfabrik.‹«[189]

Sicher sind manche Männer auf die lebensspendenden Fähigkeiten der Frauen neidisch. Sie können sich noch so sehr den Frauen überlegen fühlen, Kinder können sie trotzdem nicht bekommen, falls die biologische Forschung nicht eines Tages den schwangeren Mann ermöglicht. Jedenfalls können die Männer bisher weder die Mutterfreuden noch die Schwangerschaftsphase, die von vielen Frauen als eine Zeit der inneren Ruhe und Ausgeglichenheit geschildert wird, erleben. Und der Geburtsakt ist für sie schon gar nicht nachvollziehbar. Sie können nur trotzig und stolz darauf hinweisen, daß auch sie ›Kinder‹ bekommen, wenn sie ein geistiges Werk produzieren. So schreibt der französische Schriftsteller Honoré de Balzac (1799–1850) über den Schaffensprozeß: »Ein Werk gebären! Das Kind des eigenen Geistes mühsam aufziehen, es jeden Abend vollgesogen mit Milch, schlafen legen, es jeden Morgen von neuem an das unerschöpfliche Mutterherz nehmen, es säubern, bis es wie abgeleckt aussieht, es hundertmal in die schönsten Gewänder hüllen, die es doch unaufhörlich zerreißt: nicht zurückbeben vor den Zuckungen und Krämpfen dieses närrischen Lebewesens und vielmehr das beseelte Meisterwerk daraus machen, das als Skulptur jedem Betrachter etwas zu sagen hat, als literarische Schöpfung für jedermann verständlich ist ...«[190]

Nun könnte man die Aussage Balzacs dahingehend interpretieren, daß die Produktivität der Männer dem neiderfüllten Wunsch entspringt, Kinder in die Welt zu setzen. Als ob sie es nötig hätten, sich auch auf diesem Gebiet zu beweisen. Und es gibt gewiß manchen Mann, der nicht nur auf die Mutterschaft, sondern auch auf die Brüste und das hübsche Aussehen der Frauen neidisch ist. Vor allem die Mehrzahl älterer Männer kann mit ihren hervortretenden Bäuchen, haarigen Waden und eckigen Knien kaum mit der schönen Gestalt vieler Frauen konkurrieren. Insofern wäre ihr Neid berechtigt. Doch man sollte es mit solchen äußeren Vergleichen oder dem Mutterschafts- und Busenneid nicht zu weit treiben. Auf eine etwas fragwürdige Weise werden durch solche Theorien biologische Unterschiede zur Erklärung von Neidgefühlen herangezogen, die wohl viel eher auf gravierenden gesellschaftlichen Ungerechtigkeiten beruhen.

Der ›Mutterschaftsneid‹ ist wahrscheinlich weniger ein Problem der Männer als vieler Frauen. Sie reagieren häufig sehr neidisch, wenn eine gute Freundin wieder ein Kind zur Welt gebracht hat, während ihre Ehe kinderlos geblieben ist. Sie zweifeln daran, ob sie wirklich eine richtige Frau sind und sehen ihre Ehe gefährdet. Dieser Mutterschaftsneid belastet tatsächlich viele kinderlose Frauen und ist auch ein zentrales Thema in Tennessee Williams Stück ›Die Katze auf dem heißen Blechdach‹.

Wenn viele Männer während der Schwangerschaft ihrer Frauen nervös werden, dann sind sie wahrscheinlich eifersüchtig, weil sie sich wie das ›dritte Rad am Wagen‹ fühlen.[191] Und wenn sie während ihrer Ehe hin und wieder den Wunsch nach einer eigenen Schwangerschaft verspüren, so sollte man dies eher symbolisch verstehen. Diese Auffassung entspricht auch der Meinung des Künstlers Enzo Butera, der die

Bronzestatue ›Der schwangere Mann‹ geschaffen hat. Dabei ging es ihm nicht darum, den Gebärneid des Mannes künstlerisch abzubilden. Vielmehr wollte er das Bedürfnis des Mannes nach geistiger Schwangerschaft darstellen. Ihm ging es um die kreative, soziale »Schwangerschaft im Kopf«, die einen Beitrag zur Entfaltung der Menschheit leistet.[192]

Dennoch ist Karen Horneys Vermutung, daß auch der Mann heftige Neidgefühle gegenüber der Frau empfinden könne, nicht von der Hand zu weisen. Doch diese Neidgefühle beziehen sich wohl mehr auf die klügere Lebensweise vieler Frauen. Sie leiden nicht so stark unter den übertriebenen, männlichen Ehrgeizphantasien und sind eher in der Lage, sich Schwächen einzugestehen. Deshalb leben sie manchmal behaglicher und werden wesentlich älter als ihre männlichen Zeitgenossen. So ist auch die Klage des jungen Mannes zu verstehen, der in dem Roman ›Der Erwählte‹ von Thomas Mann seiner geliebten Sibylla gesteht: »Mein Geschlecht, das muß sich regen und etwas tun, um herrlich zu sein. Mit deinem darf man nur sein und blühen und ist schon herrlich. Das ist der allgemeinste Unterschied zwischen Mann und Weib ... wo ist unsere Blüte? Wir haben hier nichts und da nichts, nur etwas Kraft, um uns herauszuhauen aus unserem Nachteil.«[193] Infolge sozialer Rollenerwartungen stehen Männer im allgemeinen überall unter dem Druck, sich beweisen zu müssen. Von dem daraus resultierenden Leistungsanspruch fühlen sich immer mehr Männer überfordert.

So wie der blutspendende Richard aus einer Erzählung von John Updike kommen etliche Männer zu der Überzeugung: »Tapferkeit ist der Preis, den ich dafür bezahlen muß, daß ich einen Penis habe.«[194] Und sie beginnen die Frauen um ihr scheinbar leichteres Leben zu beneiden und äußern manchmal sogar den Wunsch, lieber ein weibliches Wesen zu sein. Insofern ist es verständlich, daß der Psychoanalytiker Ralph R. Greenson bei einer Untersuchung über Geschlechtsumwandlungen im wesentlichen auf Männer traf, die Frauen zu werden hofften. Zum Beginn seines Forschungsprojekts hatte Greenson angesichts der gesellschaftlichen Benachteiligung der Frauen und des vorherrschenden ›Penisneides‹ angenommen, daß sich in der Mehrzahl Frauen zu Männern umoperieren lassen würden. Stattdessen zeigte sich im Laufe von neun Jahren, daß über zwei Drittel aller Geschlechtsumwandlungen an Männern vorgenommen wurden, die Frauen werden wollten.[195]

Ich war sein bloßes Werkzeug

Der Neid vieler Männer auf gewisse Aspekte weiblicher Lebensgestaltung kann nicht darüber hinwegtäuschen, daß die Frauen in unserer Gesellschaft im allgemeinen keineswegs zu beneiden sind. Nur wenige Männer sind ernsthaft daran interessiert, wirklich mit ihnen zu tauschen und sich um Haushalt und Kinder und häufig auch noch um einen wenig qualifizierten Beruf zu kümmern. Doch sobald es Frauen wagen, dem manchmal ungeliebten Hausfrauendasein zu entfliehen und Karriere zu machen, stoßen sie nicht selten auf den entschiedenen Widerstand der Männer. Sie werden von ihnen als ›Blaustrümpfe‹ tituliert, denen ganz offensichtlich der richtige Liebhaber fehle, denn anders sei doch ihr krankhafter Ehrgeiz nicht zu erklären. Hinter solch massiver Abwertung erfolgreicher Frauen steckt wiederum ein Neidproblem der Männer. Sie haben riesige Ängste vor dem Wettbewerb mit einer gleichberechtigten Frau und fürchten sie als zukünftige Rivalin. Diese Angst ist bei den Männern so groß, daß bei ihnen schon sehr frühzeitig die Alarmglocken des Neides läuten. Eindringlich weist sie dieses Alarmsignal darauf hin, daß ihre Vorzugsstellung in naher Zukunft bedroht sein könnte.

Über viele Jahrhunderte hinweg haben Frauen das von Männern geforderte Rollenverhalten akzeptieren müssen. Sie hatten sich um das Wohlergehen des Hausherrn zu kümmern, Kinder zu gebären, mußten kochen, stricken, waschen und putzen. Zwar gestand man ihnen im Laufe der Jahrhunderte zu, Schauspielerinnen, Sängerinnen oder Tänzerinnen zu werden. Auf diesem Gebiet der darstellenden Künste wurden sie geduldet und konnten sich einen gewissen Ruhm erwerben. Doch vor allem das Feld der Wissenschaft blieb ihnen versperrt. Die ernsthafte geistige Tätigkeit verstand man als das Revier männlicher Vorherrschaft. Falls eine Frau dennoch zu bemerkenswerten geistigen Erkenntnissen kam, wurde sie von ihren männlichen Rivalen totgeschwiegen. Es war ihr allenfalls erlaubt, als Gehilfin des Mannes zu dessen Ruhm beizutragen. Diese Rolle sprach die Fachwelt lange auch der astronomisch interessierten Caroline Herschel (1750–1848) zu, die zusammen mit ihrem Bruder Wilhelm Nacht für Nacht Sternbeobachtungen vornahm. Obgleich eher im Kochen und Häkeln geübt, las sie in ihren freien Stunden Bücher über Sternkunde. Sie erlernte das Schleifen und Polieren von Metallspiegeln und erwarb die Fähigkeit, mit den Instrumenten der Himmelerkundung umzugehen. Bald beobachtete sie Nacht für Nacht den Sternenhimmel und fertigte einen ausführlichen Katalog an. Selten kam sie vor drei Uhr nachts ins Bett. Nachdem sie zahlreiche Nebelflecke und Sternhaufen entdeckt hatte, schrieb sie diese Leistung dem Bruder zu. Voller Bescheidenheit meinte sie: »Ich war sein bloßes Werkzeug, das er, aus Mangel an einem besseren, mit Mühe schärfte und für seine Zwecke tauglich machte.«[196] Immer wieder betonte sie, wie unfähig und unnütz sie sei. Doch hinter dieser Schutzbehauptung verbarg sich ihr enormer Erkenntnisdrang. Sie suchte sich sogar ihr eigenes Forschungsfeld und richtete ihr Interesse auf das Gebiet der Kometen. Bald wurde sie als Wissenschaftlerin bekannt, die mindestens fünf der im 18. Jahrhundert entdeckten Kometen als erste Astronomin gesehen hatte.

Rasch sprach sich ihre Leistung in der Fachwelt herum. Obgleich Caroline jedes Aufsehen vermied, meldeten sich neidische Zeitgenossen zu Wort, die es nicht ertragen konnten, daß eine Frau auf dem Gebiet der Wissenschaft tätig war. Abwertend nannten sie Caroline Herschel ›Kometenjägerin‹ und schrieben ihren Erfolg lediglich ihrem Instrument zu. »Man gebe uns einen Newtonschen Kometensucher, rufen sie spöttisch aus, und wir werden das ... zigfache an Kometen finden. Diese Jammerschatten der Wissenschaft, die kaum mehr zuwege bringen, als über die produktiven Leistungen anderer schäbige Reden zu führen, meinen, es wäre nichts leichter, als mit entsprechendem Instrument entsprechend viele Kometen aufzufinden, meinen, es wäre reine Fließbandarbeit nur, eine Frage der Geduld und des Registrierenkönnens – genau die rechte Arbeit für eine Frau.«[197] Doch die namhaften Astronomen jener Zeit sahen es anders. Sie wußten, wie schwierig die Kunst des Kometenfindens zu erlernen ist, die eine große Präzision der Beobachtung und eine genaue Kenntnis des Sternenhimmels voraussetzt.

Wie ein Störenfried drang der Ruhm in das Leben der Caroline Herschel ein. Außerhalb des Hauses konnte sie keinen Schritt tun, ohne angegafft zu werden. Im Auftrag des Königs erhielt sie von

Alexander von Humboldt die goldene Medaille für Wissenschaft überreicht, die Königliche Irische Akademie der Wissenschaften in Dublin ernannte sie zum Ehrenmitglied. An öffentlicher Anerkennung fehlte es ihr nicht. Sie hätte zufrieden und stolz über ihren wissenschaftlichen Beitrag sein können. Sie hätte selbstbewußt ihr Leben überblicken können, denn im Gegensatz zu den meisten Frauen ihrer Zeit hatte sie sich aus dem beengten weiblichen Tätigkeitsbereich gelöst, um den ›Tempel der Wissenschaften‹ zu betreten. Sie hätte ihre Geschlechtsgenossinnen aufrütteln und sie auf die Möglichkeiten der geistigen Entfaltung hinweisen können. Doch zu tief saß in ihr das Bild der selbstverleugnenden Frau, die jedes Aufsehen vermeidet und den wissenschaftlichen Ruhm dem Manne zuweist. Ihre Demut war auch eine Form der Neidabwehr, mit der sie instinktiv die rivalisierenden Männer beschwichtigen wollte. Noch war die Zeit nicht gekommen, da Frauen selbstbewußt zu ihren Erfolgen stehen konnten. Und so meinte Caroline am Ende ihres Lebens, sie habe nichts anderes für ihren Bruder getan, als was »ein abgerichtetes Hündchen getan hätte, d. h. ich tat, was er mir befahl«.[198]

Diese Einstellung mag sehr selbstverleugnend gewesen sein. Doch sie war wohl auch gesundheitszuträglicher als der verzehrende Ehrgeiz vieler Männer. Jedenfalls war es Caroline Herschel vergönnt, außerordentlich alt zu werden. Sie überlebte viele ihrer Zeitgenossen und starb erst in dem beneidenswerten Alter von 98 Jahren.

Sie bekommen rote Nasen und breite Füße

Die Leistungen der selbstverleugnenden Caroline Herschel mochte die Männerwelt noch anerkennen. Doch wer selbstbewußt für die Emanzipation der Frau eintrat, wurde von der Männergilde bekämpft. Diese scheute nicht davor zurück, Wissenschaftler zu verleumden und ihre Werke von mißliebigen Stellen zu säubern. Dies widerfuhr auch dem britischen Philosophen und Nationalökonomen John Stuart Mill (1806–1873), der zusammen mit seiner Frau Harriet und seiner Tochter Helen zahlreiche sehr fortschrittliche Texte veröffentlicht hatte, in denen sie sich für die Gleichberechtigung der Geschlechter einsetzten.[199] Mill wurde dementsprechend angefeindet und verleumdet. Obwohl er die Anweisung hinterlassen hatte, seine Biographie möge nach seinem Tode unverändert veröffentlicht werden, traten seine ›Freunde‹ in Aktion. Sie reinigten Mills Biographie von seinem engagierten Eintreten für die Gleichberechtigung und eliminierten alle Hinweise auf die Verdienste der beiden Frauen.

Trotz solcher von Angst- und Neidgefühlen diktierten Abwehrkräfte ließen sich die Frauen nicht länger aus dem Tempel der Wissenschaft aussperren. Heftig begehrten sie das Recht, eine universitäre Ausbildung absolvieren zu dürfen, was viele Männer als existenzielle Bedrohung empfanden. Sie hatten die Sorge, nun könne ein zäher Wettstreit zwischen den Geschlechtern einsetzen. Sie ahnten, daß eine Revolte gegen die unsägliche Herrschaft des Mannes begonnen hatte und gingen auf die Barrikaden. Selbst prominente Professoren wie Felix Dahn, Otto Gierke, Eduard von Hartmann und Hans Delbrück wandten sich gegen das Universitätsstudium der Frauen und meinten, das Ansehen der Wissenschaft werde leiden, »wenn auch Frauen auf diesem Gebiet mitzureden berechtigt sind; Männer und Frauen in ein und demselben Hörsaal verderben die Sitten und verletzen das Schamgefühl; das Universitätsstudium schwächt die Gesundheit der Frauen, sie sitzen krumm und bekommen Schäden an der Wirbelsäule; Frauen an den Universitäten verleiten ihre männlichen Kommilitonen zu wilden Ehen ... der Frauen höchstes Ziel muß der häusliche Herd bleiben ...«[200] Noch 1907 entblödete sich der Psychoanalytiker Fritz Wittels nicht, sich scheinheilig Sorgen um die ›studierenden Weiber‹ zu machen. Dramatisch hob er die Gefahren für das schwache Geschlecht hervor: »Die armen Geschöpfe hasten frühmorgens durch Sturm und Nebel zum Borne der Weisheit, sie bekommen rote Nasen davon und breite Füße, sie verwelken gleich einer Verlobten in lange währendem Brautstand ... Hinter Retorten und Gasometern läßt sichs kosen wie im grünen Tann, auch im Seziersaal kann man sich duftende Märchen ins Ohr flüstern ... Das Eindringen des Weibes ins Laboratorium fühlt auch der schüchterne Liebhaber als Angebot, und einmal im Netz, zappelt er lange ... Möchten doch die Ärzte soviel asiatische Weibauffassung bewahrt haben, um das Auftreten der Kollegin als die tiefste Erniedrigung ihres Standes zu empfinden.«[201]

Trotz solcher Schmähungen konnten die Frauen ab 1908 an den Universitäten studieren und im Jahre 1920 erhielten sie auch die Lehrerlaubnis. Wie schwer es jedoch den meisten Männern fiel, die studierten Frauen als gleichberechtigte Kolleginnen anzuerkennen, zeigt das Beispiel der Lise Meitner (1878–1968). Sie hatte bereits im Jahre 1908 als zweite Frau an der Wiener Universität im Hauptfach Physik promoviert. Nach einer Tätigkeit am Wiener Theoretisch-Physikalischen Institut bewarb sie sich um einen Laborplatz am Berliner Institut für Experimentalphysik und arbeitete nun mit dem achtundzwanzigjährigen Professor Otto Hahn zusammen. Dessen Chef war der Nobelpreisträger Emil Fischer, der Frauen nur ungern Eintritt in sein Institut gewährte. Deshalb einigte man sich darauf, daß sich Lise Meitner zusammen mit Otto Hahn einen Arbeitsplatz in einer ehemaligen Holzwerkstatt einrichtete. Das eigentliche Institut mußte sie durch einen Nebeneingang betreten und in den Studiersälen der Studenten durfte sie sich nicht zeigen. Lise Meitner protestierte gegen diese demütigenden Bedingungen nicht und verrichtete zuverlässig ihre Arbeit. Durch ihre stille, ruhige Art beschwichtigte sie den Neid der Männer, die bald die wissenschaftlichen Qualitäten der jungen Kollegin zu schätzen wußten. Nach einem Jahr wurde das Verdikt aufgehoben und wie alle anderen durfte Lise Meitner nun den Vordereingang benutzen und sämtliche Räume betreten.

Im Jahre 1922 erhielt sie sogar die Lehrerlaubnis, die ihr allerdings wegen ihres jüdischen Glaubensbekenntnisses 1933 wieder entzogen wurde. Im Juli 1938 konnte sie in letzter Minute nach Stockholm fliehen, wo sie ihre wissenschaftliche Arbeit fortsetzte. Währenddessen gelang Hahn zusammen mit einem Mitarbeiter die Entdeckung der Urankernspaltung. Obgleich Lise Meitner alle Vorarbeiten für diese Entdeckung zusammen mit Hahn geleistet hatte, wurde ihm 1944 der Nobelpreis für Chemie allein zugesprochen. Der nationalsozialistische Wahnwitz hatte Lise Meitner um diese höchste Auszeichnung gebracht.

Der Kampf um die Gleichberechtigung

Trotz gewisser Fortschritte auf dem Gebiet der Gleichberechtigung ist es für Frauen auch heute noch sehr schwierig, eine berufliche Karriere zu beginnen. Sofort wittern viele Männer eine Gefahr und halten es nicht selten für unter ihrer Würde, eine Frau als Chefin zu haben. Auf Kosten solcher Frauen werden sexuell gefärbte Witze gerissen. Neiderfüllt bewachen die Männer ihr angestammtes Revier und verhindern in den meisten Fällen, daß eine Frau einen qualifizierten Posten einnimmt. Wenn sie ihn doch bekommt, muß sie bekanntlich doppelt so gut wie ein männlicher Rivale sein. Und selbst dann wird sie angefeindet. Man sagt solchen ›Karrierefrauen‹ nach, keine gute Mutter und Hausfrau zu sein und diskriminiert damit ihre Leistungen. Tatsächlich sind viele dieser Frauen nicht verheiratet, und meist verzichten sie darauf, eigene Kinder großzuziehen. Sie haben nicht die Zeit, sich neben einem anstrengenden Beruf um einen anerkennungshungrigen Mann und verwöhnte Kinder zu kümmern. Und die Männer sind noch zu selten bereit, als ›Hausmann‹ der Frau unter die Arme zu greifen. Diese Rolle paßt nicht zum Selbstverständnis der ›Krone der Schöpfung‹ und wird von der Mehrzahl der Männer mitleidvoll-spöttisch belächelt.

Die meisten Männer sind viel zu neidisch, als daß sie die Erfolge ihrer Ehefrau ertragen könnten, während sie selber Mohrrüben putzen, den Fußboden scheuern und Hemden bügeln. Sie denken aber auch nicht daran, den Frauen aus ihrer neidbegünstigenden Rolle herauszuhelfen und ihr eine wirkliche Gleichberechtigung anzubieten. So ist die Frau noch heute oftmals die ›Zweite‹, weil der typische Mann sein neiddiktiertes Platzhirsch-Verhalten nicht überwinden kann. Bisher waren jedenfalls die Emanzipationsbestrebungen der Frauen zu zaghaft, um diese männliche Position wirklich zu erschüttern. Vielleicht ist der Neid der Frauen, der durchaus gesellschaftsverändernd wirken kann, noch nicht stark genug.

DIE ZÄHMUNG DER LEIDENSCHAFTEN

Auch differenziert denkende Menschen betrachten den Neid oft als eine dämonische, ja teuflische Kraft, die nur Unglück stiftet. Selbst der ›Neidexperte‹ Helmut Schoeck hat sein Buch ›Der Neid‹ mit dem Untertitel ›Die Urgeschichte des Bösen‹ versehen. Durch solche Einschätzungen wird geleugnet, daß der ›Fürst der Galle‹ auch imponierende Eigenschaften hat, die man nicht zu negativ bewerten sollte. Schließlich ist dieser Fürst ein Verwandter des Teufels, von dem Goethe gesagt hat:

> Ich kann mich nicht bereden lassen,
> Macht mir den Teufel nur nicht klein:
> Ein Kerl, den alle Menschen hassen,
> Der muß was sein!

Deshalb ist die Frage naheliegend, ob wir ohne die beunruhigenden Affektregungen, die man gern als teuflisch und böse bezeichnet, wirklich besser leben würden. Natürlich wirkt sich eine übermäßige Affektneigung störend auf das soziale Zusammenleben und jeden geistigen Schaffensprozeß aus. Auf der anderen Seite fördert eine gewisse Affektneigung auch die Produktivität, weil zur Entfaltung der Schaffenskraft eine emotionale Spannung gehört, die in der Harmonie des paradiesischen Lebens fehlt. Dort mag man hervorragend Harfe spielen und fleißig Heiligenscheine putzen, doch ansonsten bringt man wenig zustande, weil alles in bereits geregelten Bahnen verläuft. Und im Schlaraffenland, dem irdischen Paradies, ist auch niemand tätig, weil einem dort bekanntlich die gebratenen Tauben in den Mund fliegen.

Im allgemeinen werden wir nur aktiv, wenn irgendwo eine Herausforderung zu bestehen, eine Gefahr abzuwenden oder ein Problem zu lösen ist. Zu Recht hat deshalb Alfred Adler einmal gemeint, man müsse froh sein, wenn einem eine gute Fee in der Kindheit viele Schwierigkeiten in die Wiege gelegt habe, die man bewältigen müsse. Wem es als Kind zu leicht gemacht wurde, der könne seine Kräfte später nicht richtig entfalten. Alfred Adler war zutiefst davon überzeugt, daß ein halbwegs mutiger Mensch mit der Bewältigung seiner Aufgaben wächst. Zwar empfindet er zunächst heftige Minderwertigkeitsgefühle, wenn er spürt, daß er etwas noch nicht kann. Doch dieses Minderwertigkeitsgefühl wirkt sehr segensreich, da es als ›Entwicklungsstachel‹ den Aufbau der menschlichen Kultur entscheidend vorantreibt. Allerdings weist Alfred Adler auch darauf hin, daß entmutigte Menschen angesichts größerer Schwierigkeiten leicht resignieren und dann unter einem Minderwertigkeitskomplex leiden. Da diesem Minderwertigkeitskomplex das Gefühl ›ich werde es nie können‹ zugrundeliegt, wirkt er lähmend und trägt nicht zur Entfaltung eines Menschen bei.

Offenbar können nur jene Menschen eine produktive Antwort auf Lebensschwierigkeiten finden, die in der Kindheit zur Überwindung von Problemen angehalten wurden und ein halbwegs stabiles Ich entwickelt haben. Wer infolge ungünstiger Kindheitsbedingungen ängstlich, mutlos und zögerlich an das Leben herangeht, ist wie ein Ertrinkender vollauf damit beschäftigt, sich über Wasser, respektive sein seelisches Gleichgewicht halbwegs stabil zu halten. Zu produktiven Antworten ist er nicht fähig. Insofern hat die Entfaltung der produktiven Kräfte zwei scheinbar gegensätzliche Bedingungen zur Voraussetzung: die der ruhigen Zuversicht und die der inneren Unruhe. So wie in der Chemie gegensätzliche Stoffe eine kraftauslösende, explosive Mischung ergeben können, kann die Herausforderung der Unsicherheit und des Zweifels in einem selbstbewußten, hoffnungsvollen Menschen zu einem starken Entwicklungsschub führen. In gewissem Sinne muß dabei das ›Prinzip Hoffnung‹ überwiegen, damit der Mensch seine Kräfte auch in einer schwierigen Situation anspannt. Er muß zumindest ansatzweise an den Sieg glauben und dies ist wichtiger als alle fragwürdigen Durchhalteparolen. Die Ideologie des ›was mich nicht umbringt, macht mich stärker‹ ist dermaßen einseitig und wurde so oft von inhumanen Regierungssystemen unterstützt, daß sie mit größter Skepsis betrachtet werden muß. Allerdings sollte diese kritische Haltung nicht dazu führen, daß man gleichsam das ›Kind mit dem Bade ausschüttet‹, indem man davon ausgeht, daß alle Anforderungen und Krisen für die Entwicklung eines Menschen schädlich sind. Zu verbreitet ist der Irrglaube, daß sich ein sorgloser, zufriedener Mensch am besten entwickelt, weil er über eine ungehemmte Schaffenskraft verfügt. Doch die Zufriedenheit allein ist nicht unbedingt entwicklungsanregend. Warum sollte sich ein Mensch auch anstrengen und schwierige Aufgaben in Angriff nehmen, wenn er den Eindruck hat, daß alles bereits bestens geregelt ist?

Ein behagliches, abgesichertes Leben spornt die Menschen nicht zu großen produktiven Leistungen an. Immanuel Kant war sogar davon überzeugt, daß ein geselliges, harmonisches Leben die produktiven Kräfte der Menschen verschütten würde. In einer Welt, in der niemand Widerstände überwinden müsse, blieben alle Talente auf »ewig in ihren Keimen verborgen«. Die Menschen lebten dann gutartig wie Schafe und kämen kaum über das Niveau des Haustierdaseins hinaus. Deshalb sei die menschliche Zwietracht so entwicklungsfördernd. Sie führe zur Anspannung der Kräfte und sei deshalb das Zeichen eines »weisen Schöpfers; und nicht etwa ... eines bösartigen Geistes, der in seine herrliche Anstalt gepfuscht oder sie in neidischer Weise verderbt« hat.[202]

Auch Lebenskrisen können entwicklungsanregend wirken, und Sigmund Freud vertrat sogar die Ansicht, daß eine Psychotherapie nur gelingen könne, wenn der Analysand unter einem gewissen Leidensdruck stehe. Selbst eine Krankheit ist manchmal der Auslöser für herausragende Taten. Der deutsche Dichter Heinrich Heine läßt in seinen ›Schöpfungsliedern‹ den Herrgott sagen:

> Krankheit ist wohl der letzte Grund
> Des ganzen Schöpferdrangs gewesen;
> Erschaffend konnte ich genesen,
> Erschaffend wurde ich gesund.

Wir sind im allgemeinen dann krankheitsanfälliger, wenn wir in einer Lebenskrise stecken und in diesem Sinne können Krankheiten die Aufforderung beinhalten, die anstehenden Probleme energisch zu lösen. Da man als Kranker nur zu deutlich spürt, daß man nicht ewig lebt, fällt die Botschaft: ›Nutze deine Zeit!‹ oft auf fruchtbaren Boden.

Das Genie ist der Ausweg aus einer Verzweiflung

Große Lebensbelastungen können häufig sehr niederdrückend und entmutigend sein. Doch ein entschlossener Mensch nimmt solche Herausforderungen an und sucht nach produktiven Antworten. Aus solchen Prozessen der erfolgreichen Krisenbewältigung gehen manchmal geniale Menschen hervor, die um ihre Fähigkeiten so oft beneidet werden. Allerdings werden die Neider kaum bereit sein, mit solchen Persönlichkeiten zu tauschen, wenn sie ihre Lebensumstände genauer kennen. Wirklich geniale Leistungen sind dermaßen hart errungen, daß Sartre gemeint hat, das Genie sei der Ausweg aus einer Verzweiflung. Einen ähnlichen Gedanken findet man bei Friedrich Nietzsche. Um das Phänomen des Genies zu erklären, entwickelt er das Bild eines in einem Kerker gefangenen Menschen, der auf das äußerste bemüht ist, sich zu befreien. Das Genie ist also ein suchender Mensch und insofern mit einem Wanderer zu vergleichen, »der sich auf seinem Wege im Wald völlig verirrt hat, aber mit ungemeiner Energie nach irgend einer Richtung hin ins Freie strebt« und dabei einen neuen Weg entdeckt, den noch niemand kennt.[203]

Große Schwierigkeiten sind für einen mutigen Menschen eine Herausforderung, die ihn zu ungewöhnlichen Anstrengungen veranlaßt. In Krisenzeiten hat er regelrecht den Eindruck, daß er nichts mehr zu verlieren hat, so daß er die ›Flucht nach vorn‹ antritt. Solche Krisen müssen nicht immer durch äußere Lebensschwierigkeiten geprägt sein. Oft sind die inneren Probleme viel beunruhigender und entwicklungsfördernder. Dies gilt vor allem für die Charakterzüge Neid, Ehrgeiz und Eitelkeit, die einen Menschen außerordentlich plagen können. Solche Plagegeister sind manchmal recht nützlich. Sie können einen Menschen dermaßen aktivieren, daß man den Eindruck hat, er werde ›vom Teufel geritten‹. Nun könnte man ihm natürlich diesen unbequemen Teufel austreiben und ihn zu einer ruhigen Lebensweise veranlassen. Doch dann wäre seine Produktivität gefährdet. Mit dieser Begründung hat der österreichische Dichter Rainer Maria Rilke (1875–1926) eine psychotherapeutische Behandlung abgelehnt. Er war der Meinung, daß seine Schöpferkraft Schaden nehmen würde, wenn man ihm seine Teufel austriebe und seine Engel dabei einen kleinen, ganz kleinen Schrecken bekommen könnten.

Das gefährlichste Resultat solcher ›Teufelsaustreibung‹ ist die Langeweile. Es bekommt einem Menschen nicht, wenn man ihm alle ›bösen Leidenschaften‹ durch moralische Appelle raubt, um ihn zu einem braven Mitbürger zu machen. Durch die Verdrängung seiner Affekte und Begierden entzieht man ihm auch seine inneren Kraftquellen und stürzt ihn in jene Langeweile, die immer mit einer falschverstandenen ›guten, anständigen Lebensführung‹ verbunden ist.

Die Dämpfung der Affekte

Wie verhängnisvoll eine übertriebene Affektdämpfung sein kann, hat der Soziologe Norbert Elias in einer historischen Analyse nachgewiesen. Darin beschreibt er, daß es im Mittelalter wesentlich mehr Gewalt gab, gegen die sich der einzelne kaum schützen konnte. Zwar konnte man seine lustbetonten Regungen und Affekte offen ausleben, solange man stark und mächtig war. Doch der schwächere Mensch lebte in einer ständigen Furchtstimmung, die in den mittelalterlichen Höllenvorstellungen ihren bildhaften Ausdruck gefunden hat. Mancher mag es heutzutage positiv bewerten, daß Lust und Unlust damals unmittelbarer ausgelebt wurden. Doch der einzelne war meist ihr Gefangener und wurde von seinen Affekten, wie von Naturgewalten, hin- und hergeworfen. Im Grunde wurde er fast vollständig von seinen Leidenschaften beherrscht, weil er nicht in der Lage war, sie vernünftig zu zügeln.[204]

Inzwischen leben wir in einer Gesellschaft, in der es üblich ist, heftige Gefühlsausbrüche zurückzudrängen. Wir müssen die Wirkung unserer Handlungen bedenken, wenn wir nicht zum Außenseiter der Gesellschaft werden wollen. Unser Leben verläuft dadurch sicherlich ruhiger und gefahrloser als das eines mittelalterlichen Bauern, weil wir nicht ständig um unser Leben fürchten müssen. Doch der Preis für diese Sicherheit ist in vielen Fällen recht hoch, weil sie durch eine Affektdämpfung erreicht wurde, die ein beständiges Gefühl der Langeweile und inneren Leere erzeugen kann.

Selbstverständlich war es ein Kulturfortschritt, als sich die Menschen nicht mehr bei jedem Streit den Schädel einschlugen, sondern sich nur noch beschimpften, um schließlich zu lernen, miteinander zu reden. Doch bei vielen Menschen hat diese Kulturentwicklung dazu geführt, daß sie zu trennenden Affekten überhaupt nicht mehr fähig sind. Sie beherrschen den produktiven Streit nicht, und die den Affekten innewohnende Kraft steht ihnen nicht zur Verfügung. Das wird von ihnen jedoch nicht nur als Mangel empfunden, denn diese affektgeladenen Kräfte können ziemlich destruktiv sein. Sie sind durchaus mit Sprengstoff zu vergleichen, der noch vor hundert Jahren die unangenehme Eigenschaft hatte, unerwartet zu explodieren. Da man jedoch auf die gewaltige Kraft des Sprengstoffs – auch im nichtmilitärischen Bereich – nicht verzichten konnte, wurde er vor allem von Alfred Nobel so weiterentwickelt, daß man ihn gefahrlos transportieren und zur Anwendung bringen konnte. Auch die menschlichen Affekte können so gezähmt und beherrscht werden, daß sie kein Unheil anrichten. Ihre Kraft steht dann für die Verwirklichung höherer Ziele zur Verfügung. Theodor Adorno hat diesen Prozeß umrißhaft beschrieben, indem er meinte: »Begabung ist vielleicht überhaupt nichts anderes als glücklich sublimierte Wut, die Fähigkeit, jene Energien, die einmal zur Zerstörung widerspenstiger Objekte ins Unermessene sich steigerten, in die Konzentration geduldiger Betrachtung umzusetzen und so wenig abzulassen vom Geheimnis der Objekte, wie man einmal zufrieden war, ehe man nicht dem mißhandelten Spielzeug die quäkende Stimme entriß.«[205]

Ohne einen solchen Affektbeitrag sind herausragende Leistungen kaum vorstellbar. Selbst sehr tugendhafte Taten zeichnen sich nach der Beobachtung Friedrich Nietzsches durch eine Affektgrundlage aus und sind beispielsweise darauf begründet, daß »unser Anblick dem anderen wehe tue und seinen Neid ... wecke«. Es ist deshalb falsch, wenn wir den erfolgreichen Künstler zu sehr idealisierend bewundern, weil wir damit seinen Werdegang verkennen. Eindringlich stellt daher Nietzsche fest: »Dort steht ein großer Künstler; die vorempfundene Wollust am Neide bezwungener Nebenbuhler hat seine Kraft nicht schlafen lassen, bis er groß geworden ist, – wieviel bittere Augenblicke anderer Seelen hat er sich für das Großwerden zahlen lassen.«[206]

Die Sublimierung der Affekte

Mit dem Prozeß, bei dem die den Affekten innewohnenden Kräfte zur Entstehung einer kulturell wertvollen Leistung beitragen, hat sich vor allem Sigmund Freud beschäftigt. Er bezeichnete diesen Vorgang als ›Sublimierung‹, was so viel wie ›Steigerung‹ und ›Verfeinerung‹ bedeutet. Dabei konzentrierte sich Freud vor allem auf die Sublimierung der Sexualerregung, d. h. die Hinlenkung sexueller Triebenergien zu kulturellen Zielen. Dies hat in Laienkreisen zu der irrtümlichen Meinung geführt, man könne durch eine völlige Sexualenthaltung die eigenen geistigen Leistungen enorm steigern. Doch schon Sigmund Freud warnte vor einer solchen totalen Sexualunterdrückung und wies darauf hin, er habe im allgemeinen »nicht den Eindruck gewonnen, daß die sexuelle Abstinenz energische, selbständige Männer der Tat oder originelle Denker, kühne Befreier und Reformer heranbilden helfe, weit häufiger brave Schwächlinge, welche später in die große Masse eintauchen, die den von starken Individuen gegebenen Impulsen widerstrebend zu folgen pflegt.«[207] Dennoch wäre es verfehlt, für ein ungezügeltes Ausleben sexueller Wünsche und der Liebes- und Anerkennungsbedürfnisse einzutreten, da man unter diesen Umständen übermäßig von den Stimmungen der Mitmenschen abhängig bliebe. Erst durch die erfolgreiche Sublimierung solcher Triebe (bzw. Bedürfnisse) wird es möglich, sich von der Zuwendung der Umwelt relativ unabhängig zu machen. Das Schicksal kann einem dann nur noch wenig anhaben, weil man sich die gewünschte Befriedigung teilweise selbst erarbeiten kann. Vor allem Künstler und Geistesschaffende sind zu solch produktivem Rückzug in der Lage, den Honoré de Balzac mit den von deutlicher Ernüchterung geprägten Worten schilderte: »Da alle meine Leidenschaften, alle meine Gläubigkeiten mich betrogen haben, da alle meine Träume zerstieben, muß ich mir nun meine Leidenschaften selbst erschaffen und ich habe die der Kunst gewählt.«[208]

Solche Sublimierung der Leidenschaften hat den Vorteil, daß man der Welt zugewandt bleibt und sich gleichzeitig ihren äußeren Gefahren entziehen kann. Diese Lebenseinstellung ist wesentlich sinnvoller als die des neurotischen Menschen, der sich in Krisenzeiten weitgehend von der Außenwelt zurückzieht, was zwangsläufig zu seiner seelischen Verarmung führt. Allerdings verfügen viele Menschen nicht über die seelischen und geistigen Voraussetzungen, um ihre Kräfte über viele Jahre hinweg zur Verwirklichung einer hohen Idee einzusetzen. Für sie wäre es gefährlich, die Sublimierung zu ehrgeizig zu betreiben. Deshalb wies Freud in diesem Zusammenhang darauf hin, man dürfe die Glücksbefriedigung des einzelnen nicht vergessen. Selbst bei Maschinen dürfe man nicht mehr als einen gewissen Bruchteil der Wärme in mechanische Energie umwandeln. Diese Gesetzmäßigkeit müsse man auch beim Menschen beachten, weil man sonst einen Raubbau an seiner Lebensenergie betreibe. Man müsse immer bedenken, »daß es für die meisten Menschen eine Grenze gibt, über die hinaus ihre Konstitution nicht folgen kann. Alle, die edler sein wollen, als ihre Konstitution es ihnen gestattet, verfallen der Neurose; sie hätten sich wohler befunden, wenn es ihnen möglich geblieben wäre, schlechter zu sein.«[209]

Auf das Problem der übersteigerten Sublimierung hat schon im 17. Jahrhundert der französische Philosoph Blaise Pascal hingewiesen. Eindringlich mahnte er: »Der Mensch ist weder Tier noch Engel, und das Unglück will, daß, wer einen Engel aus ihm machen will, ein Tier (eine Bestie) aus ihm macht.« Oftmals wird die Sublimierung als eine regelrechte Selbstverstümmelung praktiziert. »Sie kommt dadurch zustande, daß ein Mensch den animalischen Bereich, den Erdenrest seiner Natur nicht anerkennen will, daß er seinen animalischen Antrieben die Kandare anlegt, sie sozusagen übersteuert, indem er nach oben, ins Geistig-Sittliche, in sublime Bereiche hinein ausweicht. Sublimierung ist lebensdienlich, wenn sie danach trachtet, die animalischen und geistigen Strebungen des Menschen zu einem harmonischen Ganzen zu ordnen.«[210]

Das Kennzeichen jeder sinnvollen Sublimierungshandlung besteht in einer regelrechten Umgestaltung der Persönlichkeit. Wer wütend ist und keinen Streit mit seinem Nachbarn beginnt, sondern stattdessen einen langen Waldlauf unternimmt, hat noch keine Sublimierungsleistung erbracht. Dies gilt auch für die Hausfrau, welche die bei einem Disput mit dem Ehemann entstandene Wutenergie zum Putzen der Fensterscheiben nutzt und nicht das teure Porzellan zerschmeißt. Erst das langjährige, leidenschaftliche Engagement für wertvolle Ziele verdient das Prädikat ›Sublimierung‹, weil nur durch sie eine tiefgreifende

Selbsterziehung des Menschen möglich ist. Dennoch ist die Sublimierung keine elitäre Angelegenheit, die nur Künstlern, Wissenschaftlern und Schriftstellern vorbehalten bleibt. Auch in vielen beruflichen Tätigkeiten ist durchaus eine Sublimierungsleistung möglich, wenn sie über viele Jahre hinweg leidenschaftlich ausgeübt werden. Doch schon Freud klagte darüber, daß die »Arbeit als Weg zum Glück von den Menschen wenig geschätzt (wird). Man drängt sich nicht zu ihr wie zu anderen Möglichkeiten der Befriedigung. Die große Mehrzahl der Menschen arbeitet nur notgedrungen ...«[211]

Kann man aus Scheiße Gold machen?

Von vielen Psychologen wird heutzutage jede Form der Sublimierung abgelehnt. Sie haben nicht nur Angst, daß dadurch ein Prozeß der Vergeistigung auf Kosten der Körperlichkeit eintritt, sondern monieren auch den unscharfen Sublimierungsbegriff. Tatsächlich ist die Freudsche Sublimierungstheorie wenig ausgearbeitet und konkret. Doch vielleicht ist es gar nicht möglich, diesen Vorgang exakt zu erfassen, weil sich der komplizierte und rätselhafte Prozeß der schöpferischen Arbeit schwerlich vollständig theoretisch ergründen läßt. Will man dennoch in die Geheimnisse dieses Schöpfungsprozesses eindringen, dann ist es sinnvoll, den Lebensberichten produktiver Menschen zu lauschen. Beispielsweise fing der Schriftsteller Walter Kempowski an zu schreiben, um seinen »Ärger zu sublimieren«[212], den er über seine Behandlung in der Bundesrepublik Deutschland empfand. Er hatte acht Jahre lang aus politischen Gründen in DDR-Gefängnissen gesessen und nun verweigerte man ihm die Anerkennung als politischer Flüchtling. Da ihm die *amtliche* Anerkennung versagt wurde, wollte er sie sich auf dem Gebiet der Literatur ertrotzen. Sehr aufschlußreich ist auch das Leben des Schriftstellers Elias Canetti, der in ›Die Fackel im Ohr‹ eine Sublimierungsleistung beschreibt. Er hatte eine sehr enge, konfliktreiche Mutterbeziehung, aus der er sich als Zwanzigjähriger endlich lösen wollte. Um das in ihm angestaute Chaos aus Haß, Groll und Gefühlen der Enge zu artikulieren und zu verbannen, unternahm er schließlich eine Wanderung in die Berge. Dort setzte er sich abends ins Gasthaus und schrieb viel von den Streitgesprächen auf, die er in der Phantasie mit seiner Mutter führte.

Sie war sein unversöhnlicher Feind geworden und er wollte nun alle Kräfte sammeln, um sich von ihr zu lösen. Alle Vorwürfe und Entgegnungen notierte er in einem kleinen Heft. Mit einer Leidenschaft, die weit über das Ziel hinausschoß und mörderische Kräfte verriet, fand er auf alles eine Erwiderung. Einsichtig schreibt Canetti über seine damalige Affektlage: »Wäre es bloß dabei geblieben, hätte ich von dieser Zeit an nicht auf allen Seiten um mich gegriffen, nach Wissen, das sich in den Dienst dieser Leidenschaft stellen ließ, es wäre schlimm und gewalttätig ausgegangen ...«[213] Canetti handelte augenscheinlich nach Nietzsches Forderung, man solle die Erkenntnis zum mächtigen Affekt machen. Er entdeckte in jenen Tagen die »Wachsamkeit des Lesens«, indem er sich intensiv mit der von Freud verfaßten Schrift ›Massenpsychologie und Ich-Analyse‹ auseinandersetzte und bald darauf seine ersten eigenen Gedanken zu diesem Thema niederschrieb. Damit legte er den Grundstein für sein ›geistiges Leben‹ und errang so seine Unabhängigkeit.

Natürlich bedarf es vieler Voraussetzungen, damit ein Mensch in der Lage ist, seine Affekte in eine sinnvolle Arbeit einmünden zu lassen. Es ist kein einfacher Umwandlungsprozeß, der sich mit dem Wunsch vieler Menschen des Mittelalters vergleichen ließe, man könne aus Metall das wertvolle Gold gewinnen. Dennoch verwechseln selbst Psychologen den Sublimierungsprozeß mit diesem geheimnisvollen Wunschtraum. ›Ob man denn aus Scheiße Gold machen könne‹ fragte mich vor einiger Zeit ein Kollege, als wir im kleinen Kreis über den Sublimierungsprozeß sprachen. Abgesehen davon, daß man bezweifeln kann, daß Affekte etwas Kotartiges an sich haben, schätzt dieser Kollege den Beitrag der Affekte zum schöpferischen Erkenntnisprozeß völlig falsch ein. Einen Affekt kann man nicht direkt in eine geistige Leistung verwandeln. Zunächst setzt der Sublimierungsprozeß voraus, daß ein Mensch über sehr viele Fähigkeiten, über Ausdauer und realistische Ziele verfügt. Die Hoffnung auf die Vollendung einer als wertvoll erkannten Arbeit zieht ihn dann voran, während ihn die Kraft der manchmal peinigenden Affekte wie der Rückstoß einer Rakete vorantreibt. Die gebändigten Affekte können demzufolge die Arbeit eines Menschen immer nur unterstützen und die Schaffenskraft verstärken. Dennoch sollte man diese Bedeutung der Affekte nicht zu gering einschätzen, denn ohne die gezügelten Leidenschaften bleiben die Ideen und Gefühle ziemlich langweilig. Erst durch die geistig veredelten Affekte werden sie für uns so interessant und farbig und gewinnen jene anregende Lebendigkeit, die wir in den Werken berühmter Schriftsteller und Künstler bewundern.

Die Bändigung der Affekte

Die Sublimierung ist sicherlich nicht einfach zu verwirklichen, denn sie setzt voraus, daß man auf das unmittelbare Ausleben seiner Affekte verzichten muß. Obwohl man neidisch ist, darf man den Mitmenschen nicht abwerten, schlecht über ihn reden und sich über ihn erheben. Stattdessen muß man sich mit der kränkenden Tatsache aussöhnen, daß ein anderer erfolgreicher und beliebter ist. Das triumphgeladene Rachegefühl ›dem werde ich es schon zeigen‹ muß für die Zukunft aufgespart bleiben und als Antriebsmotor für große Taten dienen. Der ›wilde Affektgaul‹ wird also von seinem Reiter derart gezähmt, daß er geduldig und kraftvoll dem Ziel der Produktivität zutrabt. Immer wieder wird er daran gehindert, den Reiter abzuwerfen oder mit ihm ›durchzugehen‹. Dieser bildhafte Vergleich zeigt, daß sich der Sublimierungsprozeß vor allem durch eine große Geduld und Zähigkeit auszeichnet, was dem affektgeladenen Neider natürlich besonders schwerfällt. Dennoch bleibt dieser Vorgang für ihn verlockend, weil er dadurch fähig wird, seine Affekte mithilfe der Vernunft zu bändigen ohne daß seine emotionale Vitalität gefährdet wäre. Ein überzeugendes Beispiel für eine solch gelungene Sublimierungsleistung ist das Leben des Künstlers und Naturforschers Leonardo da Vinci (1452–1519), über den Sigmund Freud so begeistert schrieb: »Seine Affekte waren gebändigt, dem Forschertrieb unterworfen; er liebte und haßte nicht, sondern fragte sich, woher das komme, was er lieben und hassen solle, und was es bedeute, und so mußte er zunächst indifferent erscheinen gegen Gut und Böse, gegen Schönes und Häßliches. Während dieser Forschungsarbeit warfen Liebe und Haß ihre Vorzeichen ab und wandelten sich gleichmäßig in Denkinteresse um. In Wirklichkeit war Leonardo nicht leidenschaftslos, er entbehrte nicht des göttlichen Funkens, der mittelbar oder unmittelbar die Triebkraft … alles menschlichen Tuns ist. Er hatte die Leidenschaft nur in Wissensdrang verwandelt; er ergab sich nun der Forschung mit jener Ausdauer,

Stetigkeit, Vertiefung, die sich aus der Leidenschaft ableiten, und auf der Höhe der geistigen Arbeit, nach gewonnener Erkenntnis, läßt er den lange zurückgehaltenen Affekt losbrechen, frei abströmen wie einen vom Strome abgeleiteten Wasserarm, nachdem er das Werk getrieben hat. Auf der Höhe einer Erkenntnis, wenn er ein großes Stück des Zusammenhanges überschauen kann, dann erfaßt ihn das Pathos und er preist in schwärmerischen Worten die Großartigkeit jedes Stückes der Schöpfung, das er studiert hat ...«[214]

LITERATURVERZEICHNIS

1 Siehe Kurt Pomplun, Berlins alte Sagen, Berlin 1967, S. 38 f.

2 Alfred Adler, Menschenkenntnis, Frankfurt am Main 1966, S. 197

3 Herman Melville, Billy Budd, Stuttgart 1980, S. 45

4 Zitiert nach Helmut Schoeck, Der Neid, München/Wien 1980, S. 28

5 Immanuel Kant, Die Metaphysik der Sitten, in: G. W. Band VIII, Frankfurt am Main 1977, S. 596

6 Jacob und Wilhelm Grimm, Deutsches Wörterbuch, Band 13, Leipzig 1889, S. 551

7 Harald Schultz-Hencke, Der gehemmte Mensch, Stuttgart 1978, S. 158

8 Harald Schultz-Hencke, Der gehemmte Mensch, Stuttgart 1978, S. 160

9 Francis Bacon, Essays, Stuttgart 1980, S. 24

10 Francis Bacon, ebenda, S. 30.

11 Leo Slezak, Lachen mit Slezak, Reinbek bei Hamburg 1986, S. 161

12 Francis Bacon, Essays, Stuttgart 1980, S. 25

13 Arthur Schopenhauer, Über Urtheil, Kritik, Beifall und Ruhm, in:

14 Eugène Raiga, L'Envie, Paris 1932, S. 255

15 Karl Philipp Moritz, Anton Reiser, Frankfurt am Main 1979, S. 114 f.

16 Immanuel Kant, Von den Lastern des Menschenhasses, in: G. W. Band VIII, Frankfurt am Main 1977, S. 597 f.

17 Arthur Schopenhauer, Grundlage der Moral, in: G. W. Band VI, Zürich 1977, S. 240

18 Alfred Adler, Menschenkenntnis, Frankfurt am Main 1966, S. 242

19 Arthur Schopenhauer, Über die Grundlage der Moral, in: G. W. Band VI, Zürich 1977, S. 277

20 Simone de Beauvoir, Memoiren einer Tochter aus gutem Hause, Reinbek bei Hamburg 1968, S. 93

21 Ilse Gräfin von Bredow, Kartoffeln mit Stippe, Bern und München 1982, S. 36

22 Mark Twain, Autobiographie, in: G. W. Band 5, München 1985, S. 104

23 Immanuel Kant, Über Pädagogik,

G. W. Band 10, Zürich 1977, S. 507

in: G. W. Band XII, Frankfurt am Main 1977, S. 752

24 Plutarch, Lebensklugheit, Leipzig 1979, S. 66

25 Thomas Mann/Heinrich Mann, Briefwechsel, Frankfurt am Main 1984, S. 29

26 Thomas Mann/Heinrich Mann, ebenda, Zur Einführung XXXV

27 Thomas Mann/Heinrich Mann, ebenda, S. 32 ff.

28 Heinrich Mann, Zola, in: Die weißen Blätter, Leipzig, 2. Jg., 11. 11. 1915, S. 1350

29 Thomas Mann/Heinrich Mann, Briefwechsel, Frankfurt am Main 1984, S. 142

30 Zitiert nach Gerhard Lose, Der junge Heinrich Mann, Frankfurt am Main 1979, S. 219

31 Thomas Mann, Gesammelte Werke Band III, Frankfurt am Main 1960–1979, S. 744

32 Charlie Rivel, Akrobat schöön, München 1972, S. 167 f.

33 Stefan Andres, Das Grab des Neides, München 1956, S. 95

34 Elias Canetti, Die gerettete Zunge, Frankfurt am Main 1979, S. 38 f.

35 Elias Canetti, ebenda, S. 39 f.

36 Franz Kafka, Briefe an Felice, Frankfurt am Main 1976, S. 82

37 Heinrich Mann, Im Schlaraffenland, Berlin 1951, S. 49

38 Sigmund Freud, Zur Einführung des Narzißmus, in: G. W. Band 10, Frankfurt am Main 1946, S. 155 f.

39 Gerd Heising/Eike Wolff, Kotherapie in Gruppen, Göttingen 1976 Max Rosenbaum, Co-Therapie, in: Günter Ammon (Hrsg.), Gruppenpsychotherapie, München 1976

40 Plutarch, Lebensklugheit, Leipzig 1979, S. 242

41 Henrich Steffens, in: Ursula Voß (Hrsg.), Die unbequemen Jahre, Köln 1977, S. 50 f.

42 Mark Twain, Briefe von der Erde, in: G. W. Band 5, Zürich 1985, S. 758

43 Henrik Ibsen, Baumeister Solness, Stuttgart 1966, S. 36

44 Henrik Ibsen, ebenda, S. 88

45 Henrik Ibsen, ebenda, S. 10

46 Jurij Olescha, Neid, Frankfurt am Main 1964, S. 61

47 Jurij Olescha, ebenda, S. 121 f.

48 Friedrich Nietzsche, Menschliches, Allzumenschliches, in: G. W. Band 1, Frankfurt am Main 1979, S. 762

49 Friedrich Nietzsche, Zur Genealogie der Moral, in: G. W. Band 3, Frankfurt am Main 1979, S. 784

50 Max Scheler, Das Ressentiment im Aufbau der Moralen, in: Vom Umsturz der Werte, Bern 1972, S. 35 ff.

51 Sigmund Freud, Massenpsychologie und Ich-Analyse, in: G. W. Bd. XIII, London 1940, S. 134

52 Helmut Schoeck, Der Neid, München/Wien 1980, S. 9

53 Siegfried Dunde, Seelsorge der Gefühle, unveröffentlichtes Manuskript, Bonn 1984

54 Hesiod, Sämtliche Werke, Birsfelden/Basel 1984, S. 101 f.

55 Bruno Bettelheim, Kinder brauchen Märchen, München 1980, S. 106 ff.

56 Friedrich Nietzsche, Nachlaß der

Achtziger Jahre, in: G. W. Bd. IV, Frankfurt am Main 1972, S. 120

57 Friedrich Nietzsche, ebd., S. 313

58 Josef Rattner, Psychoanalyse des Teufels, unveröffentlichtes Manuskript, Berlin o. J., S. 14

59 Honoré de Balzac, Verlorene Illusionen, Zürich 1977, S. 301

60 Max Scheler, Das Ressentiment im Aufbau der Moralen, in: Vom Umsturz der Werte, Bern 1972, S. 45 ff.

61 Simone de Beauvoir, Memoiren einer Tochter aus gutem Hause, Reinbek bei Hamburg 1968, S. 51

62 Arthur Rubinstein, Erinnerungen, Die frühen Jahre, Frankfurt am Main 1976, S. 64

63 Briefwechsel zwischen Schiller und Körner, hrsg. und kommentiert von Klaus L. Berghahn, München 1973, S. 55

64 Briefwechsel zwischen Schiller und Körner, ebenda, S. 68

65 Briefwechsel zwischen Schiller und Körner, ebenda, S. 98

66 Briefwechsel zwischen Schiller und Körner, ebenda, S. 109

67 Brief an Karoline von Lengefeld, zitiert nach: Karl Berger, Schiller, Sein Leben und seine Werke, München 1918, S. 606

68 Friedrich Nietzsche, Menschliches, Allzumenschliches, in: G. W. Band I, Frankfurt am Main 1979, S. 570

69 Ferdinand Lassalle, zitiert nach David Riesman, Die einsame Masse, Hamburg 1958, S. 265

70 Arthur Schopenhauer, Aphorismen zur Lebensweisheit, in: G. W. Band VIII, Zürich 1977, S. 470

71 Tagebuch der Maria Bashkirtseff, Frankfurt am Main 1983, S. 194

72 Francis Bacon, Essays, Stuttgart 1980, S. 24

73 Tagebuch der Maria Bashkirtseff, Frankfurt am Main 1983, S. 102 und 114

74 Tagebuch der Maria Bashkirtseff, ebenda, S. 63

75 Tagebuch der Maria Bashkirtseff, ebenda, S. 24

76 F. M. Dostojewskij, Njetotschka Neswanowa, in: G. W. Band 3, München 1977, S. 453

77 Thomas Mann, Adel des Geistes, Frankfurt am Main 1959, S. 406

78 Brief an Christiane Goethe v. 2. 7. 1808, in: Goethes Ehe in Briefen. Hrsg. von Hans Gerhard Gräf, Potsdam 1937, S. 411

79 Friedrich Nietzsche, Vom Nutzen und Nachteil der Historie, in: G. W. Band I, Frankfurt am Main 1979, S. 212

80 Honoré de Balzac, Die tödlichen Wünsche, Zürich 1977, S. 316 f.

81 Honoré de Balzac, ebenda, S. 316 f.

82 Nicolai Hartmann, Ethik, Berlin 1962, S. 96 f.

83 Arthur Schopenhauer, Parerga und Paralipomena, in: G. W. Band 10, Zürich 1977, S. 645

84 Thomas Mann, Sämtliche Erzählungen, Frankfurt am Main 1963, S. 212

85 Thomas Mann, ebenda, S. 327 f.

86 Thomas Mann, ebenda, S. 328

87 Truman Capote, Kaltblütig, Reinbek bei Hamburg 1969, S. 183

88 Truman Capote, ebenda, S. 183

89 Alfred Adler, Praxis und Theorie

90 Fjodor Dostojewskij, Aufzeichnungen aus dem Untergrund, in: G. W. Band 4, München 1977, S. 441

91 Fjodor Dostojewskij, ebenda, S. 493

92 Fjodor Dostojewskij, ebenda, S. 537

93 Fjodor Dostojewskij, ebenda, S. 540

94 Fjodor Dostojewskij, ebenda, S. 566 f.

95 Tausendundeine Nacht, Stuttgart 1967, 3. Band, 617. Nacht, S. 6

96 Tausendundeine Nacht, ebenda, S. 7

97 Tausendundeine Nacht, ebenda, S. 7 f.

98 Francis Bacon, Essays, Stuttgart 1980, S. 28

99 Prosper Mérimée, Eine tragische Liebschaft, Zürich 1985, S. 451

100 Honoré de Balzac, Das Antiquitätenkabinett, in: Nebenbuhler, Zürich 1977, S. 264

101 Honoré de Balzac, Die tödlichen Wünsche, Zürich 1977, S. 145

102 Joseph Roth, Rechts und links, Amsterdam 1975, S. 7

103 Erwin Brunner, Burn, baby, burn, in: DIE ZEIT, 5. 8. 1983, 38. Jg. Nr. 32, S. 9

104 Zitiert nach Helmut Schoeck, Der Neid, München/Wien 1980, S. 244

105 Helmut Schoeck, Der Neid, München/Wien 1980, S. 23

106 Friedrich Nietzsche, Menschliches, Allzumenschliches, in: G. W. Band I, Frankfurt am Main 1979, S. 855

107 Francis Bacon, Essays, Stuttgart 1980. S. 29

108 Raymond Firth, Primitive Polynesian Economy, London 1939, S. 282

109 Honoré de Balzac, Verlorene Illusionen, Zürich 1977, S. 593 f.

110 Giambattesta Basile, Viola, in: William Matheson (Hrsg.), Liebesgeschichte aus Italien, Zürich 1983, S. 112

111 Karen Horney, Der neurotische Mensch unserer Zeit, München 1951, S. 134

112 Karen Horney, ebenda, S. 140

113 David Riesman, Die einsame Masse, Hamburg 1958, S. 85

114 David Riesman, Faces in the Crowd, New Haven 1952, S. 53

115 Arthur Schopenhauer, Aphorismen zur Lebensweisheit, in: G. W. Band VIII, Zürich 1977, S. 386

116 Friedrich Nietzsche, Morgenröte, in: G. W. Band II, Frankfurt am Main 1972, S. 254

117 Arthur Schopenhauer, Aporismen zur Lebensweisheit, in: G. W. Band VIII, Zürich 1977, S. 437

118 Seneca, Mächtiger als das Schicksal, Leipzig 1949, S. 145

119 Helmut Schoeck, Der Neid, München/Wien 1980, S. 325

120 Diese Worte läßt Äschylos in seiner »Orestie« Klytämnestra sagen. Äschylos: Die Tragödien und Fragmente, Stuttgart 1977, S. 104

121 Siehe Helmut Schoeck, Der Neid, München/Wien 1980, S. 11

122 Friedrich Nietzsche, Menschliches, Allzumenschliches, in: G. W. Band I, Frankfurt am Main 1972, S. 704

Friedrich Nietzsche, Morgenröte, in: G. W. Band II, Frankfurt am Main 1972, S. 179

123 Peter R. Hofstätter, Gruppendynamik, Hamburg 1957, S. 84

124 Herman Melville, Billy Budd, Stuttgart 1980, S. 41

125 Joachim Ringelnatz, Mein Leben bis zum Kriege, Berlin 1966, S. 160 f.

126 Viktor E. Frankl, ... trotzdem Ja zum Leben sagen, München 1982, S. 78

127 Voltaire, Candide, Genf 1972, S. 146 f.

128 Peter R. Hofstätter, Gruppendynamik, Hamburg 1957, S. 85 ff.

129 Sigmund Freud, Massenpsychologie und Ich-Analyse, in: G. W. Band XIII, London 1940, S. 133 f.

130 Sigmund Freud, Briefe 1873–1939, Zürich 1980, S. 226

131 Jean-Paul Sartre, Briefe an Simone de Beauvoir. 1926–1939, Reinbek bei Hamburg 1984, S. 400

132 Karl Philipp Moritz, Anton Reiser, Frankfurt/M. 1979, S. 60 f.

133 Sigmund Freud, Totem und Tabu, in: G. W. Band IX, London 1940, S. 171 f.

134 Sándor Ferenczi: Zur Organisation der psychoanalytischen Bewegung, in: Schriften zur Psychoanalyse, Band I, hrsg. von Michael Balint, Frankfurt am Main 1970, S. 52

135 Sigmund Freud/C. G. Jung, Briefwechsel, Frankfurt am Main 1974, S. 87

136 Sigmund Freud/Karl Abraham, Briefe 1907–1926, Zürich 1980, S. 57

137 Sigmund Freud/Karl Abraham, ebenda, S. 180

138 Sigmund Freud, Zur Geschichte der psychoanalytischen Bewegung, in: G. W. Band X, London 1946, S. 64

139 Ernst Federn (Hrsg.), Freud im Gespräch mit seinen Mitarbeitern, Frankfurt am Main 1984, S. 35

140 Ernst Federn (Hrsg.), ebenda, S. 38

141 Sigmund Freud/C. G. Jung, Briefwechsel, Frankfurt am Main 1974, S. 276

142 Kurt R. Eissler, Psychologische Aspekte des Briefwechsels zwischen Freud und Jung, Stuttgart 1982, S. 184

143 Kurt R. Eissler, ebenda, S. 31 f.

144 Sigmund Freud/C. G. Jung, Briefwechsel, Frankfurt am Main 1974, S. 286

145 Sigmund Freud, Zur Geschichte der psychoanalytischen Bewegung, in: G. W. Band X, London 1946, S. 84 f.

146 Ernest Jones, Das Leben und Werk von Sigmund Freud, Band II, Bern 1962, S. 91

147 Josef Rattner, Adlers Stellung in der modernen Tiefenpsychologie, in: Miteinander leben lernen, Berlin 1987, Heft 3, S. 2

148 Ernest Jones, Das Leben und Werk von Sigmund Freud, Band II, Bern 1962, S. 92

149 Sigmund Freud, Zur Geschichte der psychoanalytischen Bewegung, in: G. W. Band X, London 1946, S. 81

150 Sigmund Freud, zitiert nach Ernest Jones, Das Leben und Werk von

Sigmund Freud, Band II, Bern 1962, S. 457

151 Sigmund Freud, Briefe 1873–1939, Zürich 1980, S. 462

152 Henry F. Ellenberger, Die Entdeckung des Unbewußten, Band II, Bern 1973, S. 612 ff.

153 Frank J. Sulloway, Freud – Biologe der Seele, Köln 1982, S. 605

154 Sigmund Freud, Briefe an Wilhelm Fließ, 1887–1904, Frankfurt am Main 1986, S. 405

155 Sigmund Freud, ebenda, S. 458

156 Zitiert nach Johannes Hemleben, Darwin, Reinbek bei Hamburg 1968, S. 98

157 Zitiert nach Johannes Hemleben, ebenda, S. 102

158 Zitiert nach Johannes Hemleben, ebenda, S. 102

159 Edgar Zilsel, Die Entstehung des Geniebegriffs, Tübingen 1926, S. 194 f.

160 Honoré de Balzac, Über die Liebe, Frankfurt am Main 1983, S. 60

161 Jean-Jacques Rousseau, Die Bekenntnisse, München 1981, S. 381 f.

162 Zitiert nach Helmut Scheuer, Biographie, Stuttgart 1979, S. 162. Siehe auch Thomas Kornbichler, Psychobiographie, Berlin 1986, unveröffentlichtes Manuskript.

163 Peter Shaffer, Amadeus, Frankfurt am Main 1982, S. 92

164 Peter Shaffer, ebenda, S. 126

165 Wolfgang Hildesheimer, Mozart, Frankfurt am Main 1977, S. 368

166 Klaus Mann, Mephisto, Reinbek bei Hamburg 1981, S. 162

167 Klaus Mann, ebenda, S. 179

168 Erhard Eppler, Wege aus der Gefahr, Reinbek bei Hamburg 1985, S. 239

169 Zitiert nach Albrecht Fölsing, Galileo Galilei, München 1983, S. 187 f.

170 Johannes Hemleben, Galilei, Reinbek bei Hamburg 1969, S. 45 f.

171 Albrecht Fölsing, Galileo Galilei, München 1983, S. 224

172 Albert Einstein/Max Born, Briefwechsel 1916–1955, Frankfurt am Main 1986, S. 304

173 Norbert Elias, Die höfische Gesellschaft, Frankfurt am Main 1983, S. 158

174 Norbert Elias, ebenda, S. 128

175 Zitiert nach S. Lavisse, Louis XIV, La Fronde. Le Roi. Colbert, Histoire de la France Bd. VII, 1, Paris 1905, S. 130

176 La Bruyère, Charaktere, Wiesbaden 1979, S. 299

177 La Bruyère, ebenda, S. 327

178 La Rochefoucauld, in: Die französischen Moralisten, übersetzt und herausgegeben von Fritz Schalk, Bremen 1980

179 Zitiert nach Erich Fromm, Sigmund Freuds Sendung, Frankfurt am Main 1961, S. 43 f.

180 Zitiert nach Renate Schlesier, Konstruktionen der Weiblichkeit bei Sigmund Freud, Frankfurt am Main 1981, S. 169 f.

181 Claire Goll, Ich verzeihe keinem, München 1976, S. 112

182 David Herbert Lawrence, Lady Chatterley, Reinbek bei Hamburg 1973, S. 194

183 Simone de Beauvoir, Das andere Geschlecht, Reinbek bei Hamburg 1968, S. 53 und 268 ff.

184 Sigmund Freud, Briefe 1873–1939, Zürich 1980, S. 82

185 Ernst Federn (Hrsg.), Freud im Gespräch mit seinen Mitarbeitern, Frankfurt am Main 1984, S. 50

186 Alfred Adler, Menschenkenntnis, Frankfurt am Main 1966, S. 123

187 Ernst Federn (Hrsg.), Freud im Gespräch mit seinen Mitarbeitern, Frankfurt am Main 1984, S. 50

188 Karen Horney, Psychologie der Frau, Frankfurt am Main 1984, S. 47

189 Bruno Bettelheim, Die symbolischen Wunden, Pubertätsriten und der Neid des Mannes, Frankfurt am Main 1982, S. 41

190 Honoré de Balzac, zitiert nach Gaëtan Picon, Balzac, Reinbek bei Hamburg 1959, S. 76

191 Das Problem der Eifersucht des Mannes auf das im Mutterbauch entstehende Leben ist von mir ausführlich in dem Buch ›Eifersucht – die kreative Kraft‹ behandelt worden.

192 Enzo Butera, Leserbrief in der Zeitschrift ›Psychologie Heute‹, Weinheim 1987, 14. Jahrgang, Heft 4, S. 6f.

193 Thomas Mann, Der Erwählte, Frankfurt am Main 1981, S. 20f.

194 John Updike, Der weite Weg zu zweit, Reinbek bei Hamburg 1986, S. 48

195 Ralph R. Greenson, Psychoanalytische Erkundigungen, Stuttgart 1982, S. 260f.

196 Zitiert nach Renate Feyl, Der lautlose Aufbruch, Frauen in der Wissenschaft, Darmstadt und Neuwied 1983, S. 58

197 Zitiert nach Renate Feyl, ebenda, S. 60

198 Zitiert nach Renate Feyl, ebenda, S. 63

199 John Stuart Mill/Harriet Taylor Mill/Helen Taylor, Die Hörigkeit der Frau, hrsg. von Hannelore Schröder, Frankfurt am Main 1976

200 Renate Feyl, Der lautlose Aufbruch, Frauen in der Wissenschaft, Darmstadt und Neuwied 1983, S. 15

201 Norgard Kohlhagen, Nicht nur dem Manne untertan, Frankfurt am Main 1981, S. 117f.

202 Immanuel Kant, Idee zu einer allgemeinen Geschichte in weltbürgerlicher Absicht, in: G. W. Band XI, Frankfurt am Main 1978, S. 36f.

203 Friedrich Nietzsche, Menschliches, Allzumenschliches, in: G. W. Band I, Frankfurt am Main 1979, S. 588

204 Norbert Elias, Über den Prozeß der Zivilisation, Band 2, Frankfurt am Main 1979, S. 312f.

205 Theodor Adorno, Minima Moralia, Frankfurt am Main 1985, S. 140

206 Friedrich Nietzsche, Morgenröte, in: G. W. Band II, Frankfurt am Main 1972, S. 1034

207 Sigmund Freud, Die kulturelle Sexualmoral und die moderne Nervosität, in: G. W. Band VII, London 1941, S. 160

208 Honoré de Balzac, Über die Liebe, Frankfurt am Main 1983, S. 52

209 Sigmund Freud, Die kulturelle Sexualmoral und die moderne Nervosität, in: G. W. Band VII, London 1941, S. 154

210 Annelise Heigl-Evers/Franz Heigl, Gelten und Geltenlassen in der Ehe, München 1980, S. 117

211 Sigmund Freud, Das Unbehagen in der Kultur, in: G. W. Band XIV, London 1948, S. 438

212 Walter Kempowski, Ich begann meinen Ärger zu sublimieren, in: Wie ich anfing zu schreiben, Düsseldorf 1979, S. 227

213 Elias Canetti, Die Fackel im Ohr, Frankfurt am Main 1982, S. 145

214 Sigmund Freud, Eine Kindheitserinnerung des Leonardo da Vinci, in: G. W. Band VIII, London 1943, S. 141

PERSONENREGISTER